中國學術思想 研究輯刊

十二編

林慶彰 主編

第34冊

魏晉反玄思想論

陳惠玲 著

花木蘭文化出版社

國家圖書館出版品預行編目資料

魏晉反玄思想論／陳惠玲 著 — 初版 — 新北市：花木蘭文化
出版社，2011〔民100〕
目 2+168 面；19×26 公分
（中國學術思想研究輯刊 十二編：第 34 冊）
ISBN：978-986-254-674-1（精裝）
1. 魏晉南北朝哲學　2. 玄學
030.8　　　　　　　　　　　　　　　　　　100016071

ISBN-978-986-254-674-1

9 789862 546741

中國學術思想研究輯刊
十二編　第三四冊　　　　　　　ISBN：978-986-254-674-1

魏晉反玄思想論

作　　　者	陳惠玲
主　　編	林慶彰
總 編 輯	杜潔祥
出　　版	花木蘭文化出版社
發 行 所	花木蘭文化出版社
發 行 人	高小娟
聯絡地址	新北市永和區中正路五九五號七樓
	電話：02-2923-1455／傳真：02-2923-1452
網　　址	http://www.huamulan.tw 信箱 sut81518@gmail.com
印　　刷	普羅文化出版廣告事業
封面設計	劉開工作室
初　　版	2011 年 9 月
定　　價	十二編 55 冊（精裝）新台幣 90,000 元

魏晉反玄思想論

陳惠玲　著

作者簡介

陳惠玲：

目前任教於黎明技術學院通識中心，現為清華大學中文所博士候選人。

已發表論文有：

1. 〈湯大旱 " 翦髮斷爪 " 之巫詛解讀〉，安平秋、趙生群等編：《史記論叢・第四集》，（蘭州：甘肅人民，2008）。

2. 〈" 夏社 " 源流疏證〉，呂培成、徐衛民編：《司馬遷與史記論集・第八輯》（西安：陝西人民，2007）。

3. 〈官史與裴注：三國志卷二十八疑問疏證〉，《黎明學報》，第 19 卷（2007.12）。

4. 〈湯說演繹〉，《慈濟大學人文社會科學學刊》，第六期（2007.06）。

5. 〈兩晉荒禮禮情之觀察〉，《國立臺灣科技大學人文社會學報》（2007.03）。

6. 〈《史記・夏本紀》：「聲為律，身為度，稱以出」司馬貞索隱淺釋〉，安平秋主編：《史記論叢・第三集》（西安：陝西人民教育，2006）。

7. 〈漢晉《論語・先進》注本（上）、（下）──「孔子與點之志」疑問疏證〉，《孔孟月刊》第 43 卷（2005.08）、第 44 卷（2005.10）。

提　　要

　　由於歷來研究魏晉的學說皆以「玄學」為其主題，因而忽略了玄學背後的一股反制力量，故本文主要目的與工作就是探究此一反制力量興起的原因及其學說意旨，更進而予以肯定與定位。因而本文思路的延展，則由漢末朝政的腐敗，士人尚名乖實的風氣進行反思，故導引出曹魏名法議題的思索與研擬，終於魏晉之際傅玄《傅子》一書；亦由於政治的紛爭情結，傅玄不自覺的發出對玄學的批判之聲，引領出兩晉的反玄思想。而這一思想脈絡，可分從政治、學術、經濟、社會，四個層面作一瞭解。

　　在政治上，漢末桓靈二帝時，宦官外戚亂權，黨錮名士清議朝政，不外乎是為了扭轉時弊與喚醒昏庸的國君，然其結果，卻是遭受禁錮，以至於殺害的處分，因之士人結黨自我藩衛，利用地方選舉之便糾結勢力，以與宦戚相抗，由此氣節之抗，轉而成為意氣之爭，互相激揚名聲，宴遊結黨，尚名乖實的風氣早已取代經明行修的士行。因此，曹操執政時期採取名法思想的嚴厲政策，便由此而發；當然這樣的政策勢必矯枉過正，故而齊王芳正始時期曹爽得權，夏侯玄、何晏、王弼則提出道家「貴無」的思想，主以「任自然」「無為」的治國方針，清簡朝政，試圖重建一個自然和諧的政體。可見，在一個政權尚未穩固前，各種主導國政的學說，皆蜂出並作，故魏晉禪代之際，傅玄則唱以儒法兼綜的思想，為司馬新朝立其宏模，以矯正曹魏名法之治的嚴察與何王無為之政的寬大，更進而批判非難了何晏等浮華名士，糾舉其曠放之行，儼然成為反玄思潮中的第一人。

　　在學術上，所謂「玄學」即意指著「三玄」，也就是《老子》、《莊子》與《易經》這三本書，雖說何晏與王弼有意藉著「得意忘言」的注經方式，會通儒道兩家思想為一己之論，進而開啟郭象「寄言出意」的一家之學，然就經學本身而言，漢末雖走進了訓詁的死胡同，但至少「尊孔重學」的學術風氣依舊濃郁和講究；然直至荀粲、嵇康提出「糠粃」、「蕪穢」之說，以貶

抑兩漢以來六經獨尊之意義與價值後，貴遊子弟不學無術、縱欲昏酣，而自認通達識體的荒謬情境，較之於漢末士人尚名乖實的作為，更顯不倫不類，甚教當代儒士啼笑皆非，執筆痛責之，以挽救孔學於衰微之勢。因此，裴頠〈崇有論〉、歐陽建〈言盡意論〉、孫盛〈老聃非大賢論〉、王坦之〈廢莊論〉、李充〈學箴〉的問世，便建立在這樣的學術背景上；雖說在學理建構上，未能清楚掌握玄學家思想精髓所在，以反制之，但其「尊孔重學」的精神，確是儒學史上不可疏略的一頁。

在經濟方面，由於兩晉施行占田制，此一土地私有制度表面上呈現出兩點假象：第一，百姓與官員皆具土地私有權；第二，促進土地買賣的自由權。但事實上，官員大肆兼併良田的情事屢見不鮮，百姓所得以佔領的田地及收成，根本無法負荷所應繳納的稅額。另一方面，官員更在「蔭親制度」的保護下，不僅免稅、免役，就連其親戚、子弟一如是，因之，全國龐大的賦役負擔，皆成了百姓肩上之責，只見百官坐享其成、貪婪無厭、揮霍奢靡的生活，直教成公綏、魯褒激憤難平，寫以〈錢神論〉諷刺拜金主義風潮下所產生的功利社會，且暴露出兩晉貧富懸殊的經濟現象與問題；然究此一現象與問題的產生，自與兩晉門閥政治的形成唇齒相依，而郭象「適性逍遙」說亦應之而發，顯見其愚民的意味與目的。

另在社會層面上，由於正始、竹林名士之風流成為一代之價值觀，士人無不企首何王清談的高妙，追逐嵇阮縱酒的曠放，故導致兩晉衣冠沈浸在一片不嬰世務、依阿無心、空說終日、縱酒肆欲的靡爛生活中，至此，士德蕩然無存，西晉亡國亦由此發端；但南渡後的世族唯思自全、致富之計，王導更以「鎮之以靜」的老莊思想作為執政總綱，而外圍的佛教之「空無」思想與道教「房中術」的養生法，結合玄學理論，更加廣開且放縱士人的醜穢之跡與虛無的談論風尚。因此，鑑於西晉亡國之痛，葛洪、干寶則針對此一頹風與積弊，做出總檢討；但面對當權者偏安與放任的憒憒之政，整個社會走進了「重我」的個人主義與「肆情樂生」的肉體追逐，葛洪、干寶等反玄之士，實是難挽狂瀾。

誌　謝

　　能得以如期的寫完這本論文，首先要感謝的就是指導老師江建俊先生。打從大學開始，便修習魏晉思想，只記得那是下午的課，南台灣的暑氣依舊，電扇倒懸的吹轉，黑板上滿篇行雲流水般的文字，在猜透與猜不透之間，彷彿訴說這門課的艱澀與玄妙，於此，而與江老師結下了師生之緣。

　　在寫作過程中，江師可說寬嚴並濟。由於江師作學問向來嚴謹而認真，因此，對我的要求，一如以往的學長姐，一套三國志、晉書，是基礎的學養。看看這新穎的褐色書皮，再翻開目錄，而後武帝本紀，總覺得眼皮真重啊！只見所有的瞌睡蟲都醒了，所謂炎炎夏日正好眠，姑且小盹一下吧！然而警戒於門訓，自也不敢怠惰多時的，因為江師有如如來佛，而我這隻小潑猴，當然會比生公腳邊的石頭，來得靈性一點的，所以終究還是隨師取得了經書而歸，這便是江師嚴厲的一面；古語說「一日為師，終生為父」，對我感觸是特別深的，成大學子八成以上是來自外地，我也不例外。在這整整六年的南台灣生活中，除了那些陪我度過歡喜悲傷的小貓咪們，和我一塊看二輪片的好友如君之外，上了研究所，安英與若蘭則是死黨加換帖，我們談女人和男人的事、談國家社會、談未來，當然也談老師囉！在我們三個女人的嘰喳聲中，江師有如父親一般，叮嚀我們對另一半的選擇，囑咐我們要注意時節的變化，更戒訓我不要再兼差賺錢，快快回頭是岸，學習安英快刀斬亂麻的精神，好好全職寫作……，這就是江師慈靄的一面，長存我心。

　　今後若有所成，亦先生之勞也；師恩永念。

台北、一九九八、七、十二　惠玲誌謝

第一章 緒 論 …………………………………………… 1

　一、研究動機 ………………………………………… 1

　二、「反玄」釋義 …………………………………… 2

　三、研究範圍與方法 ………………………………… 4

第二章 曹魏一代之反思議題——名法思想的研討 … 7

　第一節 選才論 ……………………………………… 9

　　一、重才輕德的選才觀——曹操求才三令 ……… 9

　　二、重議選官制度——九品中正制的建立 ……… 12

　　三、選才理論的建立——《人物志》〈才性
　　　　四本論〉 …………………………………… 15

　第二節 去浮華論 …………………………………… 20

　第三節 考課論 ……………………………………… 27

　　一、執以都官考課端正名實 ……………………… 27

　　二、糾正名實非唯考課法 ………………………… 30

　第四節 刑禮論 ……………………………………… 35

　　一、肉刑論 ………………………………………… 35

　　二、慎刑論 ………………………………………… 41

　　三、刑禮論 ………………………………………… 42

　第五節 崇簡論 ……………………………………… 49

　　一、大興勞役 ……………………………………… 50

　　二、賞賜無度 ……………………………………… 51

　第六節 小結 ………………………………………… 55

第三章 魏晉之際名法兼綜之傅玄與《傅子》 …… 57

　第一節 立政治之宏模——《傅子》 ……………… 57

　　一、為政之首在正己修身 ………………………… 58

　　二、施政之要在興利安民 ………………………… 60

　　三、用人之道在舉賢用能 ………………………… 64

　　四、施政之綱在刑禮並濟 ………………………… 70

　　五、整齊風俗在糾虛談浮華 ……………………… 75

　第二節 傅玄與反玄思想的萌發 …………………… 77

　　一、從傅氏家族與曹爽集團關係說起 …………… 77

　　二、從「魏文慕通達」揭示「賤守節」義 …… 81

三、從「聖人設教」反制何王「名教出於自
然」說 ⋯⋯⋯⋯⋯⋯⋯⋯⋯⋯⋯⋯⋯⋯ 87

四、從國君「有爲」說反制何王「無爲」說
⋯⋯⋯⋯⋯⋯⋯⋯⋯⋯⋯⋯⋯⋯⋯⋯⋯ 89

第三節　小結 ⋯⋯⋯⋯⋯⋯⋯⋯⋯⋯⋯⋯⋯⋯⋯⋯ 93

第四章　兩晉反玄思想析論 ⋯⋯⋯⋯⋯⋯⋯⋯⋯ 95

第一節　政治的反制 ⋯⋯⋯⋯⋯⋯⋯⋯⋯⋯⋯⋯ 95

一、西晉門閥世族的形成與鞏固 ⋯⋯⋯⋯⋯ 95

二、門閥世族的爲政觀 ⋯⋯⋯⋯⋯⋯⋯⋯⋯ 98

三、王沈〈釋時論〉、劉毅〈請罷中正除九
品〉的批判 ⋯⋯⋯⋯⋯⋯⋯⋯⋯⋯⋯ 100

第二節　學術的反制 ⋯⋯⋯⋯⋯⋯⋯⋯⋯⋯⋯ 106

一、批清談──批玄論的根據：裴頠〈崇有
論〉與歐陽建〈言盡意論〉 ⋯⋯⋯⋯ 107

二、批老莊──批玄論的宗主：孫盛〈老聃
非大賢論〉與王坦之〈廢莊論〉 ⋯⋯ 117

三、批何王──批玄論的開創者：范甯〈罪
王弼何晏論〉 ⋯⋯⋯⋯⋯⋯⋯⋯⋯⋯ 124

四、尊道統──儒道學統之辨析：李充〈學
箴〉 ⋯⋯⋯⋯⋯⋯⋯⋯⋯⋯⋯⋯⋯⋯ 126

第三節　經濟的反制 ⋯⋯⋯⋯⋯⋯⋯⋯⋯⋯⋯ 130

一、貨幣經濟的產生與發展 ⋯⋯⋯⋯⋯⋯⋯ 131

二、兩晉占田制的施行對侈汰潮流之影響 ⋯ 133

三、成公綏與魯褒〈錢神論〉的批判 ⋯⋯⋯ 138

第四節　社會的反制 ⋯⋯⋯⋯⋯⋯⋯⋯⋯⋯⋯ 144

一、東晉偏安心態的形成 ⋯⋯⋯⋯⋯⋯⋯⋯ 145

二、頹風之總檢討──葛洪〈疾謬〉〈刺驕〉
與干寶《晉紀總論》 ⋯⋯⋯⋯⋯⋯⋯ 149

第五章　結　論 ⋯⋯⋯⋯⋯⋯⋯⋯⋯⋯⋯⋯⋯ 155

一、反玄思想的分期與理論特色 ⋯⋯⋯⋯⋯ 156

二、反玄思想的歷史評價 ⋯⋯⋯⋯⋯⋯⋯⋯ 157

參考書目及期刊論文 ⋯⋯⋯⋯⋯⋯⋯⋯⋯⋯⋯⋯ 163

第一章 緒 論

一、研究動機

　　歷來研究魏晉思想，必然由何晏、王弼所開創的玄學思潮下手。然考究史料，我們卻再也不能無視於另外一種聲音，而這一道聲音的來源，卻是隨著玄學的產生而產生，兩者是相因的，卻非相成的。何以言之？所謂「相因」，意指兩者存在著一種「因果關係」，因為後者的聲音正是針對著前者而發的，若無前者的出現，後者亦無法憑空興起；「非相成」，則在于兩者有著相互對反的立場與理論，是涇渭分明的。

　　有了這道聲音的出現，我們必然可以說，今日的研究論著是有所不全的，章權才先生有段話說得很公允：

> 過去在學術界中，人們對這個時期悲觀厭世的傾向是注意得比較多
> 的，論述也是比較充分的。他們認為，魏晉思潮，或魏晉玄學，其
> 本質和主流，就是這種悲觀厭世的哲學。我們不作如是觀。我們認
> 為，魏晉思潮相當複雜，必須進行深入和全方位的分析。這個時期，
> 存在著大量悲觀厭世的思想，這是不言而喻的；但是，看不到這個
> 時期，中國的政治界和知識界，同樣存在著積極向上，奮發有為的
> 思想傾向，也是不對的。〔註1〕

對於發出這道聲音的士人，筆者將整合他們的聲音，使他們的聲音能重現於學術領域中，且名之為「反玄思想」。他們立足於儒學的立場，針對何、王、

〔註 1〕 語見章權才先生所著之《魏晉南北朝隋唐經學史》（廣東人民出版社，1996.8，
　　　　 頁 85）。

嵇、阮等以老莊思想作爲施政與生活模則，所引發的諸種時代弊病，甚至造成西晉亡國一事，予以譴責與非議。因此，「反玄思想」所代表的正是一股抵制玄學、反抗玄學，而且深具批判性的系統。正因如此，探討魏晉思想時，我們必須再以一個更宏觀的角度，審視這一時期始終存在，卻尚未受到重視的言論，而也正是本文寫作的動機與目的的所在。

二、「反玄」釋義

首先就「玄學」部份說起。

（一）「玄學」所指涉的內容是《周易》、《老子》、《莊子》三玄。〔註2〕侯外廬先生認爲：「玄學是封建制度不穩定時期豪族地主的思想意識的理論表現。」並且說道：「面臨著嚴重的階級鬥爭和統治階級內部的紛爭，這些豪族地主的『名士』，內心充滿憂慮和恐懼。在他們的心目中，這個時代是『處天地之將閉，平路之將陂，時將大變，勢將大革。』（王弼語），前途不可樂觀。反映在生活上，就是苟且偷安，及時行樂，頹廢消沈，在外表上則自喻曠達；反映在思想上，就是力圖尋求一個順時應變的處世之道，他們終於在古代思想的資料中找到了這種具有自我陶醉的精神鎮靜劑，這便是《老子》、《莊子》、《周易》，總稱『三玄』。」〔註3〕

（二）「玄學」所含攝的意義有三，趙書廉先生說：「一是玄理、玄論、玄言，即不講具體的道理，而講抽象的本體說。二是玄妙、玄化，即不講文句，不論具體事物，不談具體的人和物，而講一般的義理。三是玄靜、玄曠，及追求精神上，人格上的玄遠。」。〔註4〕

綜上，何、王取老子書中的玄、無、有加以釋義，從形上的義理建構其政治思想，故而開創了「貴無玄學」（莊耀郎先生語），但這形上義理落在士人生活實踐、處世態度及人生觀上，且成爲依據時，則有了詮釋上的轉向與偏差，因此，誠如侯外廬先生所揭示的玄學所反映現象及其影響層面，在在都觸動了另一批士人的不滿與斥責，因此，「反」的聲浪亦隨之而起。

考諸辭典「反」所呈顯的意涵，當以英文中的「anti-」（put forwardas a contrast or opposite ; set up against）說得較圓融，具有「反對」、「抵抗」、「排

〔註2〕 北齊顏之推《顏氏家訓・勉學》：「泊乎梁世，茲風復闡，《周易》、《老子》、《莊子》，總稱三玄。」

〔註3〕 語見侯外廬先生主編之《中國思想史綱》（中國青年出版社，1991.5，頁185）。

〔註4〕 語見趙書廉先生所著之《魏晉玄學探微》（河南人民出版社，1992.12，頁34）。

斥」、「反動」、「對立」之意。論究「反玄學」一詞結構，實與「反基督教」（anti-Christian）；「反猶太主義」（anti-Semitic）……等一樣。當然「反玄（學）」一名，並非筆者憑空造詞而來，實前有所承，莊耀郎先生曾如是說：

> 如果以何晏、王弼所倡言的正始玄學為之濫觴，而貫串魏晉兩百年間的玄學，雖居於主流思想的地位，但也相對地引發了對玄學思想的反省和批判，這種因批判玄學而產生的思想，稱之為反玄學思想。
> 〔註5〕

這當可說是「反玄」思想的基本界定。而就其思想類型上來說，侯外廬先生提示了三種類型論述：

> 一種類型是繼承漢代唯物主義的自然觀和神滅論，而與新興的玄學思潮相對立。這種類型的代表人物是楊泉。一種類型是從玄學內對分化出來，通過辨析「名理」的途徑。在某一方面（如在認識論方面）得到一些清醒的結論。這種類型的代表人物是裴頠、歐陽建、魯勝。他們多出身於名門大族，但在理論上轉向玄學的反對派；同時，又程度不等的在社會政治觀點上還保守著嚴格的儒家觀點，或繼承著名家的傳統……。第三種類型是當時的異端思想家，如魯褒、鮑敬言。他們尖刻的譏評社會的腐敗墮落現象，提出與現實生活正相反的社會理想，並且從這一方面走向無神論。在當時理論戰線上，他們的思想是最光輝的。〔註6〕

從侯外廬先生分析的三種類型來審視，楊泉（物理論 ⇔ 貴無論）、裴頠（崇有論 ⇔ 貴無論）、歐陽建（言盡意論 ⇔ 言不盡意論）等都是針對玄學義理上進行對立的理論建構，以唯物主義的思想型態抵抗唯心主義的虛玄思想；而魯褒〈錢神論〉、鮑敬言〈無君論〉則以尖刻的語調分從社會經濟及政治制度方面進行批評與反抗，深具時代意義的。由上可知，侯外廬先生界定「反玄學」的意義，是從兩方面來界定的：一、從思想型態上的對立，而反制之；二、站在儒法思想上批判玄學的虛無性。另外，趙書廉先生的論著中也標識著〈反玄學思潮的興起與發展〉，其言：

〔註5〕語見莊耀郎先生〈魏晉反玄思想析論〉（《國文學報》，第二十四期，1995.6，頁144）。

〔註6〕文見侯外廬先生主編之《中國思想史綱》（中國青年出版社，1991.5，頁194～195）。

魏晉時期，在玄學思潮佔據統治地位的同時，還存在著與玄學唯心主義相對立的反玄學唯物主義思潮。這一反玄學思潮，就是以楊泉、歐陽建、鮑敬言爲代表的玄學外部進攻的反對派。楊泉的《物理論》，以當時自然科學的新成果爲憑依，推進了與玄學本體論相對立的唯物主義自然觀；歐陽建的〈言盡意論〉，抓住「言意之辨」的核心問題，動搖了玄學唯心主義的認識論基礎；鮑敬言〈無君論〉，則從政治思想上猛烈的抨擊暴政、沈重的打擊了神權政治理論，他通過對社會矛盾和人民苦難的分析，否定了玄學家關於「名教」出於「自然」、「名教」合於「自然」的種種論證。〔註7〕

趙先生所舉的例子與侯先生相仿，只是他所界定範圍僅止於「思想型態上的對立」。因此，綜上三位學者的看法及論述，大都著重於「思想型態」的「相對立」上來界定「反玄學」，偶一旁及了另一角度——社會批判，這雖不能全面含攝「反玄思想」的內容，但三位學者實已揭示了「反玄思想」是針對「玄學」而發的，綜合歸納他們的聲音，存在著以下三種特質：一爲「反動」（批判責難的聲音）；一爲「反思」（糾偏補弊的聲音）；「反制」（理論相抗的聲音）。因此，筆者擬以這三種聲音特質爲主，搜尋兩晉人士的文章，以張揚這股反玄聲浪的存在。

三、研究範圍與方法

本文所研討的範圍，擬以曹魏一代名法思想的議題作爲發端，除了具有溯源的意義之外，主要是從這一章的討論中，可知玄學思潮產生的原因所在。直至齊王芳正始時期，曹爽輔政，被明帝以浮華連黨、尚名乖實的罪名罷黜的何晏、夏侯玄、鄧颺、諸葛誕等人又躍登政治中樞，爲建立一套政治綱領來輔佐及鞏固新政權，而這套政治綱領則是由夏侯玄、何晏、王弼所擬就的，史稱爲「正始改制」。

這派主張變革的新政黨組織，引發了以司馬集團爲主的儒學大族的反抗及不安，這點可由夏侯玄主張「廢郡」一事揭示，〔註8〕「郡」的設置從秦漢以來就已存有的官制，而到漢末郡守的權勢不斷的擴張，不僅掌有地方權勢與經濟，更掌有選舉權，因而釀成漢末的藩鎮割據，州郡長官擁兵自重，甚

〔註7〕 文見趙書廉先生所著之《魏晉玄學探微》（河南人民出版社，1992.12，頁202）。
〔註8〕 有關此點論述，參見劉顯叔先生之〈論魏末政爭中的黨派分際〉（《史學彙刊》，第九期，頁27～29）。

而恣意稱帝稱王，〔註9〕因而曹魏一代才如此深戒浮華連黨之士，且將選官制度改制爲九品中正制，迫使選舉權回歸中央。這一連串的政治舉措，都是爲了改革漢末時弊，而曹爽集團爲鞏固權勢，操縱選舉，黨同好惡，積極推動變革，〔註10〕以期有一番新氣象，以消弭司馬集團的政治勢力。

但其建構的「貴無」、「無爲」、「任自然」的中心思想，落在現實的人生態度上，產生了莫大的曲解，此以竹林七賢放達不羈的行徑與元康八達放情縱欲的提倡，揭開頹靡的風氣，風行了兩晉。有鑑於此，魏晉之際的傅玄則站在儒學大族，遵守禮法名教的立場，指責何晏等人的不是，且建構了一套思想學說，爲司馬政權勾勒藍圖，以反制曹爽集團。因此，在魏晉過渡之際，傅玄實是扮演著承上啓下的重要角色，雖說他的理論建構不免涉及私人恩怨，但仍不失其開啓兩晉反玄學思想的地位。

然而，反玄學思想眞正的成熟，則是到了晉惠帝元康時期，裴頠〈崇有論〉的出現，始從本體論上來反制貴無學說，由這一理論的興起，便開創且激盪了士人反玄的聲浪，蓋「有晉始自中朝，迄於江左，莫不崇飾華競，祖述玄虛；擯闕里之典經，習正始餘論，指禮法爲流俗，目縱誕以清高。遂使典章弛廢，名教頹廢。五胡乘間而競逐，二京濟蹀以淪胥。運極道消，可爲長嘆息者矣。」（《晉書・卷91・儒林傳序》）。

綜合前輩們的論著，實際上都偏重於學術上的反對聲浪，如裴頠、楊泉、歐陽建等人，對於其他士人分從社會、經濟、政治等層面上進行口誅筆伐，歷來研究魏晉的著作及文論，疏略者較多，因此，筆者有必要從各層面來進行探討。而這個範圍的釐定，本是推衍自江師建俊先生。江老師分玄學爲「玄理」（體）、「玄風」（用）二方面來討論。玄理即從學術理論的建立上講，如何、王之〈貴無論〉、裴頠〈崇有論〉、〔註11〕郭象〈自生獨化論〉……等；玄風即從行爲實踐上講，如竹林七賢的曠達、八達的任誕、士人的朝隱、談辯、唯美的追求……等。循此思路，筆者將「反玄」規畫爲學術、政治、社

〔註 9〕 詳文參見劉文起《王符潛夫論所反映之東漢情勢》（文史哲出版社，1995.12，頁109～110）。

〔註10〕 持此觀點的有劉顯叔〈論魏末政爭中的黨派分際〉（見註8）；盧建榮〈魏晉之際的變法及其敵對者〉（《食貨月刊》，第十卷，第七期，1980.10）皆極力爲曹爽集團辯誣。

〔註11〕 有關裴頠〈崇有論〉是屬於「玄學」或是「反玄」之思想，莊耀郎先生已作了清楚的辯析，可參見〈魏晉反玄思想論〉（《國文學報》，第二十四期，84.6，頁145～150）。

會、經濟四項範圍作一研討。

誠然，確立這一流派的思想，實非易事，因爲，這一流派是站在務實積極、關懷政治、民生、學術的立場上對玄學所造成的各方面影響，予以糾正、批判，希望能走出一條積極有爲的政治道路來，因此在立論中，也有必要回歸於玄學領域，進行審視及反思，才能眞正掌握住「反玄學」思想論者的中心意旨。所以，我必然站在一個分析原典的角度，先由各個文論的閱讀及解構上來瞭解，並歸納出他們的主要論點，方能建立出周詳的總綱。

持此分析法原因有二：一是歷來這類文論被探討的較少，除了傅玄、裴頠、歐陽建、楊泉等人外，其餘諸論常只是鳳毛麟角，或淹沒不彰，因此，分析的工作實有必要；二是想考驗自己對這些文論的解讀能力，且增進自己的耐心。希望藉由這按部就班的治學方法，使自己眞正的踏進魏晉學術領域中。是以由「歷史回顧」以掌握時代背景，再以「系統分析」條目綱要，二者互相照應，以抉發其間隱微，乃本論文之研究方法。

第二章　曹魏一代之反思議題
——名法思想的研討

　　在探討正始玄學的興起與反玄思想的產生前，我們實有必要針對曹魏一代的名法思想，作一考察；因爲玄學的興起，正是漢魏以來名法之治的反彈，而思以道家無爲之政、自然之化，作爲執政總綱。然曹魏名法之治的推行，乃是針對漢末時弊，進行反思與矯正的結果，因此，講「綜核名實」，尙「刑名之學」，以糾「浮華朋黨」，成了曹魏一代的政治課題。

　　今探究東漢政權的崩解，實有諸多弊端，此前人論之已詳，無須重複申論。然而關係一代朝政的良善與腐敗，「選舉制度」實爲其一大關鍵。東漢時期多以徵辟、察舉制來招納賢才，這樣向民間廣求賢才的制度不僅是良善開放的，更是一種平權的選官政策。而這一選才政策的施行，使得人人有機會入仕。所謂「徵辟」是由中央及地方官長直接徵召賢者，授官任職，無須經過考核即可上任；而「察舉」即三公九卿及地方州郡行政長官，依科目、地區；按時或不定時向朝廷推薦人才，經考核後，方授予官職。然察舉制主要有二科，一爲考廉，一爲秀才；孝廉重其德行，秀才則重其才能，因此，秀才與孝廉乃依才德分途入仕，並試以策問及經義，因此，由地方薦舉於中央的秀才及孝廉，其資質優劣，在策問及經義時則有了評判，爲入仕做了把關的工作。

　　但東漢末桓靈二帝廣開「貲選制」，以賣官鬻爵；〔註1〕又廣開「任子制」，

〔註1〕所謂「貲選制」即是「賣官鬻爵制」，依官定價，各有差等。《資治通鑑·卷
　　　57》：「二千石二千萬，四百石四百萬，其以德次應選舉者半之，或三分之一，
　　　余熙園立庫以貯之。或諸關上書占冒長，隨縣好醜，豐約有賈。富者則先入

這會兒連宦官也可以養子繼祿襲爵，甚至任人及子弟爲官者，佈滿天下，[註2]眞是謬亂了官員之任。更加以名士清流在政爭中敗退下來，反而互相激揚名聲，因此衍生成浮華朋黨，因名相高的「尚名」風氣。《後漢書‧方術傳》載：「漢世所謂名士者，其風流可知矣。雖弛張趨舍，時有未純，於刻情修容，依倚道藝以就其聲價，非所能通物方、弘時務也。及徵樊英、楊厚，朝廷若待神明，至，竟無他異。英名最高，毀最盛。」，由於漢末選舉，「鄉黨清議」正是徵辟察舉的重要根據所在，這由地方官員所把持的薦舉權，卻成爲地方行政長官擴張其政治勢力的利器，據《後漢書‧桓帝紀》所載：「皆相拔舉，迭行脣齒，其不合則見排擯，非黨而何？」；《後漢書‧李固傳》亦載：「太尉李固，因公假私，依正行邪，離間近戚，自隆友黨，至于表舉薦達，例皆門徒，及所辟召，靡非先舊，或負室財賂，或子婿婚屬，其列在官牒者，凡四十九人。」實成共存共榮的利益集團，此如：李膺、李固、郭泰、陳寔、申屠蟠……等是。一時天下唯名是務，故王符《潛夫論‧考績》痛陳：「群僚舉士者，或以頑魯應茂（秀）才，以桀逆應至孝，以貪饕應廉吏，以狡猾應方正，以諛諂應直言，以輕薄應敦厚，以空虛應有道，……名實不相符，求貢不相稱，富者乘其財力，貴者阻其勢要，以錢多爲賢，以剛彊爲上，此在爲所以多非其人，而官職所以數亂荒也。」；其他如〈論榮〉、〈賢難〉、〈務本〉、〈本政〉、〈潛歎〉、〈實貢〉、〈交際〉等篇，及荀悅《申鑒》〈時事〉；徐幹《中論》〈考僞〉、〈譴交〉；東晉末葛洪《抱朴子》〈審舉〉、〈郊祭〉、〈名實〉、〈漢過〉等都論及且批判了漢末選舉之失。

由漢末時弊的檢討，入魏之後，選官任人、抑制浮華朋黨及刑法等議題則成了討論的焦點，主要是對漢末以來的吏治、士風作一反思，而提出應有的補弊救治之法，湯用彤先生的一段話可做註腳：「魏初，一方承東都習尚，而好正名，評人物。一方因魏帝之好法術，注重典刑，精刑律。蓋均以綜核名實爲歸。名士所究心者爲政治人倫。著書關於朝廷社會實事，或尚論往昔之政事人物，

<hr/>

錢，貧者則到官後倍輸。又私令左右賣公卿：公千萬，卿五百萬。」，就此看來，桓靈二帝時，實是無官不可賣。

〔註2〕所謂「任子制」，就是依靠父祖的官爵地位或功勛，保舉子孫任官的一種選官制度。這種制度是沿襲秦代「葆子制」而來的。但到了東漢末年，卻連宦官也可以蒙蔭其子弟世襲爵祿，宦官本無後，然而順帝時卻：「聽中官得以養子爲後，世襲封爵。」，且據《後漢書‧楊秉傳》所言：「任子及子弟爲官者，佈滿天下。」這樣的吏治官僚能不衰敗嗎？（詳文見陳茂同《中國選官制度》，華東師範大學，1994.7，頁72～75）。

以爲今日之龜鑑。」〔註3〕底下筆者針對這些由漢末所引發的反思議題與曹魏一代所建立的名法思想作一結合，而擬由五項議題：一、選才論；二、去浮華；三、考課論；四、刑法論；五、崇簡論。依序分節作一探討。

第一節　選才論

一、重才輕德的選才觀——曹操求才三令

　　漢末士風不競，選官任人的薦舉權操縱在地方豪強、大族的手中，日久則形成地方黨團勢力，章帝建元元年詔曰：「每尋前世舉貢人，或起畎畝，不繫閥閱。」五年詔：「其以巖穴爲先，勿取浮華。」；又《後漢書・樊儵傳》載：「郡國舉孝廉，率取年少能報恩者。耆宿大賢，多見廢棄。」；又葛洪《抱朴子・審舉》亦說明了漢末選舉的困境：「靈獻之世，閹宦用事，群奸柄權，危害忠良，臺閣選用失於上，州郡貢舉輕于下。夫選用失於上，則牧守非其人矣；貢舉輕于下，則秀孝不得賢矣。故時人語：舉秀才，不知書，察孝廉，父別居。」有關這類史事的記載不勝枚舉，縱使國君屢下詔令欲以澄清選舉之風，然而漢末君主始自順帝一朝開始，已無能力統御百官，反而更加速破壞了選舉制度，造成賣官定價，宦官任子襲爵之歪風，這在中國選舉制度上，實爲史家們口誅筆伐的二件事，而曹操亦於建安八年（203）下令批判之：

> 議者或以軍吏雖有功能，德行不足堪任郡國之選，所謂「可與適道，
> 未可與權」……未聞無能之人，不鬥之士，並受祿賞，而可以立功
> 興國者也。故明君不官無功之臣，不賞不戰之士：治平尚德行，有
> 事尚功能。（《三國志・武帝紀》注引《魏書・庚申令》）

有鑑於此，當曹操掌權時，爲徹底的瓦解這朽化的選官制度，則另行一套用人選官的方法：

建安十五年（210）之〈求賢令〉：

> 孟公綽爲趙魏，老則優，不可以爲滕薛，大夫若必廉士而後可用，
> 則齊桓其何以霸！今天下得無有被褐懷玉，而釣於渭濱者乎？又得
> 無盜嫂受金，而爲遇無知者乎？二三子其佐我明揚仄陋，唯才是舉，
> 吾得而用之。（《全三國文・卷2》）

〔註3〕文見湯用彤先生所著之《魏晉玄學論稿・讀人物志》（收於《魏晉思想》乙編三種，里仁書局，1995.8，頁12）。

建安十九年（214）之〈敕有司取士毋廢偏短令〉：

　　夫有行之士未必能進取，進取之士未必能有行也；陳平豈篤行，蘇
　　秦豈守信邪？而陳平定漢業，蘇秦濟弱燕。由此言之，士有偏短，
　　庸可廢乎？有司明思此義，則士無遺滯，官無廢業已。（《全三國文·
　　卷2》）

建安二十二年（217）之〈舉賢勿拘品行令〉：

　　昔伊摯、傅說出於賤人，管仲，桓公賊也，皆用之以興。蕭何、曹
　　參縣吏也；韓信、陳平負污辱之名，有見笑之恥，卒能成就王業，
　　聲施千載。吳起貪將，殺妻自信，散金求官，母死不歸，然在魏，
　　秦人不敢東向；在楚，則三晉不敢南謀。今天下得無有至德之人，
　　放在民間，……不仁不孝，而有治國用兵之術，其各舉所知，勿有
　　所遺。（《全三國文·卷2》）

由於曹操面對群雄割據的紛亂世局，有如戰國時期的權力角逐，因此，從
這三道求才令中，不難發現他所要尋找徵求的有三種政治人才：一是將領：
如韓信、吳起；一是王佐才：如伊尹、呂尚、傅說、管仲、蕭何；一是策
士：如孟公綽、陳平、蘇秦。以上這些人才在史策上無不擁有一席之地，
都是助佐他們的國君成就一番偉業，然而這些政治人才，正透露著四項重
大訊息：

　　第一：論才不論德行。（陳平豈篤行；蘇秦豈守信；吳起貪將，殺妻自信，
散金求官，母死不歸；韓信陳平負污辱之名，有見笑之恥）

　　第二：論才不論年紀。（孟公綽爲趙魏，老則優）

　　第三：論才不論出身。（伊摯、傅說賤人也；蕭何、曹參縣吏也）

　　第四：論才不論愛僧。（管仲，桓公賊也）

綜上四項訊息，全然是針對漢末選才失實而發，在此可做一比觀：

　　第一：德行爲首。

　　第二：限年齒。

　　第三：論族姓閥閱。

　　第四：黨同伐異。

　　上列漢末舉才之失，在德行方面，漢末則有王符《潛夫論·考績》的指
責，其言：「以桀逆應至孝，以貪饕應廉吏」；後有東晉葛洪《抱朴子·審舉》
之非難：「察考廉，父別居。寒素清白濁如泥，高第良將怯如雞」；在人才的

年紀方面，東漢順帝時，接受左雄之議，限制察舉人之年紀；〔註4〕在族姓閥閱方面，仲長統《昌言》則說明了此一流俗，其言：「天下士有三俗：選士而論族姓閥閱，一俗。」；在黨同伐異方面，《後漢書·桓帝紀》則曰：「皆相拔舉，迭行脣齒，其不合則見排擯，非黨而何？」，故鑑於「重德不重才」所產生的流弊，曹操在此群雄爭霸之際，改以「重才不重德」的選舉路線，試圖異軍突起，號令天下。

由於曹操為政以「才」為主要選拔的標準，因此，對於這些不講仁義道德的士子，則以嚴整的名法政策予以規範。史載曹操時期的吏治，乃是「吏清下順」，此可從下列二點獲得證明：

1. 校事一職的設立

校事一職的設立始於何時，並無明確記載，今只能於程曉上疏的一文中，略見端倪：

> 昔武皇帝大業草創，眾官未備，而軍旅勤苦，民心不安，乃有小罪，不可不察，故置校事，取其一切耳，然檢御有方，不至縱恣也。(《三國志·程昱傳》附程曉傳)

曹操標榜「治平尚德行，有事賞功能」(〈論吏士行能令〉《全三國文·卷2》)，因以「唯才是舉」為其用人的首要政策，然而招納這些才能異質，卻忠孝節義不講的人入仕，曹操自須有一套管制辦法，因此，「校事」一職的設立，實是因其選舉用人的政策而發。這一職官的設置，似乎也達到它督察群下的效果，因而「檢御有方，不至恣縱」為校事一職設立所達至的功效。

2. 考功曹的執行

曹操任宰相時期，選舉是由宰相東曹掾、司空及尚書台尚書綜合負責。而當時尚書曹郎共有二十三曹郎，〔註5〕其中，「考功曹」的功能，據《隋書·百官志》言：「掌考第及秀孝貢士等事」；《唐書·百官志》：「掌文武百官功過、善惡之考察，及其行狀。」此時期的考功曹是否發揮了它的監察作用？從幾則記載及評斷中可知：

> 諸宰官治民功績不著，而私財豐足者，皆免處停廢，久不選用。(《三國志·毛玠傳》注引《先賢行狀》)

〔註4〕《後漢書·左雄傳》：「郡國孝廉，古之貢士，出則宰民，宣協風教。若其面墻，則無所施用。孔子曰：四十不惑，禮稱強仕。請自今天下孝廉不滿四十，不得察舉，皆先詣公府，諸生試家法，文吏課牋奏副之端門，練其虛實。」。

〔註5〕詳文見萬繩楠《魏晉南北朝文化史》（黃山書社出版，1989.12，頁6）。

《晉書・劉頌》又言：

> 魏武帝以經略之才，撥煩理亂，兼肅文教，積數十年，至於延康之
> 初，然後吏清下順，法治大行。

當政權過渡到晉武帝時，亦為世家大族一份子的劉頌卻能不諱言的讚美曹操的吏治，可知，在曹操唯才是舉的用人政策下，確實是對東漢末年「品藻多乖，舉世失實」的選舉弊端予以澄清，且扭轉有漢一朝已根深蒂固的選舉標準，實有劃時代的新意義。而這標準的界定已不再德行上、門閥出身、年紀上講究，純粹是從務實的角度，為自己的政權找尋最適當的人才，而對這些人才，亦制訂了一套管理、督察的職官制度。曹操之號令天下，其選舉政策是有其一定程度上的功績。但在此嚴屬的管理制度下，曹操卻是師心自用，自壞法度，使臣子依違於僥倖之間，如《三國志・曹爽傳》注引《魏略》：「（丁）裴隨太祖，太祖以裴鄉里，特饒愛之。裴性好貨，數請求犯法，輒得原宥。」、又《三國志・郭嘉傳》云：「陳群非嘉不治行檢，數廷訴嘉，嘉意自若，太祖愈益重之。」按此曹操賞罰不公的偏祖作法，實為自己的政權留下尾大不掉的禍害。顧炎武《日知錄・兩漢風俗》則評析道：「孟德既有冀州，崇獎跅弛之士，觀其下令再三，至於求不仁不孝而有治國用兵之術者，於是權詐迭進，姦逆萌生……毀方敗常之俗，孟德一人變之而有餘。」，可見士人含忠履節的大我精神，在魏晉禪代之際，下逮兩晉之世，是顯得相當薄弱的，因此，士風的轉變於此自可見出端倪（詳參第三、四章之討論）；另一方面，「唯才是舉」的政策命令，無形中催生出我國第一部人物論專書——劉劭《人物志》；亦開創出了世人對「人才學」的探討、賞鑒與興趣，因而在正始時期有了「才性四本論」，以「合」「同」「離」「異」四個邏輯範疇之辨名析理的方式進行論辯。而這識人的方法、標準，實由漢末以來選舉制度敗壞之反思而得，這點是不能予以疏忽與否定的。

二、重議選官制度——九品中正制的建立

九品中正制是魏文帝延康元年，依吏部尚書陳群的建議而創制的，據《三國會要・選舉》的記載：「延康元年，吏部尚書陳群以天朝選用不盡人才，乃立九品官人之法。」；又《三國志・陳群傳》云：「（文帝）即王位，封群昌武亭侯，徙為尚書，制九品官人之法，陳（群）所建也。」，這套選舉制度，主要是由州郡的大小中正來薦舉人才《三國會要・選舉》：「州群皆置中正，以定其選，擇州郡之賢有識鑒者，為之區別人物，第其高下。」因此，「九品官

人法」也就被稱做「九品中正制」了。

　　推原九品中正制的設立有二：一是「桓靈之際，閹寺專命於上，布衣橫議於下，干祿者彈貨以奉貴，要名者傾身以事勢，位成於私門，名定於橫巷，由是戶異議，人殊論，論無常檢，事無定價，長愛惡，興朋黨。」（《意林卷5》引《典論》）；一是：「魏文帝為魏王時，三方晰立，士流播遷，四方錯雜，詳覈無所。」（《文獻通考‧卷 28‧選舉一》），因此，陳群才想了這個看似兩全其美的辦法，一方面將選舉權收歸於中央尚書台掌管，以防漢末之弊復發於今；一方面尚書台再委任於地方的長老，薦舉地方上的英才以備中央選用，畢竟在地緣關係上，長老實比中央政府更詳知地方上的人員狀況，所以透過長老們平日的觀察，而後做出評鑑，長老們再將這評鑑表呈報中央，再由中央尚書台銓敘受官。其選舉辦法如下：

《文獻通考‧卷28‧舉士》：

> 州郡縣俱置大小中正，各取本處人以在諸府公卿，及台省郎令，有德充才盛者為之，區別所管人物，定為九等；其有言行修著者，則升進之，或以五升四，以六升五，倘若中正為了品評所管人士，或字五退六，反六退七矣。

趙翼《二十二史箚記‧九品中正》：

> 魏文帝初定九品中正之法，郡邑設小中正，州設大中正，由小中正品第人才，以上大中正，大中正核實，以上司徒，司徒再核，然後送尚書選用。

這樣的選才制度，其立意是相當具有建設性的，且解決了「士流播遷，四方錯雜，詳覈無所」的選才問題。似是改革了漢末以來，地方官長操縱選舉而成黨團勢力的弊端。但就今日的眼光看來，施行於魏晉南北朝的九品中正制，在實際的地方（中正）在「選舉權」與「監察權」上，是相當混淆不清的，分權上產生了很大的問題。這個職權之弊，當時人夏侯玄，已經明白的指說出來了，其有三點是值得注意的：

1. 中正只具薦舉權，而非任用權

有關中正的權職問題，據《文獻通考‧選舉一》載：

> 夫官才用人，國之柄也，故銓衡專於台閣，上之分也，孝行考乎閭巷，優劣任之鄉人，下之敘也。夫欲之清教審選，在明其分敘，不使相涉而已。

就此九品中正的選官制度來看，台閣（尚書）所擁有的是銓衡之權，也就是「任用權」，而地方中正只是輔佐中央鑒識英才，將地方上傑出的人才推薦給中央選用，所擁有的權職，只是一「薦舉權」而已，因此，中央與地方的分權是相當清楚的，所謂「明其分敘，不使相涉」，但，實際的狀況呢？

> 今令中正但考行倫輩，輩當行均斯可觀矣。行有大小，比有高下，
> 則所任之賜渙然別矣，奚必使中正干銓衡之基於下，而執機柄者有
> 所委仗於上，上下交侵以生紛錯哉。（《三國志・夏侯玄傳》）

就夏侯玄所揭示出的實際情況看來，九品中正實施的結果，「任用權」名義上仍是操持在中央尚書台的手上；但，地方中正所賦予的「薦舉權」，實已僭越爲「任用權」了，也就是說中正所呈報給中央的評量表，已決定了人才的登錄及聘用，因而造成「上下交侵以生紛錯」職權混淆的窘境。

2. 中正不具監察權

《三國志・夏侯玄傳》繼而言道：

> 有官長，但使官長各以其屬能否，獻之台閣，則據官長能否之第，
> 參以鄉閭德行之次，擬其倫輩，勿使偏頗。……中正唯考行跡，別
> 其高下，審定輩類，勿使升降。

依夏侯玄所述可知，中正一職，是不具有「監察權」的，而這監察權本當屬於地方的官長，其體制結構形同金字塔，是由下層層向上負責的；而在上位者，則層層的向下監督其部屬。因此，「中正」是個「客體」、「第三者」，因爲他只是中央委任的官長而已，不屬於「地方行政體制」中的一員；但「中正」卻在無形中僭升職權，由中央賦予的「薦舉權」僭越爲「任用權」，更是侵奪地方官長的「監察權」，《文獻通考・舉官》則分析道：「未仕者居鄉里有履行之善惡，所謂品也。既仕者居官有才能績效之優劣，所謂狀也。品則中正可得而定，狀則非中正可得而知。今欲爲中正者以其才能之狀著於九品，則宜其難憑。要知既入仕後，朝廷自合別有考課之法；而復以中正所定之品目，第其升沈。」，另外錢穆先生有段話亦說得精闢：「中正評語，連做官人未做官人通體要評，而吏部憑此升黜，如是則官吏升降，其權操之中正，而不操於本官之上司。這是把考課銓敘與選舉混淆了。」，〔註6〕依此看來，中正實權逮至正始時期，已有坐大現象，下開兩晉門閥世族之路。另外，在文帝輕減法度之後，考課法漸趨荒廢，故至明帝時期，因疾於浮華名士，始有

〔註6〕文見錢穆先生所著之《中國歷代政治得失》（東大圖書公司，1977，頁53）。

劉劭都官考課法之制作與施行（文見本章第三節），可見至九品中正制施行後，考課不彰的情形已然分明。

3. 薦舉不當，中正應負責

夏侯玄認為中正對於自己所薦舉的人才，若在任職之後，發現不稱職，名不符實，就必須負起應有的責任，故謂：

> 官長所第，中正所輩擬，比隨次率而用之，如其不稱，責負在外，內外相參，得失有所，庶可靜風俗，而審官才矣。（《三國志·夏侯玄傳》）

但實際上，就權利的掌控而言，中正是個「參與者」與「決定者」；就責任承擔上說，中正則是個置身事外的「旁觀者」，有絕對的「免責權」。

綜上三點，對於職權分立的概念掌握得非常清楚，然而夏侯玄的意見，並未被採納。因此，九品中正制在如此職權混淆，中正僭越了尚書的職權，這必然走向另一個窠臼，形成了門閥的政治體制，唐長孺先生亦曾感慨的說：「不管曹操、曹丕的主觀意圖怎樣，歷史的傾向是門閥專權，因而九品官人法或九品中正制，歸根到底只能為士族門閥的世襲性政治特權起保護作用。」〔註7〕而這門閥體制對政治造成了何種影響？有關這一論述，將留待第四章第一節再進行討論。

三、選才理論的建立──《人物志》〈才性四本論〉

甫自曹操三道求才令的下達，其尚才觀、不論德行的選官方式，引發了士人對兩漢以來，「以德為首」的士行，有了新的反省及思考，畢竟，我們必須正視的一個問題是：有高尚品德的士人，就有對等的執事能力嗎？這二者關係如何？這是兩漢以來，士人們未曾自覺的觀念。因此，整個曹魏對於人物的鑑識有了更加豐碩的專書集結。這一項目裡，首先探討的是劉劭《人物志》；其次是鍾會〈才性合〉、傅嘏〈才性同〉、王廣〈才性離〉、李豐〈才性異〉等所論辯而出的〈才性四本論〉。

（一）劉劭《人物志》

馮友蘭先生認為《人物志》如果不是《都官考課》所附的《說略》一書，便是與《都官考課》有關係的著作，因為《都官考課》談論的根本問題是怎

〔註7〕文見唐長孺先生所著之《魏晉南北朝隋唐史論》（武漢大學出版，1992.12，頁48）。

樣考察各級官吏的成績，而《人物志》所討論的根本問題是「怎樣認識人物」、「什麼人物適合作什麼官」、「能發生什麼作用」，而這又牽涉到一個更根本的問題，就是「人物的不同，究竟由什麼決定」。〔註8〕以上這四項問題，筆者僅就第四項問題作一簡述。〔註9〕

探討這個問題就必須先從漢末王充的人性論說起，王充仍遵循兩漢的人性觀，亦將「性」分做三等：中人以上（聖）、中人、中人以下（凡）。認爲：「人性有善有惡，猶人才有高有下也。高不可下，下不可高。謂性無善惡，是謂人才無高下也。」（《論衡·本性》），在這段話裡，有二點需要釐清：一是人性是善惡混雜，不能單純的將人性以善以惡截然二分；一是「才」「性」取決於先天。王充將「人性」與「人才」相提並論，且言「人性有善有惡」指的是「中人之性」；而所謂「高不可下，下不可高」指的則是「聖、凡之性」，不能以高下、善惡定論，因此，論「性」所論的則爲「中人之性」了。另外，王充以「氣成命定」爲說：「稟氣有厚薄，故性有善惡也。是故，酒之薄厚，同一麴蘗；人之善惡，共一元氣。氣有多少，故性有賢愚。」（《論衡·率性》），認爲每一個人的天生本質就已有不同，原因在于氣之清濁不定，因此，當這流行的氣偶然凝聚一起時，氣聚則形生，性分如何，一切皆天注定，如此，則先天之德行與稟賦，人人皆有分殊與差別，所以「才」「性」都是取決於「先天」。這樣的人性觀，則成了曹魏士人普遍承繼的觀念。

首先是曹丕《典論·論文》：「文以氣爲主，氣之清濁有體，不可力強而致，譬諸音樂，曲度雖均，節奏同檢，至於引氣不齊，巧拙有素，雖在父兄，不能以移弟子。」（《全三國文·卷8》）曹丕從文學上，說明人的文學才能，決定於他的天生稟賦，而這天生稟賦，則透過文章的氣勢風骨呈顯出來，故以建安七子爲例，認爲：「王粲長于辭賦，徐幹時有齊氣……孔融體氣高妙，有過人者，然不能持論，理不勝辭……，蓋奏議宜雅；書論宜理；誄銘尚實；詩賦欲麗，此四科不同，故能之者偏也，爲通才能備其體。」（同上文），由此可清晰見出，建安七子的文才各有所偏，可說是「偏至之材」，也唯有「通才」方能兼善這四種文體。所以文才多少，得之於天賦，與後天教養磨練無

〔註8〕語見馮友蘭先生之〈魏晉之際關於名實、才性的辯論〉（《中國哲學史》，第四期，1983.9，頁5）。

〔註9〕實因筆者能力有限，且前輩們對《人物志》已有專書研討，吾師江建俊先生《漢末人倫鑒識之總理則——劉劭人物志研究》、湯用彤先生〈讀人物志〉（《魏晉玄學論稿》）等都是研論精微，考證詳實的重要著作。

關，所謂：「雖在父兄，不能以移弟子」。

　　其次，袁準的〈才性論〉提出：「賢不肖者，人之性也。賢者爲師，不肖者爲資，師資之材也。然則性言其質，才名其用，明矣。」(《全晉文·卷54》)，〔註10〕袁準「以性爲體」「以才爲用」來論說，認爲「才性」乃是「體用」(質用)的關係，因此，人生來就有賢與不肖的性分存在。賢者因其才性勝人，所以可爲人師爲人官長(所謂以名爲教，官師合一的儒學觀)；不肖者因其才性不足，所以只能爲人所差遣與治理了。

　　另外，盧毓的選才觀亦透露著他對才性的看法：「才，所以爲善也，故大才成大善，小才成小善。今稱之有才，而不能爲善，是才不中器也。」(《三國志·盧毓傳》)盧毓之意可說是「小大分殊」、「才性二元」觀，認爲才與善(性)是呈現「正比」的關係。同時，他也認爲一個人有才而不能爲善，「是才不中器」，所謂「不中器」即是「虛名」，因「器」是盛物的「名稱」；而「盛物」則是器的「功用」；所以才性不一致，便是邀譽、虛有其名的人罷了。

　　而劉劭《人物志》亦從「氣」上論說：「凡有血氣者，莫不含元一(氣)以爲質，稟陰陽以立性，體五行以著形。苟有形質，猶可即而求之。」(〈九徵〉)，劉劭認爲構成人物的分殊差別在於三個關鍵點：「氣」、「陰陽」、「五行」，這說明了人的性質、形體在氣的流行凝聚中，實已產生了差別性，是後天習染所無法改變的，因此，有了「中和之質，總達眾材」的聖人(國君)；「偏至之材」的中人(佐臣)；及凡庶(被管理者)三等的人物論思想。

　　劉劭《人物志》是爲解決政治上選官用人的問題，因而提出一套鑑識品定人物的方法，將情性、形神、才能三者統一作爲他識鑒人物的重要基礎和依據。〔註11〕並且認爲人物的難知難識在於複雜多變的精神世界，因此，他說：「蓋人物之本，出乎情性，情性之理，甚微而玄，非聖人之察，其孰能究之哉？」(〈九徵〉)也正因爲如此，人物的玄妙、難知、難喻，則開啓了魏晉玄學，湯用彤先生說道：「以劉劭爲代表的這一批善言名理的思想家，幾乎同時湧現出來，而且他們又都與後來的魏晉玄學家有密切的聯繫，這種現象不是偶然的。由此可知，魏晉玄學的發生和發展的眞正原因，乃是適應漢魏之際的政治需要，在政治上既然有了用人唯才，使才以法的制度，於是在學理

〔註10〕 袁準爲曹魏時人，其作品實屬魏朝，此一問題嚴可均辨之甚詳，參見《全晉文·卷54》《袁子正書》下引。

〔註11〕 語見田文棠先生所著之《魏晉三大思潮論稿》(陝西人民出版，1988.12，頁77)。

上產生了考核名實的政治理論；由察舉人才，進而提高到社會原則，研討人才的普遍特性；由設官分職而提高到社會政治的原理；由人物性情的根本推溯到天地萬物的根本。」，〔註 12〕另外，唐長孺先生亦有同樣的看法：「我們認為玄學是從怎樣確立選舉標準這一點出發的，以後才發展為有無、本末之辨……我們知道玄學先驅的魏晉名理之學，即是從人物批評之抽象化及其原則上的探討。」；〔註 13〕田文棠先生亦持這一看法：「實際上，名理學家關於才性和鑒識人物的某些思想，正是從名家和法家那裡吸收來的，並以道家的思維方式，把它向著簡便化和抽象化的方向作了發展。」。〔註 14〕

從上可知，劉劭這本《人物志》，實是與正始玄學有著密切的關係，從一實際的人物選才辦法的研擬，發展到一抽象思維、形上玄妙的辨名析理，一方面肯定了個體自身的價值與人的殊異性及獨特性；一方面卻消極的提出「才性先天決定論」的論點，這樣一來，整個社會政治的階級性，似乎也都順理成章的視為當然，成為「凡聖有別，貴賤有等」的思想了。因此，整個兩晉門閥世族的形成，其理論證據，與劉劭之選才觀，亦有著相當程度的關連，然有關這方面的問題，尚且留待第四章第一節探討之。

（二）〈才性四本論〉

有關〈才性四本論〉的史料雖說是鳳毛麟角，但學者們偶有專文論述，在此，筆者無須重複申述，然而，談到選才的問題，這項議題卻有它不能割捨的重要性，職是之故，筆者擬由新的角度切入，盼有所收穫。

談到合、同、離、異的問題，歷來學者都四分為二：一為「合同」；一為「離異」，因為從論者本身的政治背景作考察，是必然推論出「親司馬派」（鍾會、傅嘏）與「親曹魏派」（李豐、王廣）；〔註 15〕另外，從學派來說，則推論出「先天決定論」（儒學大族）與「後天影響論」（庶族）〔註 16〕的抗爭。

〔註 12〕語見湯用彤、任繼愈先生〈魏晉玄學中的社會政治思想和它的政治背景〉（《歷史研究》，第三期，1954，頁 73）。

〔註 13〕語見唐長孺先生所著之《魏晉南北朝史論叢》（武漢大學出版社，1992.12，頁 295～296）。

〔註 14〕語見田文棠先生所著之《魏晉三大思潮論稿》（陝西人民出版社，1988.12，頁 67）。

〔註 15〕參見侯外廬先生主編之《中國思想通史》第三卷，魏晉南北朝思想。（人民出版社，1957.5，頁 51～59）。

〔註 16〕參見田文棠、劉學智先生之〈魏晉「四本才性」之辯述略〉。（《陝西師大學報》，1989，第 3 期，頁 20～25）；馮友蘭先生之〈魏晉之際關於名實、才性的辯論〉。

這二項論點在學界中，已是普遍的共識，筆者也深表贊同；只是「合同離異」的辯證，是否有可能取藉於先秦名家的兩大論辯「合同異」、「離堅白」的方法論呢？倘若這項說法成立，我們同樣可將〈才性四本論〉四分爲二：一爲「同異」；一爲「合離」。首先就「同異」之意進行論述，《莊子‧德充府》：

> 自其異者視之，肝膽楚越也；自其同者視之，萬物皆一也。

這在先秦名家中「合同異」之「合」是「消融」之意；「異」是世人主觀意識下所產生的「相對性」；而「同」則從形上的「道」講，因此，站在「道」的角度來看，萬物都是「無分別」，具有「絕對性」的，故而先秦名家提出「郢有天下」、「火不熱」、「犬可以爲羊」……等，目的是要破除世間這種約定俗成的觀念，以絕對的、無分別的心來觀照萬物，並且消融這一相對性。而這在才性問題上，可說：「自其異者觀之，才性楚越也；自其同者視之，才性皆一也。」所以，從形上的觀點來認知才性，「才即是性；性即是才」，二者無分別；若從形下的觀點來認知，必然因爲後天各種因素的影響，而產生不同發展，因此，才性有了分殊差別。次就「離合」之意進行說解，公孫龍〈離堅白〉：

> 視不得其堅，而得其白者，無堅也；拊不得其所白，而得其所堅，
>
> 得其堅也，無白也。……——不相盈，故離也。

所謂「不相盈」，即「此不在彼中」之意，[註17] 此就知識論上證明「堅」、「白」是兩個分離的共相，也就是說「堅」「白」可存在于任何物體上，未必限定於石頭上，因此，「堅」（觸覺）、「白」（視覺）在認識論上是分屬兩種不同的概念。當然落在才性問題上，「才性離」則意指著：「才不在性中，性不在才中」，二者是完全不相干，沒有任何牽連；而「才性合」則意指著：「才在性中，性在才中」，二者是有所交集的，但交集指數有多高，是沒有一定的。所以「才性合」、「才性離」是將「才」、「性」界定爲二元，是分屬兩種不同概念與意涵的。

　　綜上所述，「人」是屬於有機的生命體，因而在人格發展上，我們不能完全取之於先天命定論，將人的道德本性、才能，全歸於先天的決定，因爲我們必須考慮到後天諸種可能的影響。因此，無可否認的是「人」始終存在著許多變數在性情才能上；但若持著這樣的觀念，就將人的性情才能又全歸於

（《中國哲學史研究》，1983.9，第 4 期，頁 3～12）。

〔註17〕語見馮友蘭先生所著之《中國哲學史》（藍燈文化出版社，1989.10，頁 259）。

後天的影響上，這又失之於偏頗，畢竟，從今日生物學的角度看來，遺傳基因是受精時就已決定的，而這就是所謂的「先天決定論」，他決定著每個人的「材質」，但這個「材質」落到群體社會中，他會發生某種程度的影響，非絕緣於群體社會之外的，而這就是所謂的「後天影響論」。因而論人必然考慮這二者，持平觀之，方能有一客觀說服力，若執一而否定另一端，則必失之偏頗。

要之，「人」是難以一套標準來界定的，因為人不是個無機的物品，可受制於尺度的規範與衡量。從縱切面來說，人在群體、社會中不斷的產生互動、產生衝擊；從橫切面來說，人格的發展必然隨著時間的流長，而有所變化，而這一變化可能是精質化、劣質化，抑或不定。因此，在這縱橫交錯的影響與衝擊下，存在著諸多掌握不住的變數因子，使得人物難論、難識、難知，劉劭亦明白的說了：「人物之理，妙不可得而窮已。」（《人物志‧七謬》），因而，這樣捉摸不定，難以言說的人物討論，則導引了正始玄音貴無論、言不可盡意論、凡聖之辨等名理論產生，而蔚成一代學術的新思潮。

第二節　去浮華論

本節所謂「浮華」之意，可以徐幹《中論‧遣交》的幾句話作一註解：「不修道藝，不治德行，講偶時之說，結比周之黨，汲汲皇皇，無日以處，更相歎揚，迭為表裏。」這種風氣的形成，起於漢末黨錮士人激濁揚清的品覈之舉，原具有抗志勵節的氣概，最後卻走向華而不實的名利追逐，更競相以入黨籍為榮。〔註18〕此間流變劉顯叔先生〈東漢魏晉的清流大夫與儒學大族〉說得很清楚：

> 黨錮之後，清流在政爭中敗退，可是士大夫社會並沒有解體，處士儒生交友結黨互相褒重的風習仍在繼續，但在宦官勢力籠罩下臧否之談原有的「激濁揚清，旌善見惡」的戰鬥意志，清心疾惡的氣慨，以難得見到，倒是修飾驅逐以競虛名，交不論志，逐名趨勢的浮華風氣，卻見增長。〔註19〕

〔註18〕趙翼《二十二史札記‧卷五‧黨禁之起》：「其時黨人之禍欲酷而名愈高，天下皆以名入黨人中為榮。」。
〔註19〕文見《勞貞一先生七秩榮慶論文集》（《簡牘學報》，第5期，頁224）。

曹操鑑於漢末士人們互相品覈，激揚名聲，不務吏治，甚而結黨朋私背實趨華的風氣，誓以「破風華交會之徒，計有餘矣」（〈與孔融書〉），遂於建安八年（203）九月下令以明志：

> 阿黨比周，先王所疾也。聞冀州俗，父子異部，更相毀譽。昔直不疑無兄，世人謂之盜嫂；第五伯魚三娶孤女，謂之撾婦翁；王鳳擅權，谷永比之申伯，王商忠議，張匡謂之左道：此皆以白為黑，欺天罔君者也。吾欲整齊風俗，四者不除，吾以為羞。（〈整齊風俗令〉《全三國文・卷2》）

從這道詔令中，品味曹操的語氣，可謂剛腸疾惡，整齊風俗箭在弦上，勢在必行，因此，在曹操時期，所要對治的首號浮華名士則是這位「聞冀州俗，父子異部，更相毀譽」的冀州人孔融。建安十三年（208）八月孔融被殺，並下令，宣示天下：

> 太中大夫孔融，既服其罪矣，然世人多採其虛名，少於核實，見融浮豔好作……以為父母與人無親，譬若缻器寄盛其中，又言若遭飢饉，而父不肖，寧贍活餘人，融違天反道，敗倫亂理，雖肆市朝尤恨其晚。（《全三國文・卷2》）

從〈宣示孔融罪狀〉的令文來看，曹操似是痛惡他虛而無實的名聲，然而筆者則認為「顛覆了根深蒂固的倫理秩序」才是曹操真正殺他的原因：

> 又前與白衣禰衡跌蕩放言，云：父之於子，當有何親？視其本意實為情欲發耳。子之於母，亦復奚為？譬如寄物瓶中，出則離矣。（《後漢書・孔融傳》）

解讀孔融的言論，可作如是說：孔融認為父子或母子的關係，都只是一種利益相繫的關係，所謂的親情、血肉相連的論調都是不實的、虛有的、不存在的，因此，否定了親子倫理關係。當然，就從一個統治者的角度來審視這一番話，我們可以說家庭倫理的鞏固，即是政治秩序的鞏固，孔融與禰衡二人，言而無忌的標示親子關係的虛假，父與子或母與子無所親愛，因此，不親其親，自然就會衍變成不君其君，甚至大膽的說，即是無君論的發端。這般顛覆、否定親情倫理的言論與態度，對統治者的權力結構，勢必造成莫大的威脅，倘若不及時遏阻，待其形成一股社會風潮時，不僅親情失序，所謂尊君卑臣的建封秩序，亦將瓦解。因此，孔融、禰衡被殺，實是意料中事。

下至明帝時期，亦有一波整飭浮華朋黨的行動，涉及的浮華名士總達十

五人之多。說來，明帝的行事作爲，較其祖父武帝相仿，一改其父文帝平和寬惠的政風，然而這樣的政風，卻導致浮華風氣的再起：「竊見當今年少，不復以學問爲本，專更以交遊爲業；國士不以孝悌清脩爲首，乃以趨勢游利爲先。合黨連群，互相褒歎，以毀訾爲罰戮，用黨譽爲爵賞，附己者則歎之盈言，不附者則作瑕釁。」（《三國志・董昭》），因此在其登基後，於太和四年（230）下詔直斥浮華不務道本者：

> 世之質文，隨教而變，兵亂以來，經學廢絕，後生進取，不由典謨，豈訓導未洽，將進用者不以德顯乎？其郎吏學通一經，才任牧民，博士課試，擢其高第者，亟用，其浮華不務道本者，皆罷退之。（〈策試罷退浮華詔〉《全三國文・卷9》）

然而眞正罷退浮華之士的，是在太和六年（232），明帝聽取了董昭的疏文之後，才又下詔罷黜且廢錮之：

> 凡有天下者，莫不貴尚敦樸忠信之士，深疾虛僞不眞之人者，以其毀教亂治，敗俗傷化也。近魏諷則伏誅建安之末，曹偉則斬戮黃初之始。伏惟前後聖詔，深疾僞僞，欲以破散邪黨，常用切齒；而執法之吏畏其權勢，莫能糾攝，毀壞風俗，侵欲茲甚。（《三國志・董昭傳》）

董昭這篇〈陳末流之弊疏〉裡，有二項論點是值得注意的：一是魏諷、曹偉事件，必須深以爲戒；一是風教頹沮，起於浮華朋黨交結。

（一）魏諷、曹偉事件，必須深以為戒

建安二十四年，魏諷以叛亂罪被殺，而連坐誅死者達數十人，這個案件應隨著時光而塵封，但至魏明帝時期，魏諷案件卻又浮出台面，彷彿成了浮華連黨的代名詞。因此，我們有上溯事件本末的必要。考察史書，並無魏諷的傳文，也只能於其他傳文中拼湊出梗概了。漢魏之際的劉廙，其弟劉偉正是魏諷黨人之一，或許劉廙覺得黨錮之禍前鑑未遠，因此愷切的勸誡其弟曰：

> 夫交友之美，在于得賢，不可不詳。而世之交者不審擇人，務合黨眾，違先聖人交友之義，此非厚己輔仁之謂也。吾觀魏諷，不修德行，而專以鳩合爲務，華而不實，此直攪世沽名者也。（《三國志・劉廙傳》注引《廙別傳》）

劉廙這則文章寫於何時，已無可考證，然而可知的是，魏諷當時羽翼未豐，以其聲名交遊結黨，仍未見其企圖。建安二十四年九月（219）魏諷欲一舉發

動叛變，卻不幸被黨人陳禕所出賣，以失敗伏誅告終：

> 諷，字子京，沛人，〔註20〕有惑眾才，傾動鄴都，鍾繇由是辟焉，大軍未反，諷潛結黨徒，又與常樂衛尉陳禕謀襲鄴。未及期，禕懼，告知太子（曹丕），誅諷，坐死者數十人。（《三國志·武帝紀》注引《世說新語》）

當然事件爆發之後，凡是所有黨人都遭誅連，〔註21〕劉偉自當不例外，而其兄劉廙也受牽連，險乎一死。〔註22〕然於魏諷案之後，又有個曹偉事件：

> 黃初中，孫權通章表，偉以白衣登江上，與權教書求略，欲以交結京師，故誅之。（《三國志·王昶傳》注引《世說新語》）

從這則僅存於世的記載看來，我們仍無法做出判斷，然而筆者倒有二項訊息可提供參考，一是山陽人劉表（《劉表傳》）；一是曹魏篡漢之後，漢獻帝被封為山陽公（《王肅傳》）。因此，就這些關連作一連鎖與推敲，山陽人曹偉是否有可能結合孫吳的勢力，聯袂發動政變，復辟帝位呢？實是個令人玩味的問題。

這二個歷史案件轟動一時，於日後，則成了訓悔弟子的最佳範本，與其教忠教孝，訓示儒家經典，倒不如以活生生的當代案件作為警示，來得有效些的，王昶〈誡子書〉可供參考：

> 夫孝敬仁義，百行之首，行之而立，身之本也。孝敬則宗族安之，仁義則鄉黨重之，此行成於內，名著於外者矣。人若不篤於至行，而背本逐末，以陷浮華焉，以成朋黨焉，浮華則有虛偽之累，朋黨則有彼此之患。此二者之戒，昭然著明，……近濟陰魏諷，山陽曹偉皆以傾邪敗沒，熒惑當世，挾持姦慝，驅動後生，雖刑於鈇鉞，大為炯戒，然所污染，固以眾矣。可不慎與！（《三國志·王昶傳》）

行文至此，或許我們要問，魏諷、曹偉為何要反？其理由為何？這種種疑問在史傳上，並沒有留下任何說明，但我們從《誡子書》的再三告誡中，似可斷語，這二個案件非同小可，不是幾個交結宴遊的朋黨，而是龐大的組織集

〔註20〕魏諷是否為沛人，則另有一說，王昶〈家誡〉：「濟陰魏諷」，因此，魏諷是沛人？抑或濟陰人？未詳。

〔註21〕魏諷事件所牽涉到的人，除了徵辟他的相國鍾繇被免去官職外「建安二十四年九月，相國鍾繇坐西曹掾魏諷反免。」（《武帝紀》）；舉史所載另有王粲之子：「……粲亡後，相國掾魏諷謀反，粲子與焉，既被誅。」（《三國志·卷28·鍾會傳》附引王弼傳）。

〔註22〕《三國志·卷21·劉廙傳》：「魏諷反，廙弟偉為諷所引，當相坐誅。太祖令曰：『叔向不坐弟虎，古之制也。』特原不問，徙署承相倉曹屬。」

團，是一股有目的的反叛勢力，然而這二個黨團勢力，最後都被執政者消滅鎮壓下去了。王昶訓誡子弟主要是利用這二大案件以警示族人，一切行為都應顧全到宗族的全體生命，不可因一個人的造次，而牽累殃及族人，這樣的感慨在劉廙被赦免後，心有餘悸的說道：「罪應傾宗，或應覆族。」(《劉廙傳》)，這樣的心境，實由於鄉黨宗族的性命是一脈相牽的，一人獲罪，輕則斷了族人的官路；重則誅殺全族，因此，子弟們的言行作為，實不可任意妄為，更不可不戒慎恐懼的。

當然，明帝鑑於其祖父對治浮華朋黨生變叛亂，而危害政權的情形，不是不知其嚴重性的，故接受董昭之議，立即罷黜了四聰八達三豫等十五人，《三國志·諸葛誕傳》載：「(諸葛誕)與夏侯玄、鄧颺等相善，收名朝廷，京都翕然。言事者以誕、颺等修浮華，合虛譽，漸不可長。明帝惡之，免誕官。」〔註23〕

（二）風教頹沮，起於浮華朋黨的交結

漢魏以來，風教的衰頹，已非一朝一夕的事了，然就曹魏三祖執政時的狀況來看，一方極力的在消除浮華朋黨的勢力的形成；一方則崇儒、興學、舉賢，可謂雙管齊下，以下圖表，可資參考：

國君名稱	紀　年	詔令名稱	附註
魏武帝	建安八年	〈修學令〉、〈整齊風俗令〉	西元 203 年
	建安？年	〈清時令〉	未詳
魏文帝	黃初二年	〈復孔子祀〉	西元 221 年
	黃初三年	〈除貢士限年法〉	西元 222 年
	黃初？年	〈禁浮華朋黨〉	未詳
	黃初五年	立太學	西元 224 年
魏明帝	太和二年	〈貢士先經學詔〉	西元 228 年
	太和四年	〈策試罷退浮華詔〉	西元 230 年
	青龍元年	詔舉賢良篤行之士	西元 233 年
	青龍四年	詔求士，無限年齒，勿拘貴賤	西元 237 年

〔註23〕《三國志·諸葛誕傳》注引《世說新語》：「是時，當世俊士散騎常侍夏侯玄、尚書諸葛誕、鄧颺之徒，共相題表，以玄疇四人為四聰，誕、備八人為八達，中書監劉放子熙、孫資子宓、吏部尚書衛臻子烈三人，咸不及此，以父居勢位，容之為三豫，凡十五人，帝以為搆長浮華，皆免官廢錮。」

曹魏一代，上至武帝下至明帝，連續這麼多詔令的下達，整飭風教，似應有所彰顯才是，但從當代學者的傳文中，探其究竟，這些詔令實未深入士子之心，據《三國志‧王肅傳》注引《魏略》所載：

> 從初平之元，至建安之末，天下分崩，人懷苟且，綱紀既衰，儒道尤甚。至黃初元平之後，新主乃復，使掃除太學之灰炭，補舊石碑之缺壞，備博士之員錄，依漢甲乙以考課。……至太和、青龍中，中外多事，人懷避就。雖性非解學，多求詣太學。太學諸生有千數，而諸博士率皆麤疏，無以教弟子。弟子本亦避役，竟無能習學，冬來春去，歲歲如是。……是以志學之士，遂復陵遲，而末求浮虛者各競逐也。……又是時朝堂公卿以下四百餘人，其能操筆者未有十人，多皆相從飽食而退。

從上訊息得知，始自漢獻帝初平直至建安末年，這段動盪時期，綱紀既衰，儒教自然隨之衰頹，風教陵遲是情有可原的。但文帝登基，天下大抵初定，因而也下詔恢復孔子祭祀，亦設立太學，招納博士弟子員，並且設立了考選制度以考校學子，考試通過後，則隨之敘用，《通典‧卷53‧太學》詳細記錄了此一課試辦法，其曰：

> 滿二歲，試通一經者稱弟子，不通一經罷遣。弟子滿二歲，試通二經者，補文學掌故，不通經者聽須後輩復試，試通二經，亦得補掌故。掌故滿二歲，試通三經者，擢爲高第爲太子舍人，不第都隨後輩復試，試通亦爲太子舍人。舍人滿二歲，試通四經者，擢爲高第郎中，不通者隨後輩復試，試通者亦爲郎中。郎中滿二歲，能通五經者，擢高第隨才敘用，不通者隨後輩復試，試通者亦敘用。

從上的考選制度看來，太學生每二年考校一次，而考校的內容則是經學，凡通過考試的即從七品官起家，每通過一經者，則予以擢升，若未通過經試的，就必須再等上二年，考校通過的仍予以擢升，國家對這些弟子員，可說是優厚至極了。但其實際情形卻是這樣的，《三國志‧杜恕傳》注引《魏略》則言：

> （黃初中）於時太學初立，有博士十餘人，學多褊狹，又不熟悉，略不親教，備員而已。

暫且不論博士是否學有專精，十幾名的博士要教導數百名的太學生，就其學習的品質而言，實是值得疑議的。何況這博士的設立，只是「備員」而已，兩漢經學的盛況早已不復。而黃初年間所設立的太學考校制度，亦難派上用場，徒具形式而已。

明帝太和、青龍中，連年對外發起戰爭，因此，避役的子弟就更多了，太學生從數百名，激增為千人之多，可想而知，風教不振的原因了。一方面博士的品質依然無所改善「率皆鹵疏，無以教弟子」；一方面弟子員只以太學為避役的場所，無心向學，縱使有一二向學的弟子員，但群居終日，受此懈怠風氣的薰染，難免棄志習翫，因而直至明帝時的風教已是「遂復陵遲，而末求浮虛者各競逐」。劉靖亦在明帝罷退浮華朋黨之後，上書〈陳儒訓之本〉：

> 自黃初以來，崇立太學二十餘年，而寡有成者，蓋由博士選輕，諸
> 生避役，高門子弟，恥非其倫，故無學者。雖有其名而無其人，雖
> 設教而無其功。（《三國志‧劉馥傳》附劉靖傳）

這篇疏文，可說是總結了魏朝二十餘年來，崇儒興學的績效成果「雖有其名而無其人，雖設其教而無其功」，一語評斷曹魏三祖，整飭太學教育的努力效果，是無功而終的。

綜上所述，始自武帝起，便雷厲風行的對治浮華朋黨中的名士領袖，文帝、明帝亦各有一次掃蕩行動，我們從史傳中似乎也見到這些結集的朋黨勢力是被鎮壓平抑下去了。但可歎的是，整個太學的教育整頓，確是如此聊備一格，縱使屢下詔令，表達尊儒貴學，高選博士，經學為先的必要性，但都形同虛文，風教不整，浮華之風何曾稍歇？

更重要的是，明帝死後，曹爽受詔輔政，這些嚴禁浮華的詔令，立即失效，太和六年被廢除名位的四聰八達三豫，這批人一下子又站上了政壇，成了政壇新秀，掌握樞機要職，尤其選舉權更是一手在握，成了黨團選舉，更名符其實的成了浮華朋黨，文後有句話可做個註腳：「台中有三狗（何晏、鄧颺、丁謐），二狗崖柴不可當，一狗（丁謐）憑默（曹爽）做疽囊。」（《三國志‧曹爽傳》注引《魏略》）。因此，我們可以說直至明帝為止，東漢末年以來的浮華連黨之士，遭到了禁錮的處分，然樹到了根仍在，此風未曾止息，國中太學形同虛設，教育不成，反成了最佳的避役、交結遊談的場所，風教頹沮，乃必然之勢。而此教育衰敗的情勢，卻經由何晏、王弼貴無玄學的提倡，以致嵇康、阮籍的響應附和，更視六經為糠秕（荀粲語）、禮教為殺人之器（阮籍語〈大人先生傳〉），反使儒教愈加不振，士行不檢，空說終日，以致放達為樂，紈褲子弟皆沈溺於虛玄的社會風氣中，流衍於兩晉而未息（詳參第四章第四節）。

第三節 考課論

《晉書·傅玄》：「魏武好法術，而天下貴刑名」；《文心雕龍·論說》：「魏武初霸，術兼名法」，這說明了曹操的政治思想是兼綜名家與法家思想的，名家主張「正名實」；法家則主張「刑名」思想。所謂「刑名」，韓非子解釋說：「人主將欲禁奸，則審合刑名。刑名者，言與事也。為人臣者而陳言，君以其言授之事，專以其事責其功。功當其事，事當其言，則賞；功不當其事，事不當其言，則罰。」（《韓非子·二柄》），因此，國君按照名與實或言與事，依兩者相符的程度或情況來進行賞罰黜陟。〔註 24〕而曹操所走的政治路線就在于此。

曹操持此政治思想，主要是因為東漢後期，選舉失實，吏治腐敗，原有的上計制度（考察制度）只是徒具虛文而已，王符《潛夫論·考績》揭示：「夫守相令長，效在治民；州牧刺使，在憲聰明；九卿分職，以佐三公；三公總統，典和陰陽，皆當考治，以效實為王休者也。……今則不然，令長守相，不思立功，貪殘專恣，不奉法令，侵冤小民，州司不治，令遠詣闕上書訴訟。尚書不以責三公，三公不以讓州郡，州郡不以討縣邑。」；江師建俊先生更說道：「魏初申名法，一懲漢末交遊結黨，浮華修會之習，乃求檢形定名，依才能為用。則魏初考課法的實際意義，正配合『用人唯才』政策，以擴大選拔人才範圍者。為強固其政權，補救察舉失實，考課法之作，實當務之急。」，〔註 25〕因此，入魏之後，考課法的研擬，及如何端正名實，成了新政權的首要工作。

這個議題首先由劉廙的《政論·治道》抉發。而後過渡到明帝時，有鑑於浮華陋習，因而罷黜浮華名士，以正時弊，並謂：「名如畫地作餅，不可啖也。」，且命劉劭制作都官考課之法。但當考課法制訂完成之後，事下三府執行，卻遭致反對聲浪，因此，本節將針對這正反兩方的意見，作一考察。

一、執以都官考課端正名實

（一）劉廙《政論·治道》

劉廙《政論·治道》是針對整個漢末以來，因「尚名」風氣之盛熾，導致官員「失實」以致「尸位素餐」的政治情形，提出補弊之道，且就戰後的

〔註 24〕文參引田文棠先生所著之《魏晉三大思潮論稿》（陝西人民出版，1988.12，頁 68）。

〔註 25〕文見江師建俊先生所著之《漢末人倫鑒識之總理則——劉劭人物志研究》（文史哲出版，1988.3，頁 22）。

人才資源問題，提出解決方案，擬以三點論述：

1. 世亂人才少，故需假以考課，端正名實

《三國志‧劉廙傳》注引《廙別傳》：

> 亂弊之後，百姓凋盡，士之存者蓋亦無幾。股肱大臣，及州郡督司
> 邊方重任，雖備其官，亦未得人也。此非選者不用意，蓋才匱使之
> 然爾。況長吏以下，群職小任，能皆簡練備得其人也？其計莫如督
> 之以法。

劉廙認為戰後餘生，百姓凋盡，人才的損失是很嚴重的，因此，要找到一個
優秀而適當的人才是不容易的，故謂「才匱使之然」。由於人才的缺乏，以致
像州郡督司，或邊方重任等重要官職，一時間也都找不到名實相稱的適任者，
對於長吏以下這群小吏，更加需要督之以法了，以實際的法規來督責，求其
實功。按劉廙之意，實有弦外之音的，由於曹操「唯才是舉」的方案，只針
對亂世而言，所謂「治平尚德行，有事尚功能」（詳見本章第一節），故對於
大局底定後的曹魏之世，恐怕這樣的選舉政策，是必需有所修正與扭轉的，
因而「孔子稱『才難，不其難乎！』明賢者難得也。」（劉廙語），簡而言之，
劉廙在選才方案上，是以「賢者」（才德兼備）為擔任「股肱大臣」的資格人
選，如此一來，上行下效的結果，必然使得群職小任者，皆得以按部就班，
未敢輕忽職責，苟且以邀譽。

2. 遷轉調職需擬定方案，以防苟且邀譽

曹魏初期，官員調任頻繁的情形，由劉廙口中，可以得知其弊，一為苟
且邀譽的心態；一為「送故迎新」的不成文規矩。首先劉廙〈治道〉言：

> 而為政者亦以其不得久安之故，知惠益不得成於己，而苟且之可免
> 於患，皆將不念盡心卹民，而夢想於聲譽。

由於曹魏局勢粗定，地方官制職權混亂不一，〔註 26〕因而地方長吏卻衍生出
所謂「三不管」原則，不進行任何改革措施，就足謂為「長吏所為佳者也，
奉法也、憂公也、卹民也」，以此順應民心以要聲譽，所以「長吏執之不已，
於治雖得計，其聲譽未為美；屈而從人，於治雖失計，其聲譽必集也。長吏
皆知黜陟之在于此，亦何能不去本就末哉？」，為了防治這一姦巧苟且的敷衍
心態，劉廙建議任職的年限必須擬定出來，使官吏們自展其能，使功績與聲
名齊具，故言：「以為長吏皆宜使小久，足使自展。」但事實上，任職年限

〔註26〕文參薩孟武先生所著之《中國社會政治史》（三民書局，1986.2，頁 111～121）。

的不確定因素,除了造成官吏苟且無為的心態外,「送往迎來」的不成文規矩,則是長吏們自肥的手段,劉廙〈治道〉言曰:

> 不爾而數轉易,往來不已,送迎之煩,不可勝計。轉易之間,輒有姦巧,既於其事不省此非所以為政之本意。

探究此一「送往迎來」之自肥方案,實為漢末政場中的另一疢疾,《漢書·黃霸傳》:「數易長吏,送故迎新之費及奸吏緣絕簿書盜財物,公私費耗甚多,皆當出於民。」、又《後漢書·左雄傳》亦揭露此一疲弊:「送迎煩費,損政傷民。」、《三國志·陸凱傳》亦糾舉道:「州縣職司,或蒞政無幾,便徵召遷轉,迎新送舊,紛紜道路傷財害民,於是為甚。」,因此,新舊官員的交接、送往迎來,不憚其煩,勞財傷民自不在話下,官吏苟且於政務而又貪污自肥之歪風,在魏晉史乘中,屢見不鮮(詳參第三、四章)。

3. 以實際的農業開墾,作為考績評定的標準

為了防治官員們苟且的心態,劉廙認為任職年限與調任皆需擬定一套辦法,付諸規範實施才行,一方面不僅能讓官吏們大展其能,對地方貢獻出他們的心力;一方面,亦可督責其政績,故劉廙效法古人三年總計一次的作法,以評斷地方官吏的治績好壞,決定他的官職升降,而這治績的評斷標準如下:

> 課之皆當以事,不得依名。事者,皆以戶口率其墾田多少;及盜賊發興,民之亡叛者,為得負之計。如此行之,則無能之吏,修名無益;有能之人,無名無損。法之一行,雖無部司之監,姦譽妄毀,可得而盡。(同上)

劉廙認為應從實際的農業收穫、開墾的多寡給予分數,以人民戶口的流散、盜賊興發案件上來扣分,因此,「課之當以事,不得依名」,這是劉廙透過實際的治績作為,來評定官員聲名的虛實的建議,無關乎「奉法、憂公、卹民」這三項抽象致毀致譽的原則。要之,督察官員之政績,則需效法法家循名以求實的嚴格作法,迫使官員認知「修名無益」,唯有認真務實於民事,才是官品升陟的唯一途徑。

(二)明帝:「名如畫地作餅,不可啖也」

明帝即位後,大禁浮華之風,當時諸葛誕、鄧颺、何晏、李豐等號之四窗八達三豫的一批名士被黜廢,這事件後,明帝和盧毓曾有過一番討論:

> 前此諸葛誕、鄧颺等馳名譽,有四窗八達之誚,帝疾之。時舉中書郎,詔曰:「得其人與否,在盧生耳。選舉莫取有名,名如畫地作餅,

不可啖也。」毓對曰：「名不足以致異人，而可以得常士，常士畏教
慕善，然後有名，非所當疾也。」（《三國志·盧毓傳》）

這段是相當有名的記載，在君臣問答中，有個問題值得解析：「名」是選才的
標準嗎？明帝有鑑於浮華連黨的弊端，因而認為「名如畫地作餅」，是不可吃
的，因此，選舉人才，亦不該以抽象的名聲作為評判一個人的準則。然盧毓
則以持平的立場來看待名聲一事，認為名是可取的，可以是選才的考量內容，
畢竟，一個人能招致美名，必然有他的原因，因而，在一定的程度上，「名」
是可相信與採納參考的；但選舉的標準並不是建立在「名」的有無與美惡上，
它只是一個「參考內容」，而非「評斷標準」。所謂賢才好官，則是透過實地
的績效考察，所評判得出的。因此，名若要求實，務需考課，盧毓且言：「古
者敷奏以言，明試以功。今考績之法廢，而以毀譽相進退，故真偽渾雜，虛
實相蒙。」，明帝採納其言，旋即下詔命劉劭作考課法：

> 明帝時，以士人稱毀是非，混雜難別，令劉劭作都官考課之法七十
> 二條，考覈百官，其略：欲使州郡考士必由四科，皆有事校，然後
> 察舉。或辟公府為親民長吏，轉以功次補郡守者；或就增秩賜爵；
> 至於公卿及內職大臣，亦具考之。（《三國會要·卷 16·選舉》）

劉劭七十二條考課法制訂以後，事下三府，則有了反對聲浪，認為糾正漢末
以來的名實相乖的風氣，並非只憑一考課制度的建立，就足以改善，故治本
之方，端看「人才」的選拔而已，此以傅嘏、杜恕、崔林為主要駁難者。

二、糾正名實非唯考課法

（一）傅嘏〈難劉劭考課法論〉

對於劉劭奉命所制作的都官考課法，傅嘏首先提出二點駁難與意見：

1. 法應因時制宜

《三國志·傅嘏傳》言道：

> 劭考課論，雖欲尋前代黜陟之文，然其制度略以闕亡。……以古施
> 今，事雜義殊，難得而通也。所以然者，制宜經遠，或不切近，法
> 應時務，不足垂後。

劉劭所做的都官考課法七十二條，據杜預所言乃是依照：「魏氏考課即京房之
遺意，其文可謂至密。然由於累細以違其體，故歷代不能通也。」（《晉書·
杜預傳》），因而傅嘏駁難考課法的施行是以古制今的做法，不能因應時務，

對症下藥，然而這七十二條律法已亡佚，故無從考證其累細，以致歷代不能通的原因。就傅嘏的看法則是效法周典的禮制，故謂：「禮之存者，惟有周典，外建侯伯，藩屏九服，內立列司，莞其六職，土有恆貢，官有定則，百揆均任，四民殊業，故考績可理而黜陟易通也。」，依傅嘏意，周典至今仍昭然於後世，建邦君民，百官各司其職，各盡其能，無須外在的法規，予以強制性的責求職能，百官仍得以治，使民安居樂業。因此，傅嘏遵從的是儒教「自律」的責任政治，所謂士大夫以禮不以法的督察模式。

2. 考課之制為一末法

在傅嘏的眼裡，設置百官，乃是輔佐王政，替君王教養百姓，處理人民的訴訟案件，可說官員自身就如同一把尺，自能做出正確公正的審判，然而現在卻要在官員的頭上加上一雙眼睛來考課監督，這種作法實是本末倒置：「夫建官均職，清理民物，所以立本也；循名責實，糾勵成規，所以治末也。」傅嘏的想法，不妨作這樣的解構較佳：法是禁於已發之後，現在官吏品質出現問題了，才施加考察糾舉，那為何不在選才之時做好把關的工作呢？這才是治本的方法。因此，傅嘏仍舊是贊同鄉舉閭選的評議方式：

> 王之擇才，必本行於州閭，溝道於庠序，行具而謂之賢，道修則謂之能，鄉老獻賢能於王，王拜受之，舉其賢者，出使長之，科其能者，入使治之，此先王收才之義也。（同上）

於此，傅嘏並不認為鄉閭評議的選才方式有何不妥，漢末吏治的腐敗，問題是出現在「人」，而非「制度」本身，因此，我們實可看得出來，傅嘏始終本著儒教做為自我約束的典範，凡國家有所委任，臣子自當責其有成，無須套上個金箍咒（考課法）裁制、管束百官。

（二）杜恕〈議考課疏〉

據《三國志・杜恕傳》載：「（明帝）時大議考課之，制以考內外眾官。恕以為用不盡其人，雖才且無益，所存非所務，所務非世要。」，按杜恕之意，謹慎選擇人才，是更甚於任職後的都官考課，因而上疏，提出三項論點申辯之。

1. 考課法只是治標，未能治本

《三國志・杜恕》言曰：

> 語曰：「世有亂人而無亂法」，若使法可專任，則唐虞可不須稷契之佐，殷周無貴伊呂之輔矣。今奏考功者，陳周漢之法為，綴京房之

本旨，可謂明考課之要矣。於以崇讓之風，興濟濟之治，臣以爲未盡善也。其欲使州郡考士，必由四科，〔註27〕皆有事效，然後察舉，試辟公府，爲親民長吏，轉以功次輔郡守者，或就增秩賜爵，此最考課之急務也。

杜恕認爲「明試以功，三考黜陟」乃歷代諸王都重視的法制，但管理督察百官「法」並非唯一的憑依，「若法可專任，則唐虞不須稷、契之佐，殷周無貴伊、呂之輔矣。」，且謂「世有亂人而無亂法」說明「制度」本身並沒有問題，問題產生在「選才」上，無獨有偶，此與傅嘏意見是一致的。因此，杜恕提出試任制，認爲從治本的方法來選擇人才，是州郡察舉人才，一定要試以經義、策問，然後再試辟於公府，且須通過所謂的「試用期」考核後，才正式授與官職，〔註28〕在此人才的適不適用則有了評斷，適任者則錄用；不適任者則予以淘汰，這層層考核實是選官最重要的把關工作，才是考課的最急務，最積極的作法。而非權宜的選個人才來補充職缺，爾後再施以考課督察，糾責官員的能力。杜恕和傅嘏在這一論點上是相同的，〔註29〕認爲考課法實是本末倒置，爲消極的作法，未能治本。

2. 君臣各司其職，各守其分，無須考課法

杜恕站在儒家自我期許砥礪的立場，說明做臣子的本來就有義務負起國君所交代的任務，竭心盡力的做好自己該做的事，這就是臣子的本分，所以「古人不患於念治之心不盡，患於自任之意不足」，古人所患的在于國君不能全權委任，迫使自己無法自展才能，而不憂患自己達不到職分要求，若是臣

〔註27〕「四科」有二說：一爲東漢光武帝十二年，光祿歲舉茂行四行：一曰德行高妙，志節清白；二曰經明行修，能任博士；三曰明曉法律，足以決疑，能案章覆問，才任御使；四曰剛毅多略，遭事不惑，明足照姦，勇足決斷，才任三輔令。（據《宋書·卷40·百官志下》）。一爲後漢左雄所上之儒學、文吏、孝悌、能爲政四項。（據《通鑑》胡三省注）。

〔註28〕兩漢設有「試任制」，爲了防止官吏利用察舉之權進行貪污舞弊，因此，設立此制度以規範之。凡被察舉者，必須先試任一年，若能勝任其職，則予以錄用，且正式聘爲國家官員；若能力不足以勝任，則撤銷資格，而且推舉者亦將受到處罰。詳文參見陳茂同《歷代選官制度》（華東師範大學出版，1994.7，頁62）。

〔註29〕雖說二人的意見是相同的，但傅嘏的批判性是很強的，直指都官考課的作法是本末倒置，「夫建官均職，清理民物，所以治本也；循名考核，糾勵成規，所以治末也。」；而杜恕的語氣則較平和委婉的「今奏考功者，陳周漢之法爲，綴京房之本旨，可謂明考課之要矣。於以崇揖讓之風，興濟濟之要矣。臣以爲未盡善也。」。

子無法將其分內的工作達成，這就是臣子能力不足所致，國君自當責求其不適任的罪過，而予以必要的懲罰了，所以「唐虞之君，委任稷、契、夔、龍而責成功，及其罪也，殛鯀而放四凶。」；然在另一方面，臣子有臣子的本分，國君亦有國君之本分與職責，這正是杜恕所提出的儒家「正名」說，所謂正名，實含括二義：「一是名實一致，即循名求實，有君之名，須有君之實質；有臣之名，須有臣之實質。二是名分相符，及依名守分，有君之名，須守君之本分；有臣之名，須守臣之本分。」（薩孟武語），[註30]雖然國君不在百官之中，但他卻是統御並且號令百官的元首，對於大臣們是否盡忠職守，爲國家功利，百姓福祉打算，在大臣上奏時須以詳細查察，使國中沒有曠職、苟且執事，得免冗官在位，這本是國君應有的職責與本分，因此，國君能否勞心於此一明察官員的行事作爲，眞正做到使賢任能，方能興濟濟之治。

3. 權法相御，非端本之計

　　〈議考課疏〉文後，杜恕剴切陳詞：「今之學者，師商韓而上法術，競以儒家爲迂闊，此風俗之流弊。」這段話，魏晉之際的傅玄也有同樣的說法：「魏武尚法術，天下貴刑名。」前文第一節，亦提及曹操攝政時期，不僅嚴於考課，更增設校事一職，以糾舉不法、不務實於地方吏治的官員，因此，晉人劉頌稱美他的朝政是「吏順下清」。建安八年曹操〈庚申令〉中即明確說道：「治平尚德行，有事尚功能」[註31]在軍旅征戰中，曹操以刑賞來獎懲士兵，確有他的實際必要，然而曹操是不全然否定德行的重要，只是求取士人的德行，其先決條件一定是在政治清平的時候，遇亂世也只有以嚴峻的法規才得以有效的統御朝政與部屬，因此這句話常被誤解，以爲曹操重才不重德，以致毀方敗常，其實不盡然，但以法術爲重的政綱，則是事實，因此，儒家思想在曹操時期是淹沒不彰的。

　　曹丕篡漢之後，心慕漢文帝「寬人玄默，以德化民」（《三國志·文帝紀》注引《魏書》）的仁政，因此，「偃兵與民休養生息」是其主要的國政綱領，傅玄說他「魏文慕通達，天下賤守節」，所以黃老清靜玄默、無爲而治的思想，便爲帝王所追慕。因此，文帝時，儒家思想依然上不了政治舞臺，作爲一名知識份子，杜恕始終站在儒家立場上疏陳言，其《體論》八篇[註32]則反覆

〔註30〕文見薩孟武所著之《儒家政論衍義》（東大圖書公司，1982.6，頁38）。
〔註31〕有此看法的並非只以曹操一人而已，《三國志·卷6·劉表傳》注引《戰略》：「……越曰：『治平者先仁義，治亂者先權謀』。」。
〔註32〕《隋書·經籍志》將杜恕《體論》八篇，列入儒家。

宣揚儒家爲政觀。要而言之，有魏一朝法家、黃老思想，已凌駕儒家思想之上，然而杜恕仍護衛著儒教，認爲唯有儒家思想領導的政治，才能平治天下，獲得百姓們的擁戴，因此，始終認爲考課法的制訂及施行，難免流於權法相御，終非正本清源之計，「明主之治，明於分職而督其成事，勝其任者處官，不勝其任者廢免，故群臣竭能盡力以治其事。」（《管子・明法解》），所以杜恕撐起的反對旗幟是相當鮮明的。

（三）崔林〈考課議〉

另外，崔林也上疏（見本傳）反對，認爲現今法律的制訂應崇簡去繁。當時太祖因戰亂，因而採取重典，不過是權宜之計，「太祖隨宜設辟，以遣來今，不患不法古也。」，但非長治久安的辦法，因此，崔林認爲現今天下底定，實應崇簡去繁才是，故駁難劉劭七十二條考課法繁瑣難循，所謂：「易簡，而天下之理得矣。」，且謂漢末吏治之弊，並不在於佐吏之職的督察不嚴密：「及漢之際，其失豈在乎佐吏之職不密哉？」，也就是說吏治之弊不出在法律的制訂上，法律本身是沒有疑義的，所要致疑的則是使用法的人，故其〈考課議〉言：

> 考課之法，存乎其人也。……以爲今之制度，不爲疏闊，惟在守一勿失而已。

明白言之，即是考課法的制訂實無必要，「若朝臣能任仲山甫之重，式是百辟，則孰敢不肅」，故「選任」才是當務之急，才是治根治本的作法。若能如此，諸臣受任於官府中，必是國中最賢德者，自能自律且達成任務，無須外在的法規強制的責求其職。因此，崔林的看法實與傅嘏、杜恕一致，都站在儒家立場，來看待每一個被徵辟於官府中的人才必是才德兼具，無須任何規範，而能自律不反，無負委任。

綜上所述，劉廙、盧毓、劉劭等站在循名求實的立場來督責群臣，故導向於法的制定及施行。辦法中，不論官員之賢德與否，亦不論中央或地方的官員，都一併納入考課督察，因此，形成一種樹枝狀的監委結構，一層層向上負責與向下督察，其原因在于「察吏之法，考績實重於登庸，論者多注重於取之時，而不留意於用之後，此其所以吏職不舉，而政事罕見修明也。」（《呂思勉讀史札記・魏晉南北朝・考績之法上》），這本肇端於漢末吏治之弊，所提出的補弊之法，希望藉由法治的規範來督察群臣，使得官無廢職，位無非人。

　　而傅嘏、杜恕、崔林等則站在擇人任才上進行反思，認為國家用人，務先慎於選擇，而後依其所長，用於適當之職，始為國家政府官員，國君並且能全權委任，不干預百官，使之自任，國家自當興治。因此，選才是本；任職是末，而考課法的規範與督察只是消極的末法，所謂「擇人而授以法，非立法以課人」（王夫之《讀通鑑論·卷10》），因此，立考課法乃本末倒置的作法，亦未能能根本上匡正漢末以來的腐敗吏治。

　　然而，劉劭都官考課七十二條法規，亦隨著明帝的逝世而作罷，蓋因政權旁落，致使曹魏分裂為二大權力集團，而首先掌權的則是曹爽一黨，對於漢末以來「尚名」、「失實」的政風，何晏與王弼則示以「無名」、「去名」之義理，作為士人保身全性之法，因此，曹魏一代以考課法端正名實的議論與政策，於正始時期後，便匿跡於歷史中，而劉劭所制七十二條法規於此亦亡佚無存。

第四節　刑禮論

　　所謂「刑法」，高仰止先生解釋說：「（中國）傳統上刑法之定義，認為刑法乃規定犯罪與刑罰之法律，即規定何種行為為犯罪對於犯罪行為人科以何種程度之刑罰。易言之，即對於一定之行為，規定其犯罪與刑罰之法律。」，〔註33〕因此，刑法的制訂與執行，是為了懲肅犯罪，及預防犯罪的。曹魏時期，為刑法內容之一的肉刑，卻成為一個時代的議題，在士人循環往復的論辯中，形成了兩派主張，所以本節將針對這一刑法議題，作一分析與歸納，進而討論這些政論家們的刑法觀。

一、肉刑論

　　談刑法論必然先談肉刑論。「肉刑」自漢孝文帝廢除後，一直為士子們討論的議題，東漢末崔寔、鄭玄、陳紀等認為：「天下將亂，百姓有土崩之勢，刑罰不足以懲惡。」（《晉書·刑法志》），因此，恢復肉刑論的聲浪旋之而起，終至魏晉仍未止息。東漢時期法網弛縱，罪名甚輕，早已無法懲肅犯罪，從梁統的疏文可知實況：「……元帝初元五年，輕殊刑三十四事，哀帝建平元年盡四年，輕殊死刑八十一事，其四十二事手殺人皆減死罪一等，著為常法。

〔註33〕語見高仰止先生所著之《刑法總則之理論與實用》（五南圖書出版，1986.8，頁1）。

自是以後，人輕犯法，吏易殺人，吏民俱失，至於不羈。」（《晉書・刑法志》）。因此，刑法論則成了曹魏時代的主要議題之一，而這項議題主要是建安末年曹操認為「夫治定之化，以禮為首；撥亂之政，以刑為先。」（《三國志・高柔傳》），故而下令復議肉刑。〔註34〕據史所載當時論者計有百餘人。〔註35〕大抵分成二派：一是贊成復肉刑；一是反對復肉刑，二派立論，皆言之成理，各有立場與看法，今就重要文論做一釐析。

（一）復肉刑論

主要論者是陳群、鍾繇、李勝及曹彥等，他們所持的理論歸而言之有二：

1. 輕減死刑，以全民命，提昇人口數

《三國志・鍾繇傳》：

> 能有姦者，率年二十至四五十，雖斬其足，猶任生育。今天下人少於孝文之世，下計所全，歲三千人。張蒼除肉刑，所殺歲以萬計，臣欲復肉刑，歲生三千人。

曹彥〈復議肉刑〉亦言：

> 假使多惡，尚不至死，無妨產育，苟必行殺，為惡縱害不已。將至死無人，天無以人，君無以尊矣。（《全三國文・卷20》）

鍾繇認為漢文帝廢除肉刑之後，丞相張蒼、御史大夫馮敬則受詔修改法律，反以笞刑代替肉刑，原判處劓刑者，則改以笞刑三百；原判處斬左趾者，則改以笞行五百……（《西漢會要・卷61・刑法一》），卻沒想到笞刑之重，更深於肉刑，受笞刑者致死者多，實是「外有輕刑之名，內實殺人」（《資治通鑑・卷15》），「漢除肉刑而增加笞，本興仁惻而死者更眾，所謂名輕而實重者也。名輕則易犯，實重則傷民。」（《三國志・陳群傳》）因此，鍾繇主張恢復肉刑，以代替死刑。魏承漢制，對於笞刑這種僅次於死刑的刑罰，仍沿用至魏，然戰亂初定，為保持且提昇人口，武帝及文帝皆有意恢復肉刑，故而下令使群臣商議。〔註36〕考察史冊，曹魏時期的戶口數，大抵只有六十六萬二千四百二十三戶，四百四

〔註34〕 〈復肉刑令〉：「安得通理君子達於古今者，使平斯事乎！昔陳鴻臚（陳群之父陳紀）以為死刑有可加於仁恩者，正為此也。御史中丞能申其父之論乎？」（《三國志・陳群傳》）。

〔註35〕 《三國志・鍾繇傳》載當時論肉刑論者：「議者百餘人，論者與（王）朗同者多。」。

〔註36〕 武帝〈復肉刑詔〉參見上註。文帝〈議復肉刑詔〉：「大理欲復肉刑，此皆聖王之法，公卿當善共議。」（《三國志・鍾繇傳》）。

十三萬二千八百八十一個人口，平蜀之後，收其圖籍，則只增爲九十四萬二千
四百二十三戶，五百三十七萬二千八百八十一個人口，〔註37〕這與漢朝盛世一
千二百二十三萬三千六十二戶，五千九百五十九萬四千九百七十八個人口數相
比，足足銳減了十倍之多。

　　因此，減少死刑的判決留住人命以保持人口數，並且鼓勵生育，必然是
戰爭過後首要的國政，文帝掌政後，便下了《輕刑詔》，以全民命：

> 近之不綏何遠之懷，今事多而民少，上下相獎以文法，百姓無所錯
> 其手足，昔太山之哭者，以爲苛政甚於猛虎，吾備儒者之風，服聖
> 人之遺教，豈可以目翫其辭，行違其誠者哉，廣議輕刑，以惠百姓。
> （《全三國文・卷6》）

明帝即位後，於青龍四年下〈議獄從寬簡詔〉：

> ……法令滋章，犯者彌多，刑罰愈重，而姦不可止，往者案大辟之
> 條，多所蠲除，思濟生民之命……有司議獄緩死，務從寬簡，及乞
> 恩者，或辭未出而獄以報斷，非所以究理盡情也，其令廷尉及天下
> 獄官諸有死罪具獄已定，非謀反及手殺人，亟語其親治，有乞恩者，
> 使與奏當文書俱上，朕將司所以全之……。（《全三國文・卷9》）

從這兩道詔文看來，「思濟生民之命」是重點，因此，若非重大的案件，像謀
反叛亂及殺人罪必處以死刑外，其餘案件的審判，皆得有斡旋、乞恩的機會，
不過，既犯了罪，就不能枉縱，故而在此生刑與死刑的權衡上，肉刑的復施
成了最佳兩全（一全生口；一全刑法的威信）的辦法。

2. 小懲大戒，刑一人而戒千萬人

《三國志・陳群傳》言：

> 書曰：「惟敬五刑，以成三德。」易著劓、刖、減趾之法，所以輔政
> 助教，懲惡息殺也。且殺人償死，合於古制；至於傷人，或殘毀其
> 體而裁翦毛髮，非其理也。若用古制，使淫者下蠶室，盜者刖其足，
> 則永無淫放穿窬之姦矣。

陳群認爲「殺人償死」乃無可疑議的事，但對於「傷人者刑」，而必須「殘毀

〔註37〕　以上數據見《三國會要・卷20・庶政上》。案：曹魏的人口數應是比史載的來
　　　　得多一些，原因在於，戰亂時流民四散，曹魏初定天下，未能回歸所在地登
　　　　錄戶口的大有人在，但這樣的人口數，與漢世相較，仍是少得可憐。而蔣濟、
　　　　陳群本傳中皆言喪亂之後，人民至少，比漢文、景實不過一大郡，杜恕本傳
　　　　亦言及此時人口不如往昔一州之民，此等說法，可資參考。

其體而裁翦毛髮」則有異議，所謂「殘毀其體」指的正是「笞刑」，而「裁翦毛髮」則是所謂的「髡刑」。這兩種刑法都是漢文帝廢除肉刑之後，所增益的刑罰。其中笞刑施行的結果，無異於重刑，更無以止殺止刑，所以陳群批駁笞刑爲：「今以笞死之刑易不殺之刑，是重人肢體而輕人軀命也。」因此，要懲肅罪犯，使民心生畏懼，永遠記取教訓，唯有復施肉刑，才具懲戒禁惡的效果。與陳群同樣看法的尚有李勝及曹彥。

李勝〈難夏侯太初肉刑論〉一文言：

> ……夫殺之與刑皆非天地自然之理，不得已而用之也。傷人者不改，則刖劓可以，改之何爲，疾其不改，便當陷於死地乎！妖逆者，懲之而已，豈必除之耶！刑一人，而戒千萬人，何取一人之能改哉，盜斷其足，淫而宮之，雖欲不改，復安所施？而全其命，懲其心，何傷于大德……。（《全三國文‧卷43》）

曹彥〈議復肉刑〉亦言：

> ……鯨刖彰刑，而民甚恥，且創黥刖，見者知禁，彰罪表惡，亦足以畏，所以易曰：「小懲大戒」豈蹈惡者多邪！（《全三國文‧卷20》）

無可否認「刑一人，而戒千萬人」的刑罰效果，判處肉刑者，亦將終其一生背負他所犯下的過錯，而這付出的代價是很高昂的，畢竟身體的傷殘已矣，然而社會世俗的眼光底下，罪名永遠洗刷不去，始終展現在自己形體的殘缺上，這的確具有彰罪表惡，使見者知禁，心懷畏懼的懲戒作用，這當如荀子所言的：「凡刑人之本，禁報惡惡，且徵（懲）其未也。」（《荀子‧正論》），這說的正是刑法所具有的二種意義，「惡惡」是加刑於犯法的人，凡是爲非作歹，犯了罪的就必需接受制裁，受到應有懲罰，此爲「應報主義」；〔註38〕而「徵其未」則是阻嚇一般人民，使其畏刑而不敢犯法，以致重蹈覆轍，此爲「預防主義」。〔註39〕陳群、李勝、曹彥則持此觀點，以整飭世道人心，並且

〔註38〕高仰止先生於《刑法總則之理論與實用》言道：「應報主義，又稱應報刑主義（Theorieder Vergeltungsstrafe），以爲犯罪乃違反正義之行爲，對於犯罪科以刑罰，即所謂惡行必有惡報，乃理所當然。易言之，應報爲刑罰之本質，基於正義之要求，對犯罪之惡害加以報復，即爲刑罰之目的。」（五南圖書公司出版，1986.8，頁41）。

〔註39〕同上：「預防主義（Praventionstheorie），刑罰之目的，在於預防社會一般人之犯罪，其說以爲犯罪大都由於貪慾所引誘，因而不擇手段以求一己之享受，刑罰即所以威嚇一般人，使之目睹刑罰之痛苦，百倍於犯罪所得之享受而後知所畏懼，不敢輕蹈法網，因而又有威嚇刑主義（Strafdorhungstheorie）之稱。」（五南圖書公司出版，1986.8，頁42）。

更消極的認為，不管犯罪者是否知錯能改，一旦遭受肉刑之後，則無能力再犯，故謂：「雖欲不改，復安所施？而全其命，懲其心，何傷于大德！」（李勝語），可見，主張復肉刑論者，是從實際的社會治安狀況來審查，認為肉刑既可保全罪犯的性命，無損人口，又具有懲一儆百的作用，政府實應採行之。

（二）除肉刑論

主要論者有孔融、王朗、曹羲、夏侯玄、袁宏等。其所持理論歸而言之，大抵有二：

1. 肉刑是不人道的刑罰

漢文帝深感肉刑「夫刑至斷肢體，刻肌膚，終身不息」（《西漢會要·卷61·刑法一》）的殘酷，故下詔廢除肉刑（前167），以寬仁玄默的政風治理天下，奠定漢朝數百年的功業，因此，深得後世士人的讚揚，所以孔融、王朗等則認為肉刑的復施，必招致民怨，且無異於暴政的再現，《晉書·刑法志》曰：

> 末世凌遲，風化壞亂，政撓其俗，法害其教。故曰：「上失其道，人散久矣」而欲繩之以古刑，投之以殘棄，非所謂與時消息也。紂斷朝涉之脛，天下謂為無道。夫九牧之地，千八百君，若各刖一人，是天下常有千八百紂也，求世休和，弗可得也。

《三國志·鍾繇傳》引王朗之議：

> （鍾）繇欲輕減大辟之條，以增益刖刑之數，此即起僵為豎，化尸為人矣。……前世仁者，不忍肉刑之慘酷，是以廢而不用。不用以來，歷年數百，今復行之，恐所減之文為彰于萬民之目，而肉刑之問已宣於寇讎之耳，非所以來遠人也。今按繇所欲輕之死罪，使減死之髡、刖，嫌其輕者，可倍其居作之歲數。內有以生易恐不訾之恩，外無以刖易鈦駭耳之聲。

曹魏大議肉刑論，主要是為了在重刑（死刑、笞刑）與輕刑（髡刑、鉗刑等）間找到一種輕重適宜又足以懲治犯罪的刑法，因此，首先我們必須瞭解的是孔融、王朗等除肉刑論者，認為肉刑是一種不人道的刑罰，無關乎所謂輕重懲戒或中間刑法的問題，夏侯玄則更加明確的說道：「苟子不欲，雖賞之不竊，何用斷截乎！」（〈肉刑論〉《全三國文·卷21》）；「傷人而能改悔，則豈須肉刑，而後止殺哉！」（〈答李勝難肉刑論〉《全三國文·卷20》）；曹羲亦云：「如其可改，此則無取於肉刑也。」（〈議復肉刑〉《全三國文·卷20》）況且，制

法亦應因時制宜，不該一味的遵循古法，而忘了時空環境的差異，因此，恢復肉刑實是「非所謂與時消息」，孔融等有鑑於此，則極力反對以肉刑代替死刑的作法，更進一步的指出肉刑絕非寬仁濟民的中刑，故王朗謂：「內有以生易恐不訾之恩，外無以刖易欽駭耳之聲。」在此，國君就必須站在百姓的心理來思考，到底復肉刑是施予百姓仁恩？還是暴虐？

另外，有一點是執法者必須深加思考的問題，那就是這些斷手殘足的罪犯如何再次回到工作崗位上繼續生活？按《周禮》則是：「使墨者守門，劓者守關，宮者守內，刖者守囿。」（袁宏語《三國志・鍾繇傳》），然而，問題就來了，肉刑者與職缺是等量的嗎？這項後繼工作及問題，正是除肉刑論者從社會層面角度觀察所得，可說思考得深遠了。既然「前世仁者，不忍肉刑之慘酷，是以廢而不用。」因此，後世仁者亦不該復施於今才是，因為肉刑無異於商紂暴政的再現「欲求世休和，弗可得也。」此執法者自當三思。

2. 無以止刑，犯罪率有增無減

復肉刑者，認為肉刑有彰罪表惡的懲戒作用，因此，可以有效的止禁犯罪，但除肉刑論者，則認為肉刑不僅無以有效的禁止刑殺，更增加犯罪率，要而言之，只是末世的淫刑而已。

曹羲〈議復肉刑〉：

> 夫死刑者，不唯殺人，妖逆是除，天地之道也，傷人者不改，斯亦妖逆之類也，如其可改，此則無取肉刑也……，為惡尤者，眾之所棄，則無改之驗著矣！夫死之可以有生，而欲增淫刑，以利暴刑，暴刑所加，雖云懲，慢之由興。（《全三國文・卷20》）

夏侯玄〈答李勝難肉刑論〉：

> 暴之取死，此自然也，傷人不改，縱暴茲多，殺之可也。傷人而能改悔，則豈須肉刑，而後止殺哉！殺人以除暴，自然理也，斷截之政，末俗之所云耳。（《全三國文・卷21》）

「殺人者死」這是除、復肉刑論者一致的意見，但對於「傷人者」刑之與否，則有了分歧的意見。除肉刑論者，堅決認為傷人者和殺人者，同為妖逆之類，難以教化，本該施以重法，為民除害，不可枉縱，此乃天地之道，袁宏則言：「終入刑辟者，非教化之所得也，故雖殘一物之生，刑一人之體，是除天下之害，夫何傷哉！」（《三國志・卷13・鍾繇傳》）；夏侯玄亦云：「下愚不移，以惡自終，所謂翳妖也。」（〈肉刑論〉《全三國文・卷21》），然而若是認為傷

人者不足以判處死刑，那在法律中，亦有減死一等之法，何用肉刑，以存民命。畢竟受肉刑者，一旦砍斷其肢體，將終身不齒，受世人鄙視，遭人厭棄，必然更加自暴自棄，甚而無所畏懼，孔融云：「被刑之人，慮不念生，志在思死，類多趨惡，莫復歸正。」（《晉書・刑法志》）；曹羲亦言：「雖云懲，慢之由興。」更甚者，形成「赭衣滿道，有鼻者醜」（夏侯玄〈答李勝難肉刑論〉）的季世末政。這樣一來，不僅肉刑失去了懲戒作用，反而刑以生刑，滿街都是肉刑者，見怪不怪了，又何談遷善自新呢？因此，「能懲戒者，則無刻截，刻截則不得反善矣。」（夏侯玄〈答李勝難肉刑論〉）原因在於，聖賢之治，本在於使民遷善自新，而不在於利用殘斷人民手足，來達到懲戒、彰明法令的效果。

綜上所述，復肉刑論者，重在刑罰的彰懲效果上，認爲肉刑有警戒人己的恫嚇作用，從消極面看，這些罪犯也無能再犯，不足以再次危害社會；另外，由於戰後，百姓生活窮困，經濟凋蔽，犯罪率偏高，人口數亦大幅減少，因此，有必要在不違反刑法的懲戒原則下，輕減死刑，以思濟生民之命最重，是故，「肉刑」則成爲復肉刑論者所認爲最佳的中間刑法了。

除肉刑論者，則站在人道及罪犯的立場來議論，認爲罪犯一旦身遭刀鋸，反而會因世人的不齒，更加自暴自棄，不但不思改過且愈加無惡不作；另外，這些傷殘份子，雖可繼續生育，但其工作能力，必然降低或失去，自然形成社會經濟、治安的重大負擔，因此，從長遠的影響來審視，肉刑絕非仁政，懲肅效果是負面多於正面的，故而仁者不忍爲。

二、愼刑論

然而不管是復肉刑論，抑或除肉刑論也好，尚有一派人士認爲，問題並非出現在刑法本身，而是「執法者」是否能持平定奪，才是問題的關鍵所在，桓範《世要論・詳刑》曰：

> 夫刑辟之作，所從來尚矣，聖人之治，亂人以亡，是以古昔帝王，莫不詳愼之者，以爲人命至重，一死不生，一斷不屬故也。夫堯舜之明，猶惟刑之恤也。是以後聖制法，設三槐之吏，肺石嘉石之訊，然猶復三敕（判），咸曰可殺，然後殺之，罪若有疑，即從其輕，此蓋詳愼之至也。（《全三國文・卷37》）

的確，「世有亂人而無亂法」，刑法審判，輕重權衡，存乎一心，因此，舜再三警戒皋陶：「汝作士，惟刑是恤」，但這樣謹愼於刑法還是不夠的，因而又

復加了三次審判，才終結定奪。同樣看法，在杜恕的《體論·法》第六也談及：

> 以爲法不獨立，當須賢明共聽斷之也，故舜命皋陶曰：「汝作士，惟刑是恤。」又復加之以三辭，眾所謂善，然後斷之，是以爲法，參之人情也。故春秋傳曰：「小大獄雖不能察，必以情。」而世俗拘愚，苛刻之吏，以爲情也者，取貨賂者也，立愛憎者也，佑親戚者也，陷怨讎者也，何世俗小吏之情，與夫古人懸遠乎？……孔子曰：古之聽獄求所以生之也，今之聽獄所以殺之也。（《全三國文·卷42》）

在此，杜恕附加了「參之以情」的說法，只是世人不解，以爲春秋傳中所說的「小大之獄雖不能察，必以情。」的「情」是「取貨賂者也，立愛憎者也，佑親戚者也，陷怨讎者也。」因而世亂之源正出於用刑之人，自亂刑法，刑法不公則民怨，故「亂刑之刑，刑以生刑，惡殺之殺，殺以致殺」（桓範《世要論·詳刑》）然而古人之情爲何？杜恕《體論·法》第六解釋道：

> 夫淫逸盜竊，百姓之所惡也，我從而刑之殘之刻剝之，雖過乎當，百姓不以爲暴者，公也，怨曠飢寒亦百姓之所惡也，遁而陷於法，我從而寬宥之，雖及刑，必加隱惻焉，百姓不以我爲偏者，公也。（《全三國文·卷42》）

如上所述，所謂「參之以情」即是參酌罪犯「犯罪的動機」，因爲一個案件的審理，除了依據刑法審判外，仍須弄清犯罪的動機、原因、目的，以及犯罪者的心理狀態，參以口供與物證，方能做出公正的判決。因此，杜恕認爲並非所有的罪犯都是殘虐的暴徒，百姓因時亂所逼而觸蹈法網，以圖生存的犯罪動機，本情有可原，不該一概而論。因而執法者應三審三判，且與賢明共聽斷之（似如今日的陪審團），方能做出令百姓心悅誠服的公正審判來。這樣也才眞正能「明刑至于無刑，善殺至于無殺」（桓範語），因此，要止刑止殺以至於無刑無殺，桓範、杜恕一致認爲「執法者」本是操縱百姓生死的人，審判只存乎一心，而此心之正與不正，攸關審判之公與不公，學習古制「設三槐之吏」以三審三判之，方能公正客觀，且冤獄不再，也唯有這樣，才能發揮立法的精神──尊重民命。

三、刑禮論

「刑禮論」是從肉刑論中所推衍出來的政治理論，也就是「法治」與「禮治」二者間的論辯。「法治」（刑賞）觀念是由法家提倡出來的，法家因人情

好利惡害，故而立法以治臣民，韓非子說：「凡治天下，必因人情。人情有好惡，故賞罰可用；賞罰可用，則禁令可立；禁令可立而道具矣。」（《韓非子‧八經》），然而法家不僅「尚法」，更是主張「重刑」、「嚴刑」，所謂：「禁奸止過，莫若重刑。」（《商君書‧賞刑》）、「夫嚴刑重罰者，民之所惡也，而國之所以治也。」（《韓非子‧奸劫弒臣》）；「禮治」觀念則爲儒家思想，孔子認爲人性是相近似的，由於後天習染不同而有所差別，[註40]因此，以禮義教化百姓，使之棄惡從善，所謂：「道之以致，齊之以刑，民免而無恥；道之以禮，齊之以德，有恥且格。」（《論語‧爲政》）。因此，「法治」與「禮治」的最大分殊則在於：一爲「以刑止刑」；一爲「以德去刑」。以下筆者則各就這些政論家的刑、禮主張，分點敘述。

（一）先禮後刑──主張者：袁宏

　　袁宏這篇文論，主要是從肉刑論的議題所延伸出來的，他從禁於未發之前的禮教進行反思，認爲經國之道「德化是本，刑法是末」，先後有序，況且刑法設置的初衷，不是爲了對治百姓，而是警戒甚於懲肅的作用，故商議肉刑，只是消極止禁的辦法，未能眞正根除犯罪，亦非經國之道，因此，袁宏認爲：爲政之本，務先德化。《三國志‧鍾繇傳》注引袁宏之語曰：

> 夫民心樂全而不能常全，蓋利用之物懸於外，而嗜慾之情動於內心。於是有進取貪競之行，希求放肆之事。進取不已，不能充其嗜慾，則苟且僥倖之所生也；希求無厭，無以愜其慾，則姦僞忿怒之所以興也。先王知其如此，而欲救其弊，或先德化以陶其心，其心不化，然後加以刑辟。

首先，袁宏肯定人們是生而有欲的，欲望是需要被滿足的，然而物資有限，希求無厭，故「無以愜其欲，則姦僞忿怒之所興也。」對於這樣無法否定的人性本質，國君則必須積極的以德行陶治百姓，明其羞恥之心，若感召無效，在萬不得已的情況下才加以刑辟，然此非袁宏獨發議論的，尚有所本：「聖人之治也，必刑政相參焉，太上以德教民，而以禮齊之。其次，以政爲導民，以刑禁之，刑不刑也。化之弗變，導之弗從，傷義以敗俗，於是乎用刑。」（《孔子家語‧刑政》），因此在德教難濟之下，必須以刑法進行強制性的管束與制裁。然而，袁宏仍認爲禮義之教化，才能徹底泯除犯罪：

[註40]　《論語‧陽貨》：「性相近也，習相遠也。」

> 故刑之所制,在於不可移之地。禮教則不然,明其善惡,所以潛勸
> 其情,消之於未殺也;示之恥辱,所以內愧其心,至於未傷也。(同
> 上)

所以說,法是禁於已然之後;禮是禁於未發之前,當人民已觸蹈法網時,再以嚴厲的刑罰制裁之,已是亡羊補牢,陷民於刑的作法。且刑殺始終未止:

> 夫殺人者,而相殺者不已,是大辟可以懲未殺,不能使天下無殺也。
> 傷人者刑,而害物不息,是黥劓可以懼未刑,不能使天下無刑也。(同
> 上)

說到刑殺未止的情形,我們在此就必須注意到文帝黃初四年所下的這道《禁復私讎詔》:

> 喪亂以來,兵革縱橫,天下之人,多相殘害者,昔田橫殺酈商之兄,
> 張步害伏諶之子,漢氏二祖下詔,使不得相讎貫復寇徇私……,今
> 兵戎始息,宇內初定,民之存者,非流亡之孤,則鋒刃之餘,當相
> 親愛,養老長幼,自今以後,宿有讎怨者,皆不得相讎,敢有私讎,
> 皆族之。(《全三國文・卷5》)

「敢有私讎,皆族之」以如此堅決而又嚴峻的刑法杜絕民眾復仇,想必私刑自用的氾濫,「養劍客以威黔首,專殺不辜,號無市死之子。」(《崔寔・政論》);「洛陽主殺人者,高至數十,下至四五,身不死則殺不止。」(王符《潛夫論・述赦》);「今人相殺傷,雖以伏法,而私結怨讎,子孫相報,後忿深前,至於滅戶殄業,而俗稱豪健,故雖有怯弱,猶免而行之,此為聽人自理,而無復法禁者也。」(《後漢書・桓譚傳》),從史傳的記載看來,漢末雇用殺手或私鬥復仇的不計其數,恩恩怨怨延及子孫,此現象實令人驚悚萬分,無怪乎「殺人者死,傷人者刑」的報應復仇論,成了刑法商議的焦點,也因而引發了復、除肉刑論的時代議題。

當然「子帥以正,孰敢不正」(《論語・顏淵》),這最重要的仍是一個在上位者,是否能以身作則,領導百姓移風易俗,使民德歸厚,故曹羲則言:

> 且傷人殺人,皆非人性之自然也,必有由然者也,夫有由而然者,
> 激之則淫,敦之則一,激之也者動其利路,敦之也者篤其質樸,故
> 在上者,議茲本要,不營奇思,行之以簡,守之以靜,大則其隆,
> 足以牟天地,中則其理,可以厚民萌下。(《全三國文・卷20》)

而這正是發揮著儒家「道之以德,齊之以禮,有恥且格。」(《論語・為政》)

的政治思想，希望藉由自發性的羞惡之心，來克除欲望，使人人都能回復到敦厚質樸，各得其所，各安其分的社會秩序上來，所以袁宏對於刑法的強制性，及其消極的懲肅意義，實有微詞，《三國志‧鍾繇傳》注引袁宏語：

> 故將欲止之，莫若先以德化，……率斯道也，風化可以漸淳，刑罰可以漸少，其理然也。苟不能化其心，而專任刑罰，民失義方，動罹刑網，求世休和，焉可得哉？

罪惡的發源實來自人們永不滿足的欲望作祟，要消弭罪惡，就一定要知其羞恥；能知羞恥，則知是非善惡；知是非善惡，則能克己復禮；能克己復禮，則無殘虐不仁之事發生了，倘若一味的使用刑法來管制百姓，百姓動則得咎，失其義方，必有背叛逃離之心，因此，「始皇任刑，禍近及身，宣帝好刑，短喪天下。」（蔣濟《萬機論‧用奇》《全三國文‧卷 33》），實是前車之鑑，是故「先德化以陶其心，其心不化，然後加以刑辟」對民先德（禮）後刑，才是為政之本，甚不可本末倒置，重蹈始皇、宣帝之覆轍。

（二）刑禮並濟──主張者：袁準、桓範

1. 袁準《袁子正書‧禮政》

首先就袁準所著的《袁子正書》〔註41〕中的〈禮政〉篇作一釐析。在這篇文論中提到治國之大體有四：「一曰仁義；二曰禮制；三曰法令；四曰刑罰」倘若這四者皆具，則帝王之功業可立於不朽之境，這四項大體亦可簡約為二：仁義禮制與法令刑罰，二者關係是本末相依，相輔相成：

> 夫仁義禮制者，治之本也；法令刑罰者，治之末也。無本不立，無末不成。（《全晉文‧卷 55》）

袁準認為仁義禮制與法令刑罰，同為治國之要柄，雖以本末言之，但兩者確是相依而相成，是同等重要的，故曰「無本不立，無末不成」，此非本末先後之論，這點是需要先予以釐釋清楚的，何以不是「先禮後刑」的本末論呢？從其批判儒、法二家各執一端的缺失中可知：

> 夫禮教之治，先之以仁義，示之以敬讓，使民遷善，日用而不知也，儒者見其如此，因謂治國不須刑法，不知刑法承其下，而後仁義興於上；法令者賞善禁淫，居治之要會，商韓見其如此，因曰治國不待仁義，不知仁義為之體，故法令行於下。（同上）

〔註41〕《袁子正書》雖收入於《全晉文》中，但實魏時所做，詳文見《全晉文‧卷54》。

儒者偏執於潛移默化，使民遷善改過的禮教仁義，殊不知，使民遷善改過，日用而不知的力量，正待刑法從旁維繫民心，使之安定不亂的，因而「明君正其禮，明其法，嚴其刑，持滿不發，以牧萬民，犯禮者死，逆法者誅，賞無不信，刑無不必，則暴亂之人，莫敢試矣，故中人必死，一矢可以懼萬人，有罪必誅，一刑可以禁天下，是以明君重法慎令。」（《袁子正書・刑法》《全晉文・卷 55》）；而商鞅、韓非等則偏執於法令的宣威與懲肅作用上，只見其表面的彰顯，卻未知仁義所具有團聚民心的力量，這股力量是使人民樂於斯土，生根斯土的本源，是故「恃門戶之閉以禁盜者，不如明其刑也，明其刑不如厚其德也，故有教禁，有刑禁，有物禁，聖人者兼而用之，故民知羞恥而無過行也，不能止民惡心，而欲以刀鋸禁其外，雖日刑人于市，不能治也，明者知治之在于本，故退而修德。」（《袁子正書・厚德》《全晉文・卷 55》）。儒法二者，皆因有所未見，故不免有所偏執，施之於政治，亦必造成過與不及的缺憾：

> 先王爲禮，以達人之性理，刑以承禮之所不足，故以仁義爲不足以治者，不知人性者也，是故失教，失教者無本也；以刑法爲不可用者，是不知情僞者也，是故失威，失威者，不禁也。故有刑法而無仁義，久則民怨，民怨則怒也；有仁義而無刑法，久則民慢，民慢則姦起也。（《全晉文・卷 55》）

依上所述，袁準認爲儒法二者所未見，所偏執的在于「人性觀點」的差異上，儒者認爲人性是良善的，故以禮義來導引人們的羞惡是非之心，使之回歸於良善的本質，自然消弭罪惡的發端，但事實上，人民所呈顯出來的，卻是禮教所難導正的，尤以亂世，經濟陷入困頓，民生難濟時，更顯禮教約束力的崩潰：「民困衣食將死，而望其奉法從教，不可得也，夫唯君子而後能固窮，故有國而不務食，是責天下之人，而爲君子之行也。」（《袁子正書・治亂》《全晉文・卷 55》）在此，袁準說明了，只有像伯夷叔齊及孔聖那樣的君子才禁得起窮困貧乏的考驗，但放諸人類社會，人情是一樣的，只有在治平富足之世，百姓乃易奉法從教。

　　一旦世亂，貧困交迫時，所謂的禮義廉恥便拋諸腦後，正是「倉廩實而知禮節，衣食足則知榮辱」（《管子・牧民》）故不可不知人情實具善惡兩端，混雜於一體之中，正如湍水「決諸東方則東流，決諸西方則西流」（《孟子・告子》）也正因如此，法令者便偏執於人性的惡端，認爲唯有重刑，才能止姦

禁淫，使民心生畏懼，方能消弭犯罪：「禁姦止過，莫若重刑，刑重而必得，則民不敢試，故國無刑民。」（《商君書・賞刑》）；「行刑重其輕者，輕者不至，重者不來，此謂以刑去刑。罪重而刑輕，刑輕則事生，此謂以刑止刑，其國必削。」（《韓非子・飭令》）然而儒法二者偏執的結果則是：「有刑法而無仁義，久則民怨，民怨則怒也，有仁義而無刑法則民慢，民慢則姦起。」是故，經國之至道，則是：「本之以仁，成之以法，使兩通而無偏重，則治之至也。」。

　　綜而言之，袁準主張刑禮並濟，相依相成，是由人性觀點上切入思考的，他不認為人性是良善的，也不認為人性是邪惡的，而是繼承漢末以來的人性觀，認為人性是善惡一體，而聖人之性是不在討論範圍內的，也就是說聖人不以名性，名性者，乃一般百姓也，〔註42〕因而，世治百姓則奉法從教，世亂則姦偽迭起，故不能責求天下人亦能固窮不移。正視、瞭解了人性的現實面，也唯有刑禮兩通而無偏重，才是至治之道。

2. 桓範《世要論・治本》

　　桓範這篇〈治本〉文字較短，因此立論亦較簡潔。文論一開始便揭示治國之本在于：「刑」與「德」，其〈治本〉言曰：

> 夫治國之本有二，刑也，德也，二者相須而行，相待而成，天以陰陽成歲，人以刑德成治，故雖聖人為政，不能偏用也。（《全三國文・卷37》）

桓範認為刑德同為聖人為政之要柄，二者是相須而行，相待而成的，因而兩者乃屬同等關係，不可偏廢。從歷史的階層上說，「任德多，用刑少者，五帝也。」這是不可期的聖君之治；而「刑德相半者，三王也。」這是次於聖君之治的王道政治；「杖刑多，任刑少者，五霸也」這又更等而下之的霸權政治；「純用刑強，而亡者，秦也」專任刑法而無德治的秦王政，成了猛虎暴政，注定了必亡的命運，也成了後世士人所口誅筆伐，深以為戒的史證。因此，鑑於歷史的教訓，國君之「治國」與「正身」二項，則成了桓範論述的重點，其曰：

〔註42〕兩漢論性則以「中人之性」為「性論」，也就是將聖人與愚騃之性列入討論範圍之內。如董仲舒：「名性不以上，不以下，以其中名之。」（《春秋繁露・深察名號》）；揚雄論性：「人之性也，善惡混。修其善則為善人，修其則為惡人。」（《法言・修身》）；王符：「德者所以修己，威者所以治人也，上智下愚之民少，而中庸之民多。」（《潛夫論・德化》），因而袁準於此仍承繼這樣的一個人性觀點。

> 凡國無常治，亦無常亂，欲治者治，不欲治者亂，後之國士人民，
> 亦前之有也，前之有亦後之有也，而禹獨以安，幽厲獨以危，斯不
> 易天地異人民，欲與不欲也。（《全三國文‧卷 37》）

桓範認爲一個國家是治是亂，關鍵在于一個國君的爲與不爲，國君有爲則治；
不爲則亂，並不是夏禹和幽厲三朝的人民有善惡之別，所以說「斯不易天地
異人民，欲與不欲也」，且史載夏禹商湯勤政愛民，故遇禹湯其民則爲良民；
而桀紂暴虐無道，故遭桀紂其民則爲凶頑，這可說國君的爲與不爲，欲治不
欲治，有著關鍵性的作用，而治亂實與人民本質的善惡無關。這一論點正是
桓範與袁準最大的差異處，二人都認爲治國之本，在于刑禮（德），二者相須
而行，相待而成，無可偏重的，但袁準則從人民的本質上說（見前論）而桓
範則從國君本身的修養功夫做起，因而治其身，正其心，身治心正後，才能
持平而不遷怒，更不淫欲窮奢，罔顧民力，故桓範言道：

> 故善治國者，不尤斯民而罪諸己，不責諸下而求諸身，傳曰：「禹湯
> 罪己，其興也勃焉；桀紂罪人，其亡也乎焉」由是言之，長民治國
> 之本，在身。

一個國君能治其身，正其心，則能反求諸己，如禹湯之罪己，不尤斯民，不
責諸下，則國治，反之則亡。因此，有怎樣的國君，則有怎樣的臣民，上行
下效的影響力實不容輕忽，此乃攸關民風的良善與凶頑，民風醇美則國興；
民風殘暴則國亡，是故身爲一國之君者，自當以身作則，才能保有斯土斯民。

綜上所述，本節從肉刑論，一路探討到愼刑論，及刑禮論，可以發現三
者間的環扣關係，肉刑論的商議是針對「刑法」本身的輕重問題，重新作一
衡量及評估；而愼刑論則針對「執法者」執斷案件的客觀程度，提出反思與
建議；而刑禮論則是肉刑論與愼刑論兩者的歸結，提高並擴大到治國之術的
探討與理論建立。

因此，曹魏一代，刑法論談達至百餘人，議疏循環論辯，可說盛況空前。
當然，誠如高仰止先生所說：「刑法的目的，在於消滅犯罪的發生，此爲刑法
之崇高理想。」〔註43〕這一理想則是儒家與法家共同一致的目標，孔子希望：
「四海之內無刑民」（《大戴禮‧主言》）；管子亦云：「以有刑至於無刑者，其
法易而民全。」（《管子‧版法》）；韓非子：「重一奸之罪而止境內之邪」（《韓

〔註43〕語見高仰止先生所著之《刑法總則之理論語實用》（五南圖書出版，1986.8，
頁 37）。

非子・六反》），縱使如此，「刑法」因時制宜，各代皆有所沿革，直至今日，仍無法「以刑止刑」，更遑論「以德去刑」了。然而下至正始時期的何、王，於其玄學理論中，則持以老子絕禮棄學之治，訶斥禮法之教，純任自然之化，以還歸人民之樸。因此，若就經驗世界來考察，這樣的真樸社會與和諧秩序的達至，不過是士人的理想世界，而非實有的社會狀態，故道德淪喪、禮教不行，刑法自有其存在的必要與意義了。

第五節　崇簡論

漢末藩鎮割據，凶年飢饉，荒年不可遏，因此，造成農產凋蔽，民不聊生的困境，人類相食的慘劇亦由此而發生：「是時穀一斛五十萬，豆麥二十萬，人相食啖，白骨盈積，殘骸餘肉，臭穢道路。」（《晉書・食貨志》）。〔註44〕直至曹操以囤田的土斷政策，強制人民耕種，致使歲收百萬斛，方能稍紓民困，然這穀糧的收穫，主要是供應軍隊使用，對於人民飢荒的挽救，其改善程度仍是有限的。〔註45〕平定袁紹之後，曹操定於鄴都，始下令輕簡賦稅：「令收田租畝粟四升，戶絹二匹而綿二斤，於皆不得擅興藏強賦弱。」（《三國志・武帝紀》）。〔註46〕

入魏之際，衛覬、劉馥、顏斐、徐邈、鄧艾等，於地方上開河渠、興水利，開田囤墾，公賣鹽鐵。〔註47〕到了「黃初中，四方群守墾田又加，因此國用不匱」（《三國會要・卷 19・食貨》）。然而，文帝寬仁玄默的政風只維持了七年（220～239）。天下初定，明帝一登基便大營宮室，於其執政的十二年中（227～239）有幾大工程是值得注意的：

〔註44〕據《晉書・食貨志》載：「太平之世，粟斛直錢二十」（楊家駱主編，鼎文版，頁 781），兩相比較下，治世與亂世的穀價竟差萬倍以上，人民不相食也難。

〔註45〕《三國志・武帝紀》注引《魏書》：「自遭荒亂，率乏糧穀。諸軍並起，無終歲之計，……民人相食，州里蕭條。公曰：『夫定國之術，在于彊兵足食，秦人以急農定天下，孝武以囤田定西域，此先代之良式也。』是歲乃募民囤田許下，得穀百萬斛。於是州郡例置田官，所在積穀。……」。

〔註46〕有關漢末賦稅的情形，荀悅有番言論可供參考：「古者什一而稅，以為天下之中正也。今漢氏或百一而稅，可謂鮮矣，然豪疆富人，占田逾侈，輸其大半，官收百一之稅，民輸大半之賦，官家之惠優於三代。」（《西漢會要・卷5・食貨二》）因此曹操這道詔令，實是卷惠了百姓，體恤了民眾。

〔註47〕詳文見《晉書・食貨志》（楊家駱主編，鼎文版。1995.6，頁 784～785）。

（西元 227） 太和三年二月 　　大營宮室

（西元 229） 太和三年十二月 　築漢、樂二城

（西元 232） 太和六年九月 　　治許昌宮

（西元 235） 青龍三年 　　　　大治洛陽宮、起朝陽殿、太極殿、築總章觀

（西元 237） 景初元年 　　　　鑄銅人、起芳林園

　　他這大營宮室、臺闕、園觀的舉動，成了一代重要的議題，因其攸關民生、國政，所以桓範《世要論》之〈政務〉、〈節欲〉篇，及杜恕、高堂隆、王肅、楊阜、棧潛、高柔、王基、陳群、蔣濟、張茂等皆上疏勸諫，因此，本節就這些主要文論做一解構，以見出這一議題的重要及其時代性。首先我們必須解讀《魏略》的一項訊息：

> 是年（青龍三年）起太極諸殿，築總章觀，高十餘丈，建祥鳳於其
> 上；又於芳林園中起陂池，楫櫂越歌；又於列殿之北，立八坊，諸
> 才人以次序處其中，貴人夫人以上，轉南附焉，其秩石擬百之數。
> 帝常遊宴在內，乃選女子知書可付信者六人，以為女尚書，使典省
> 外奏事，處當畫可，自貴人以下至尚保，及給掖庭灑掃，習伎歌者，
> 各有千數。通引穀水過九龍殿前，為玉井綺欄，蟾蜍含受，神龍吐
> 出。使博士馬均坐司南車，水轉百戲。歲首建巨獸，魚龍曼延，弄
> 馬倒騎，備如漢西京之制，築閶闔諸門闕外罘罳。（《三國志・明帝
> 紀》注引《魏略》）

從這項訊息中，有二點是值得注意的：一是大興勞役；一是賞賜無度。此詳細情形，分述如下：

一、大興勞役

　　青龍三年，明帝大舉破土動工。這件事《三國志・高堂隆傳》中載之甚詳：

> 帝愈增崇宮殿，雕飾觀閣，鑿太行之石英，采榖城之文石，起景陽
> 山於芳林之園，建朝陽殿於太極之北，鑄做黃龍鳳凰奇偉之獸，飾
> 金墉、凌雲臺、陵霄闕。百役繁興，作者數萬，公卿以下至于學生，
> 莫不展力，帝乃躬自掘土以率之。

宮室的宏偉，雕飾堂皇，可想而知，遣用的人數亦高達萬人以上，不僅公卿大臣、太學生都棄其本務來參與此事，就連皇帝也與民並力，參與自己宮殿的建築。一群士人，如：張茂、高堂隆、楊阜等屢書直諫，希望明帝能以商紂、夏桀、秦始皇的亡國為誡，學習堯舜、夏禹等國君儉約務實的風範：

據《三國志‧楊阜傳》言：

> 堯尚茅茨而萬國安其居，禹卑宮室而下樂其業；及至殷、周，或堂
> 崇三尺，度以九筵耳。古之聖帝明王，未有極宮室之高麗，以雕弊
> 百姓之財力者也。桀作璇室、象廊，紂為傾宮、鹿臺，以喪其社稷，
> 楚靈以築章華而深受其禍；秦始皇作阿房而殃及其子，天下叛之，
> 二世而滅。夫不度萬民之力，以從耳目之欲，未有不亡者也。

又《三國志‧高堂隆傳》云：

> 是以臨政務在安民為先，然後稽古之化，格於上下，自古及今，未
> 嘗不然也。夫采椽卑宮，唐虞大禹之所以垂皇風也；玉臺瓊室，夏
> 癸、商辛之所以犯昊天也。今之宮室，實為禮度，乃更建九龍，華
> 飾過前。

《三國志‧陳群傳》：

> 禹承唐虞之盛，猶卑宮室而惡衣服，況今喪亂之後，人民至少，比
> 漢文景之時，不過一大郡，加邊境有事，將士勞苦，若有水旱之患，
> 國家之深憂也。

關於此事，上疏者甚多，文長不引，可各見其本傳。正因為國家初定，對吳
蜀的干戈未戢，明帝實有必要暫緩興建宮室，與民休養生息，各自歸本於農
桑才是，但明帝對於這些再三申誡，遠引歷史明訓的諫言，始終答以：「夫王
者之都，當及民勞兼辦，使後世無所復增，是蕭何為漢規摹之略也。」（《三
國志‧辛毗傳》）；「王者宮室，亦宜並立，滅賊之後，但當罷守耳，豈可復興
役邪？是故君之職。蕭何之大略也。」（《三國志‧王肅傳》）由此可見，明帝
實以漢祖自比，且替自己萬世的子孫做好打算，認為在國家草創初期，人民
勞累一點也是應該的，而這一切的辛苦，都是為了奠定後世的基業。

二、賞賜無度

就《魏略》所言，明帝將後宮不計其數的女子，按官品排列其秩序，並
且比照官員制度，發薪給餉，這些薪餉的支出，從張茂的諫文中可知，所費
不貲：

> 軍師在外數千萬人，一日之費非徒千金，舉天下之賦以奉此役，猶
> 將不給，況復有宮廷非無祿之女，椒房母后之家，賞賜橫興，內外
> 交引，其費軍半。（《三國志‧明帝紀》注引《魏略》）

無獨有偶，在《三國志‧高堂隆傳》中，亦談及這項國庫開銷：

外人咸云宮人之用，與興戎軍國之費，所盡略齊。

張茂與高堂隆二人所說的開銷費用雖然有異，但不管所花用的是軍旅的一半或等額，我們都能明確的知道這項超越前制的作法，實為荒唐第一事。

另外，明帝「又錄奪士女前已嫁為吏民妻者，還以配士，既聽以生口自贖，又簡選其有姿色者內之掖庭」（《明帝紀》注引《魏略》）皇帝這般亂點鴛鴦譜就算了，竟還將已嫁者改嫁，重新發配給士人，或納為己有，因此，張茂上疏陳諫：

> 又詔聽得以生口年紀、顏色與相當者自代，故富者則傾家盡產，頻者舉假貸賃，貴買生口以贖其妻；縣官以配士為名而實納之掖庭。
>
> （《明帝紀》注引《魏略》）

明帝「博采眾女，充盈後宮」（《三國志・高柔傳》），且「自初即位便淫奢極慾，多占幼女，或奪士妻，崇飾宮室，妨害農戰，觸情恣慾，至是彌甚。」（《晉書・五行志上》），到底後宮人數有多少，實是「禁密，不得宣漏」（《三國志・楊阜傳》），這又是荒唐第二事。

史載楊阜常見明帝「著繡帽，被縹綾半褎」（《楊阜傳》），這件事在《晉書・五行志上》中記載得很詳細：

> 魏明帝著繡帽，披縹紈半袖，常以見直臣楊阜，諫曰：「此禮合法服邪？」帝默然。近服妖也。夫縹，非禮之色。褻服尚不以紅紫，況接臣下？

「縹紈」是一種淡青色的絲織品，也就是明帝常穿著半袖的青衣見朝中大臣，[註48] 然而「青衣」於禮有何不諧？可從以下的史錄做一瞭解：

據《三國會要・卷13・禮下・輿服》所載：

> 《宋志》：司馬彪曰：「尚書幘名『納言』，迎氣五郊，各如期色，從章服也。自茲相承，迄於有晉。」《隋志》：裴正奏，言《續漢志》：立春立，京都皆著青衣，秋夏悉如其色；魏晉迎氣五郊，行禮之人皆因此制，考尋故事，唯幘同其衣色。

《西漢會要・卷24》亦載道：

> （漢）成帝永始四年詔，公卿列侯多蓄奴婢，被服綺縠車服過制，

[註48] 《三國志・楊阜傳》中載的是：「阜常見」；《晉書・五行志》則載：「常以見直臣楊阜」兩者措辭有所出入，但筆者認為，並非明帝召見楊阜時，才刻意穿給他看的，而是明帝常穿著半袖的青衣召見朝中大臣，是故，當以楊阜本傳所言為是。

申敕有司以漸禁之，青綠民之所常服，且勿止。

有司可證的是漢承秦制「高祖入關，既因秦制」(《晉書·輿服》)，而魏又承漢制，國君服色尚黃，青綠色則是平民百姓所穿的服色，這種「以色別貴賤」的禮制遭到國君本身的破壞，若不能予以端正，貴賤尊卑必然式微，以致無差等了，這又是第三荒唐事了。

由上可知，明帝登基後，極盡其耳目之欲，瓊樓玉宇，歌臺舞榭，田獵遊宴等，可說在國家大抵初定時，民生稍加緩和時，罔顧民力，揮霍無度。因此，這些當朝的士人們，無不希望國君能減省勞役，與民休息，蓋國君本身若能克制私欲，正心修身，那便是天下百姓之最大福澤。桓範《世要論·為政》曰：

> 為政之務，務在正身。身正於此，而民應於彼，詩云：「爾之教矣，民胥效矣」，是以葉公問政，孔子對曰：「子帥以正，孰敢不正」又曰：「苟正其身，于從政乎何有，不能正其身，如正人何？」故君子為政，以正己為先，教禁為次。

桓範認為國君為政之務，首先在于正身，因為國君的所作所為，及其好惡，都會成為臣民仿效的對象，因此，唯有國君做到正己修身，這才是最大的幸福了。正己修身的首要工作則是「節制欲望」，桓範《世要論·節欲》曰：

> 故修身治國之要，莫大於節欲。傳曰：欲不可縱，歷觀有家有國，其得之也，莫不皆於儉約；其失之也，莫不由於奢侈。儉者節欲；奢求放情。放情者危；節欲者安。

然而人生而有欲，這是上自天子，下至百姓，縱使史傳中的堯舜、夏禹等聖君，亦未否認自己欲望的存在，故《世要論·節欲》言：

> 昔帝舜藏黃金於巉巖之山，抵珠玉于深川之底，及夷狄獻旨酒而禹甘之，於是疏遠夷狄，純（依三國文，當作絕）上旨酒，此能閑情無欲者也。楚文王悅婦人而廢朝政，好獠獵而忘歸，于是放逐丹姬，斷殺如黃，及共王破陳而得夏姬，其豔國色，王納之宮，從巫臣之諫，壞後垣而出之，此能咈心消除之也。

對治這些誘惑，舜帝將他的黃金珠玉埋藏在深山中，來個眼不見為淨，所謂不見可欲，使民心不亂；而夏禹品嚐這人間極品的美酒後，深知沈溺其中，必帶來亡國之禍，因此，唯有疏遠夷狄，才是根治欲望的辦法；等而下之的是像楚文王及共王，兩人身陷於女色中，但經由諫臣的一番話而有所警悟，

因此，忍痛的將他們的愛妃驅逐出境，重理朝政。這些國君不管是「閉情于無欲」或是「怫心消除之」，都可說用盡辦法來克制自己的欲望了。然而，後世的國君呢？

> 秦之虓君，目玩傾城之色，天下男女怨曠，而不肯恤也；耳淫亡國之聲，天下大小哀怨，而不知撫也；意盈四海之外，口窮天下之味，宮室造天而起，萬國爲之憔悴，猶未足以逞其欲。（《傅玄・正心》）

傅玄在此以秦始皇的窮奢極欲，罔顧民命，以致亡國的史事，藉古諷今，其意是十分明顯的（詳參第三章第一節）。而何晏的〈景福殿賦〉看似歌詠景福殿的宏偉壯闊，實是反諷之文：

> 莫不以爲不壯不麗，不足以一民，而重威靈，不飾不美，不足以訓後，而永厥成，故當時享其功利，後世賴其英聲，且許昌者，大運之攸戾圖讖之所鍾，苟德義其如斯，夫何宮室之勿營？……審量日力，詳度費務，鳩經始之黎民，輯農功之暇，豫因東師之獻，捷就海孽之賄賂，立景福之秘殿。……想周公之昔戒，慕咎繇之點謨，除無用之官，省生事之故，絕流遁之繁禮，反民情於太素。（《全三國文・卷 39》）

然而，何晏又在〈奏請大臣侍從游幸〉〔註49〕中再次強調了「正君心」與「修身」的重要：

> 善爲國者，必先治其身。治其身者，慎其所習。所習正，則其身正；其身正，則不令而行；所習不正，則其身不正；其身不正，則雖令而不從。是故爲人君者，所與游必擇正人；所觀覽，必察正象；放鄭聲而弗聽，遠佞人而弗近，然後邪心不生，而正道可弘也。（《全三國文・卷 39》）

因此，一個善理政治的國君，應該「務儉約，重民力」（楊阜語）且「息欲明制」（傅玄語）好好的從自己的修養功夫做起，以節制自己的欲望，天下百姓也才真能安居樂業，生活無虞，歷史明鑑，如此清晰，萬世萬葉的年祚並非不可期，只是是否能將這些國庫開支，民力之運用，用來改善百姓生活，爲民創造福祉，因爲哪兒有利益，哪兒就有隨之趨附、效命的人民：「古人以水喻民，曰水所以載舟，亦所以覆舟，故在民，上者不可以不戒懼。」（王基《全

〔註49〕何晏這篇疏文是給齊王芳的，但就其文意，似有所指，實是鑑於明帝的揮用無度，游獵女色等事，希望新佐的國君能引以爲戒，以民爲憂，務去心欲。

三國文·卷38》）於此，國君不僅要修其身正其心，更要徹底瞭解民意所向，方能締造不朽的功業。因此，「未聞身治而國亂者」（《世要論·治本》《全三國文·卷37》），誠非迂闊不實之論。

綜上所述，明帝的好大喜功，可比擬始皇和漢武，〔註50〕不僅長年對外發動戰役，更是大興宮室，廣納女眷，不計其數，勞民傷財，然而高堂隆、楊阜、辛毗等屢次勸諫，更論以商紂、秦始皇亡國之弊，然明帝仍不爲所動，反而譏以邀功名後世：「二虜未滅而治宮室，直諫者立名之時也」（《三國志·辛毗傳》）讀史至此，實只能莞爾一笑。

魏末袁準論說富國之道：「富國八政，一曰儉以足用；二曰時以生利；三曰貴農賤商；四曰常民之業；五曰出入有度；六曰以貨均財；七曰抑談說之士；八曰塞朋黨之門。」（《袁子正書·治亂》《全三國文·卷55》），於此八論中，足足有六政是關心民生產業、生計問題的，國君縱然擁有全天下的財物，亦有其權柄主宰天下百姓，倘若不能權衡實政，使民有時，開源節流，縱有再大的國家，也必然走向滅亡之路。因此，士子們無不提出「正君心」、「崇簡務實」的言論，以管束沈浸於君權的明帝，因爲歷代君主必須醒悟「水能載舟，亦能覆舟」的史訓。且當深戒在心，以免重蹈覆轍。

第六節 小 結

漢末政治的動亂源於吏治的腐化與黨同伐異的朋黨組織，而於學術上獨尊儒術的治國方針與取士條件，亦走上僵化與虛僞的死胡同，故繼起的曹魏政權如何在戰後餘生中，重建政治體制，這是當時的主要課題與思想重心。因此，魏初名法思想的產生與研討，無非是警訓於前車之鑑，但規格嚴整的名法思想，其施行的結果，雖博得「吏順下清」的美譽，但在這片尚未欣欣向榮的焦土上，與民休養生息，則成了魏文帝主政路線，而其祈慕漢孝文帝的黃老之治亦躍於紙上，故下詔輕減刑法、關稅、停戰議和等措施。這一發端，逮至正始時期則萌發了另一派主以「清靜無爲」、「任自然」的道家思想，一改魏初名法之治與明帝的勞民傷財，這便是獨領魏晉風騷的玄學思潮，其

〔註50〕《三國志·明帝紀》注引《世語》：「帝與朝士素不接，即位之後，群下想聞風采居數日，獨見侍中劉曄，語盡日。眾人側聽，曄既出，問『何如？』曄曰：『秦始皇，漢孝武之儔，才具微不及耳。』」（楊家駱主編，鼎文版，1995.6，頁92）。

主攻人物以曹爽、夏侯玄、何晏爲首，學術上則以何晏、王弼爲首。誠然這批初生之犢，其於政治「輕改法度」的措施，招致保守派之儒學大族司馬氏集團的反對與誣陷，故當代學者如劉顯叔、盧建榮二位先生，〔註51〕便極力爲此一變法派辯誣。然而在這樣的黨派紛爭上，勝者爲王敗者爲寇的政治殘酷，雖然讓他們黯淡的下了台，但他們的學說與談辯風流，卻成了兩晉士行與生活的依歸及仿效對象。故身處魏晉之際的傅玄，亦同於何、王一樣對於曹魏政治的各項措施，皆進行檢討，只不過傅玄仍持以儒學爲尊，名法爲輔的政綱，爲司馬集團敷設執政藍圖，立其宏模規章，且以一積極有爲之勢，申難何王「貴無」的主張，及其帶動利口的談辯風氣。

〔註51〕各見劉顯叔先生之〈論魏末政爭中的黨派分際〉（《史學彙刊》第九期，頁 17～46）、盧建榮先生之〈魏晉之際的變法派及其敵對者〉（《食貨月刊》，第十卷第七期，頁 7～28）。

第三章 魏晉之際名法兼綜
之傅玄與《傅子》

第一節 立政治之宏模——《傅子》

　　傅玄《傅子》一書完成於魏晉禪代之際，究其內容作一考察，可說是承繼著曹魏一代的諸項議題所做出的歸結與檢討；但究其政治意圖，實是為新起的司馬政權勾勒施政藍圖，以資未來執政者的參考與採納，因此，《傅子》一書可說是因時勢而孕育出的政治論著。〔註1〕

　　但在另一方面，整個魏末皇權被要挾在兩股龐大的政治勢力中，一為曹爽集團，主張改革，為名士階級所擁護，是為新興階級；一為司馬集團，採保守路線，為儒家大族所擁護。然而兩大勢力互有消長。明帝死後託孤曹爽及司馬懿，在這場政權爭奪中，先是曹爽專權，黨同伐異，以鞏固政權，並抵制司馬氏的竄起，故而掌權長達十年之久。此間何晏、夏侯玄、鄧颺、諸葛誕、桓範等更是中樞人物。然而為取得政權的合法解釋，何晏、王弼二位經學家，首先提出「以無為本」的「貴無」、「無為」思想，挹注老子思想於《易經》與《論語》學說中，其目的有二，許抗生先生說道：

　　（一）他們想用老子的思想來革去當時的一些弊政，如當主張老子
　　　　　的素朴之治，反對當時奢侈浪費等。

<hr>

〔註1〕據魏明安先生所言：「傅玄平生著述，多完成於入晉之前，是跟正始年間及其後的政治鬥爭息息相關；他的思想形成於正始，服務於政治，有鮮明的傾向性與積極的功利目的，在魏晉玄學的時代，傅玄這個人及其著述，自有其特殊性意義和地位。」（《傅玄評傳》，南京大學出版社，1996.3版，頁47）。

（二）他們想發揮老子的「君人南面之術」，即以君主統治術來鞏固
曹魏的統治。爲此他們研討了老子的政治策略思想，妄圖用
清靜無爲之治，達到以弱勝強，以一統眾，以君統臣民的目
的。由此可見，正始玄學（夏侯玄、何晏、王弼的玄學）的
產生，是適應著衰頹的曹魏政權，爲了鞏固自己的統治所需
要的。〔註2〕

隨著曹爽集團的建立，提領了許多新貴以輔助政權的鞏固，但，在這詭譎多
變的政局中，一股由儒學大族結集而成的，並以司馬氏爲首的集團，正一步
步的取代曹爽政權，而在這政權角逐中，傅玄站在儒家大族的立場竭力批評
何、王學說，積極爲司馬王朝建立有爲的政治綱領──《傅子》，以掃除時代
的弊端。因此，底下筆者則就《傅子》一書，究其「經綸政體，存重儒教，
足以塞楊墨之流遁，齊孫孟於往代」（王沈語，見傅玄本傳）之因，以尋繹兩
晉反玄思想興起之端緒。

一、爲政之首在正己修身

始自魏明帝即位以來，便大肆的修築宮殿與園林，因而朝中諸臣紛紛上
疏諫止，然明帝始終如故，對諸臣的勸諫只視爲「要名立功」之舉（參見第
二章第二節），對於這種奢靡的私欲，不僅勞民傷財，更有礙國家長足的安定，
有鑑於此，《傅子》書中，更極力的申誡未來的執政者，應體恤民艱，正己修
身才是爲政之本。因而在《傅子》學說中，以國君正己修身之首要工夫在于
「節欲」，至於「息欲」，故傅玄〈校工〉篇中言道：

> 天下之害，莫甚於女飾，上之人不節其耳目之欲，殫生民之巧，以
> 極天下之變，一首之飾，盈千金之價，婢妾之服，兼四海之珍，用
> 力者有盡，用有盡之力，達無窮之欲，此漢靈之所以失其民也，上
> 欲無節，眾下肆情，淫侈並興，而百姓受其殃毒矣。

在此傅玄借鑒於漢靈之失，說明上位者窮奢極欲，追求奇異的文飾，在下位者
必從其所尚，風行草偃的結果，最大的受害者則是可憐的百姓。對於漢靈之世
的奢靡情況，從《後漢書·呂強傳》可知：「（靈帝）後宮綵女數千餘人，衣食
之費，日數百金……宮女無用，填積後庭，天下雖復盡力耕桑，猶不能供。……
外戚四姓貴倖之家，及中官公侯無功德者，迭起館，凡有萬數，樓閣連接，丹

〔註2〕文見許抗生先生所著之《三國兩晉玄佛道簡論》（齊魯書社出版，1991.12 版，
頁 5～6）。

青素罜，雕刻之飾，不可彈言。」，故王符《潛夫論·浮侈》則直斥道：「今京
師貴戚，衣服飲食，車輿文飾廬舍，皆過王制，僭上甚矣。從奴僕妾，皆服葛
子升越，箇中女布，細緻綺縠，冰紈錦繡，犀象珠玉……」，正因漢末奢侈無度
的風氣，曹操執政時，則力行節儉，據《三國志·衛覬傳》所載：「後宮食不過
一肉，衣不用錦繡，茵褥不緣飾，器物無丹漆。」；又《三國志·毛玠傳》注引
《先賢行狀》言：「至乃長吏還者，垢面羸衣，常乘柴車，軍吏入府，朝服徒行。」，
但在曹丕寬仁玄默的政風下，與曹叡大興宮室、廣納後宮女眷的欲望放縱下，
致使曹操以來的約束力得到了鬆懈，因此，朝野風氣日趨侈靡，從夏侯玄的傳
文中，得到了證明，據《三國志·夏侯玄傳》云：

> 今科制自公列侯以下，位從大將軍以上，皆得服綾錦，羅綺紈素，
> 金銀飾鏤之物，自是以下，雜彩之服，通於賤人，雖上下等級，各
> 示有差，然朝臣之制，已得侔至尊矣，玄黃之彩，已得通於下。欲
> 使市不鬻華麗之色，商不通難得之貨，工不作雕刻之物，不可得也。

這股奢靡淫逸的風氣，始自東漢桓靈二帝以來，以至魏明帝之世，此風實未
消歇，且以衣服器物之用，以別尊卑的禮制秩序，亦錯雜難辨，禮法難申，
竟至於此。因此傅玄身處此世，認為改善此一風氣，國君必須以身作則，而
後才能端正朝臣，以至於正天下百姓，故《傅子·正心》云：

> 立德之本，莫尚乎正心，心正而後身正；身正而後左右正；左右正
> 而後朝廷正；朝廷正而後國家正；國家正而後天下正。

傅玄所遵循的這條思路，是與《禮記·大學》所言相符合的：「古之欲明明德
於天下者，先治其國；欲治其國者，先齊其家；欲齊其家者，先修其身；欲
修其身者，先正其心；欲正其心者，先誠其意。」，這正是儒家對於國君人格
修養功夫的第一要求，因而歸結出所謂：「政者，正也。」（《論語·為政》）
務實的言論；然而，國君為政，到底要端正怎樣的一顆心，才能達至諫臣之
要求呢？這以老子一句：「不見可欲，使民心不亂」說得中的，蓋「欲望」乃
心之賊，因此，為使心不混亂，回復其清明的心性，就在于去除私欲，此為
百姓之福；反之，縱欲任情，則為百姓之禍，因而《傅子·曲制》警戒道：

> 天下之福，莫大於無欲；天下之禍，莫大於不知足。無欲則無求，
> 無求者，所以成其儉；不知足，則物莫能盈其欲矣。

的確，人的欲望彷如無底洞，永遠沒有填滿的時刻，縱使天下百姓淘盡山林
四海的珍奇異寶，耗盡萬民之力去開採與探求，也無法滿足國君一人的欲望，

所謂「莫能盈其欲，則雖有天下，所求無已，所欲無極矣，海內之物不益，萬民之力有盡。」（〈曲制〉），更何況是竭盡萬民萬物去滿足難以計數的朝中貴族呢？故《檢商賈》曰：

> 一人唱欲，而億兆和，上逞無厭之欲，下充無極之求，都有專市之賈，邑有傾市之商，商賈富乎公室，農夫伏死於隴畝而墮溝壑，上愈增無常之好以徵天下，下窮死而不知所歸。

國君欲望若不能予以節制，必然群起仿效，做臣子的以進貢瑰奇的寶物博君歡喜，而作商人的則壟斷市場，從中妙作，並且哄抬物價，以致奸偽之事紛乘不已，而農人卻成為被剝削的勞苦民眾，窮愁潦倒，因而傅玄〈檢商賈〉再三說道：「上不徵非常之物，下不供非常之求，君不索無用之寶，民不鬻無用之貨，自公侯至於皁隸僕妾，尊卑殊禮，貴賤異等，萬機運於上，百事動於下，而六合晏如也，分數定也。」，依傅玄之意，國君「去欲」以至於「息欲」，方能端正朝中群臣；能端正群臣，人民生活才足以獲得保障，所謂：「上息欲而下反真矣，不息欲於上，而欲求下安靜，此猶縱火焚林，而索原野不雕廢矣。」（《檢商賈》）。有鑑於此，唯有人民生活都能獲得保障，國家方得以祥和安寧，故經國立功之道，在于為政者的息欲；而息欲，則在于正心功夫的落實，如此一來，國君去除私心，百姓之利乃興，亦為開明之治，立其規模典範。

二、施政之要在興利安民

為民興利，使民安於斯土，這是儒法二家為政的首重先務，《孟子‧梁惠王》言道：「無恆產而有恆心者，惟士為能。若民無恆產，因無恆心，苟無恆心，放僻邪侈，無所不為已。及陷於罪，然後從而刑之，是罔民也。焉有仁人在位，罔民而可為也。」，此一言論在法家的看法也是相同的，管仲亦言：「倉廩實，則知禮節；衣食足，則知榮辱。」（《管子‧牧民》），因此，留住民心，使其安土重遷，首要條件在于「食」與「貨」。國家倘能食足貨充，使民有其恆產，必能使民安居樂業，樂其斯土，謹守其分；一旦國家連基本的生存物資都無法供養百姓，渴望民安，為國效力，都是無稽之談，實因求生存是為人的本能，同時也是人的權利，是不能予以剝奪的，故「民之所以生者衣食也。民匱其生，飢寒切於身，不為非者寡矣。」（《孔叢子‧刑論》）。傅玄深知此一治亂興衰之理，云：

> 民富則安鄉重家，敬上而從教；貧則危鄉輕家，相聚而犯上。飢寒切身，而不行者寡矣。夫家足食，為子則孝，為父則慈，為兄則友，

爲弟則悌。天下足食，則仁義之教，可不令而行也。（《全晉文・卷49》《傅子補遺上》）

國家之本，實乃建立在人民有無恆心上，而建立人民之恆心，則在于使民有恆產，也就是說人民富裕了，自然能安鄉重家，能敬上從教，父慈子孝，兄友弟恭，遵守禮節，如此鋌而走險，擾亂治安的事，勢必能有所降低與改善。當然，富民之法爲何？傅玄提出了二點重要見解：一爲輕徭薄賦；一爲貴農賤商。底下則就此二點見解，作一探析。

（一）輕徭薄賦

始自魏明帝即位，除了大興宮室之外，亦好大喜功的連年對吳蜀二國展開吞併的攻勢（文見本傳），因此，人民被徵調沙場，徭役增加自不待言，然而發動軍事，國家財政亦不敷應付，橫徵賦斂的情形愈加嚴重，人民實不堪賦役，農桑失歲，高堂隆便感慨的說道：「今上下勞役，疾病凶荒，耕稼者寡，飢饉荐臻，無以卒歲；宜加愍卹，以救其困。」（本傳）；棧潛亦言：「方隅匪寧，征夫遠戍，有事海外，懸旌萬里，大軍騷動，水陸轉運，百姓舍業，日費千金。大興殿舍，功作萬計……傷害農功，地繁茨棘，災疫流行，民物大潰。」（本傳），因而生處魏末時期的傅玄，便提出政府對賦役的徵調必須「隨時質文」且「不過其節」，《傅子・平賦役》云：

> 昔先王之興役賦，所以安上濟下，盡利用之宜，是故隨時質文，不過其節，計民豐約，而平均之，使力足以供事，財足以周用，乃立一定之制以爲常典。……民雖輸力致財，而莫怨其上者，所務公而制有常也。

在此傅玄肯定「賦役制度」的合理性與必要性，所謂「先王之興役賦，所以安上濟下，盡利用之宜」，這一經濟思想是相當客觀而具有突破性的。論究賦役制度的建立，德國朱士奇（J. H. G. Uon Justi）說道：

> 國家社會理論強調社會「共同」福祉，主張國家與人民福祉知不可分原則，要政府爲人民謀福祉乃其首務；基此人民對於國家，亦同樣具有應盡之義務，於「服從」與「忠誠」外，當必提供國家爲人民課求福祉所需經費，則務必繳納稅捐及其公共分攤，所以個體對群體之義務（稅捐及公共分攤）因而形成。〔註3〕

〔註3〕文轉譯自鄧海波先生所著之《中國歷代賦稅思想及其制度》（正中書局，1984.4版，頁2）

的確，國家的建立是必須仰賴國民在財政經濟與人力資源上的充分配合，方能維持一個國家的運作與鞏固，進而護衛保障人民生活的安全與權利，因此，人民享受著安全與權利的同時，自然需付予對等的或一定程度的義務與責任（捐稅或公共分攤）才行；當然君權主義下的子民，其所享受到的安全與權利，是不可同日而語的，唯獨取決於君主的賢德與否，因而君主能否正心誠意，實為執政之首務，因其攸關著一朝之治亂（見上文），故在下的人民，無論任何世代，都不可避免與推卸，其所需負擔的義務與責任，也就是朱士奇（J. H. G. Uon Justi）所言的「捐稅與共同分攤」，因而身為統治者，在支遣國家財政與人力時，最重要的是注意「因時制宜」。傅玄〈平役賦〉又言：

> 故世有事，即役煩而賦重；世無事，即役簡而賦輕，則秦上之禮宜崇，國家之制宜備，此周公所以定六典。役繁賦重，即上宜捐制以恤其下，事宜從省以致其用，此黃帝夏禹之所以成其功也。

也就是說對於人民的稅捐與人力的供給，必須因時而動，誠如荀子所言：「度人力而授事，使民必勝適，事必出利，利足以生民，皆使衣食百用出入相揜。」（《荀子·富國》），因而傅玄認為當國家遭遇不可避免的征戰時，役繁賦重是難免的；但一旦軍戎趨緩或平定時，則需與民休息，勞役當簡約，而賦稅亦應輕減才行，所謂：「度時宜而立制，量民力以役賦，役賦有常，上無橫求，則事事有儲，而並兼之隙塞，有事儲，並兼之隙塞，則民必安矣。圖遠必驗之近，興事必度之民，知稼穡之艱難，重用其民，如保赤子，則民必安矣。」（〈安民〉），因此，要安穩民心使其耗損財力、物力以至於人力，都能勞而不怨，國君除了要愛民如子外，更需要把握這一原則，且奉為為政之圭臬：「隨時質文，不過其節，計民豐約，而平均之。」，如此，民安則國安，民富足則國富。

（二）貴農賤商

由於中國是以農立國的國家，因而自來學者們的經濟政策，不外乎「貴農賤商」、「重農抑商」，如《管子·國富》：「凡五穀者，萬物之主也。穀貴則萬物必賤，穀賤則萬物必貴。」；商鞅《商君書·壹言》亦言：「治國能事本而禁末者富。」；而兩漢這類言論亦是相當多的，例如晁錯〈論貴粟疏〉、王充《論衡·治期》、王符《潛夫論·務本》皆是，傅玄的經濟政策，即是遵循此一路線而來，《傅子·檢商賈》：

> 夫商賈者，所以伸盈虛而獲天地之利，通有無而壹四海之財，其人可甚賤，而其業不可廢，蓋眾利之所充，而積偽之所生，不可不審察。

由於我國商業的發展，於秦漢時期已蓬勃發展，而商人這一行業的出現，薩孟武先生說道：「由於職業的分工，社會的分化更複雜了。農民以粟易布，織工以布易粟……故爲交換方便起見，就需要一種中間的人，任何貨物都交給中間的人覓求買主，這個中間的人就是商人。商人又爲交換方便起見，需要一種中間的物，這中間的物就是貨弊。」，〔註4〕所以說商人原是只爲買主與賣主互通有無間的仲介，這樣的仲介工作者，在分工的社會中，實有存在的必要，但久而久之，卻轉變爲獲利的漁翁，坐享人民血汗錢，儼然成爲剝削者，實是出自於商人在市場交易上居中炒作，哄抬物價，轉手間獲利數倍，因而巧詐之事滋生，辛苦種植的農夫們卻得不到辛苦的代價，一貧如洗，因而晁錯憤而言曰：

> 商賈大者，積貯倍息，小者坐列販賣，操其奇贏，日遊都市。乘上之急，所賣必倍。故其男不耕耘，女不蠶織，衣必文采，食必粱肉，亡農夫之苦，有仟伯之得。因其富厚，交通王侯，力過吏執，以利相傾，千里由教，冠蓋相望，乘堅策肥，履絲曳縞，此商人之所以併農人，農人所以流亡者。（《漢書‧食貨志》）

傅玄亦言：「都有專市之賈，邑有傾市之商，商賈富乎公室，農夫伏於隴畝而墮溝壑。」（〈檢商賈〉），也正因爲商人剝削了基層農民應有的利益，所以「賤商」、「抑商」的思想學說因而產生，並且成爲中國經濟政策，是故傅玄的經濟思想亦是奠基於此的；但另一方面，傅玄洞見當世冗散官吏及遊民甚多，且水利工程未興，這種種因素必然造成農桑荒廢，產值不良，入不敷出的財政窘境。因此，首先力圖整頓人力資源，以歸於農桑耕稼上，其言：「王人賜官見散無事者，不督使學，則當使耕，無緣放之，使坐食百姓也。今文武之官既眾，而拜賜不在職者又多，加以服役爲兵，不得耕稼當農者之半，南面食祿者參倍於前。使冗散之官農，而收其租稅，家得其實，而天下之穀可以無乏矣。」（本傳），裁減冗官，去其俸祿，亦撤銷兵戶改制成一般農戶，使其歸田務農，皆以增進農業產量，不僅自給自足，亦可富厚國家。所以古人有言：「一夫不耕，或受之飢；一女不織，或受之寒。」（傅玄傳），實因國家經濟基礎乃墊基於人民的稅捐上，是故政府使用公費時，絕不可恣肆揮霍，毫無節制，如此才能國泰民安，故而唯有協和全國百姓的力量，來共同創造豐厚的物資，才是一國財經長足發展的不二法門；但創造更豐厚的物資，則

〔註4〕　文見薩孟武先生所著之《儒家政論衍義》（東大圖書公司，1982.6 版，頁 468）

需不斷的改良農產品種，且開發水利工程，亦是不可忽略的一環。因此，傅玄提出農改之新方案：

> 以魏初未留意於水事，先帝統百揆，分河堤爲田部，並本凡五謁者，以水工至大，與農事並興，非人所周故也。今謁者一人之力，行天下諸水，無時得遍，伏見河堤謁者車誼，不知水勢，轉爲他職，更選知水者代之，可分五部，使各精其方。（本傳）

其意以爲，需將河堤謁者由一人增加到五人，分管東西南北中五部水事，將現任謁者車誼撤換，由曾經擔任過謁者的石恢主管水事。〔註5〕由於我國是以農業爲其經濟基礎，而農業的多寡，雖憑恃於陰陽調和，風雨滋養，五穀、萬物方得以成長茁壯，但若全憑藉於天，人或恐將坐以待斃，因此，《荀子・天論》言道：

> 大天而思之，孰與物畜而裁之？從天而頌之，孰與制天命而用之？望時而待之，孰與應時而使之？因物而多之，孰與騁能而化之？思物而物之，孰與理物而勿失之？怨於物之所以生，孰與有物之所以成？

發揮人類的智慧和才能，努力開發農田水利，改良物種品質，不僅使其數量增多，以供養民用，使其品質更加精良，以改善人類生活，創造更加便利富有的社會；倘若一味的聽任上天，而不務人事的努力，一旦水旱不時，農民的努力亦將前功盡棄，所以傅玄言道：「陸田者，命懸於天也，人力雖修，苟水旱不時，則一年之功棄矣。水田，制之由人，人力苟修，則地利可盡。」（《意林》卷 5）。因此，善於爲政者，一方面務使人民各盡其職，謹守崗位；一方面亦應注重專業人才的培養與選拔，方能爲民興利，爲國豐財。

三、用人之道在舉賢用能

傅玄論人才，是兼重德與才而言，故於〈舉賢〉偏便開宗明義的說道：「賢者，聖人所與共至天下者也。故先王以舉賢爲急。」傅氏所言的「賢者」，指稱的是「德才兼備」的士人。在劉向《說苑・臣術》中記載了孔子對賢人的定義：

> 子貢問孔子曰：「今之人臣孰爲賢？」孔子曰：「吾未識也，往者，其有鮑叔，鄭有子皮，賢者也。」子貢曰：「然則齊無管仲，鄭無子

〔註 5〕文見魏明安先生所著之《傅玄評傳》（南京大學出版，1996.3 版，頁 235）。

　　產乎？」子曰：「賜，汝徒知其一，不知其二。汝聞進賢爲賢邪？用
　　力爲賢邪？」子貢曰：「進賢爲賢。」子曰：「然，吾聞鮑叔子進管
　　仲也；聞子皮之進子產也。未聞管仲、子產有所進。」

由此可見，才如管仲、子產這樣傑出的政治家，都不及於「賢者」之境，實
因二人的品德未與其才識相得益彰，因此，賢者的典範是如鮑叔、子皮，因
其能不蔽賢，具有公正無私的胸懷器識，所以孔子稱道他們爲「賢者」。傅玄
且分判「賢者」與「佞人」，其稱：「佞人，乃善養人私欲也。故多私欲者悅
之，唯聖人無私欲，賢者能去私欲也。有見人之私欲，必以正道矯之者，正
人之徒也；違正而從之者，佞人之徒也。」（〈矯違〉），所以在上的國君必須
深以爲戒，也由於人物的難知難識，容易產生蒙蔽，所謂：

　　知人之難，莫難於別眞僞。……所謂難者，典說詭合，轉應無窮，
　　辱而言高，貪而言廉，賊而言仁，怯而言勇，詐而言信，淫而言貞，
　　能設似而亂眞，多端以疑闇，此凡人之所常惑，明主之所甚疾也。（〈知
　　人〉）

正因爲人物的難知難識，所以自來國君都認爲自己身旁的心腹大臣，都是「賢
臣」，各自認爲用人得當，而非失其準的。然而「賢臣」與「佞臣」如何界定，
才能判然兩分呢？傅玄首先對「佞臣」提出識別的標準，且將「佞臣」細分
爲三等：

　　行足以服俗，辨足以惑眾，言必稱乎仁義，隱其惡心而不可卒見，
　　伺主之欲微合之，得其志，敢以非道陷善人，稱之有術，飾之有利，
　　非聖人不能別，此大佞也。其次，心不欲爲仁義，言亦必稱之，行
　　無大可非，動不違乎俗，合主所欲而不敢正，有害之者，然後陷之。
　　最下佞者，行不顧乎天下，爲求主心，使文巧辭，自利而已，顯然
　　害善，行之不怍。（〈矯違〉）

傅子從佞者的行事作爲、言語態度、心胸氣量上來界定佞臣，依序分作「大
佞」、「次佞」與「下佞」三等。很明顯的，傅玄雖以三等列分佞臣，然歸而
言之，何晏與鄧颺之徒，正是其諷刺的對象，《三國志‧王肅傳》載：「時大
將軍曹爽專權，任用何晏、鄧颺等。肅與太尉蔣濟、司農桓範論及時政，肅
正色曰：『此輩乃弘恭、石顯之屬，復稱說邪！』爽聞之，戒何晏等曰：當共
愼之！公卿已比諸君前世惡人矣！」，王肅本是司馬政黨之中樞人物，此論與
傅玄不言而合，當然這或牽涉到黨同伐異的政爭，然已暴露某些問題。

　　當然各代朝政中，不乏「佞臣」，而佞臣對於國家的危害，身爲一國之君者，需謹愼小心，《漢書・章帝紀》言：「明政無大小，以得人爲本。」，這句話更充分說明了政治良窳與人才的選拔任用互爲因果，此於《晏子春秋》實已警示到：「國有三不祥，是不與焉。夫有賢而不知，一不祥；知而不用，二不詳；用而不任，三不祥。」，故用人之道，務必舉賢用能，關於此一知賢、舉賢、用賢、任賢的選才觀點，在兼綜儒法思想的《傅子》中，亦有多方的探討。傅玄首先打破「稱古多賢」的不當說法，其〈舉賢〉言：

> 今之人或抵掌而言，稱古多賢，患世無人，退不自三省，而坐誣一世，豈不甚邪！夫聖人者，不世而出者也，賢能之士，何世無之，……
> 是以知天下之不乏賢也，顧求與不求耳，何憂天下之無人乎？

以古賤今的心理，蒙蔽且否定了當今之世的人才，魏明帝因而感慨的說道：「世無良才」，然而明帝的這番話是有待商榷與思量的，到底是世無賢人？或是不能爲己所用？〈舉賢〉釋之曰：「舜興而五臣顯，五王興而九賢進；齊桓之霸，管仲爲之謀；秦孝之強，商君佐之以法。欲王則王佐至；欲霸則霸臣出；欲富國強兵，則富國強兵之人往，求無不得，唱無不和。」，可以知道：「賢能之士，何世而無之」；「知天下之不乏賢也，顧求與不求耳」，事實證明，每一世代都是人才濟濟，國君若是想稱霸天下，則有霸臣出現，從旁輔佐；若國君想建造一個國富兵強的帝國，則有才俊獻策，爲其效忠。然而國君不知賢才不乏於天下，究其原因，則在于「不識賢」與「無心求索」。「不識賢」，則反以「佞」爲「賢」；「無心求索」則怠忽了國君之職，《墨子・尚賢上》有言：

> 國有賢良之士眾，則國家之治厚；賢良之士寡，則國家之治薄。故大人之務，將在于聚賢而已。

文中的「大人」即爲「國君」，可見國君之職則在于選任賢良，以輔佐治體，國家方能盛興；反之，賢良之士不能進入彀中，國家將面臨危墜之境。然而國君受於資質、識見、器量等的侷限，是故，何以「知賢」而「任賢」呢？針對這一國君個人的侷限性，傅玄則設想了一條捷徑，提出「以一致百」的方法。何謂「以一致百」呢？其言曰：

> 明主任人之道專，致人之道博。任人之道專，故邪不得間；致人之道博，故下無所壅。任人之道不專，則讒說起而異心生；致人之道不博，則殊塗塞而良材屈。〈舉賢〉

按傅玄之意，國君只要用心的尋找一位賢能之士，擔當宰相一職，其餘選才任官之事，則全權交付於宰相審度，所謂：「大德爲宰相，此國家之棟梁。審其棟梁，則經國之本立矣。經國之本立，則庶官無曠，而天工時敘。」（〈授職〉），有了一個賢能的宰相，必能「尚賢使能」、「以賢舉賢」，以通天下之良材，而無所遺，亦使各適其職，以盡其能，因此，「品才」實爲宰輔之責，傅玄言道：

> 凡品才有九，一曰德行，以立道本；二曰理才，以研事機；三曰政才，以經治體；四曰學才，以綜典文；五曰五才，以御軍旅；六曰農才，以教耕稼；七曰工才，以作器用；八曰商才，以興國利；九曰辨才，以長諷議。（《全晉文》卷49《傅子補遺上》）

由上可知，「德行」實爲人才選用的根基，才德雙修的士人才有資格稱之爲「賢」，一反曹魏重才不重德的選舉觀，且認爲納賢給官只是人主初步的職責；終其職責，則在于「尊賢」。然如何「尊賢」？傅玄說明了三點原則：一爲重儒貴學；一爲廣納直臣；一爲君臣互信。以下筆者則對此「尊賢」的三點原則，作一闡述。

（一）重儒貴學

儒學式微始於東漢末年，至曹魏時期，雖屢下詔書極力重儒貴學，但事實證明：「自黃初以來，崇立太學，而寡有成者，蓋由博士選清，諸生避役，高門子弟，恥非其倫，故無學者。雖有其名而無其人，雖設教而無其功。」（《三國志‧劉馥傳》附〈劉靖傳〉）（參見第二章第二節），且正始年間何晏、王弼亦大倡老子「貴無」學說，儒學義理更遭受貴無思想的侵染，因而儒家經典失其本眞，原貌盡毀（參見第四章）。是故，在何、王援道入儒，使得儒學產生質變，傅玄則力圖復興，正本清源，以重建儒學於政治上的主導地位，其言：

> 夫儒學者，王教之首也。尊其道，貴其業，重其選，猶恐化之不崇；忽而不以爲急，臣懼日有凌遲而不覺也。……然則尊其道者，非惟重其書而已，尊其人之謂也。貴其業者，不妄教非其人也。重其選者，不妄用非其人也，而學校之綱舉。（《本傳》）

按傅玄之意，尊賢在于重儒；重儒在于貴學；貴學在于勤業。故以儒學爲教育的根本與基業，但非僅於尊崇儒家經典而已，而應誠誠懇懇的廣納德高望重、年齒俱尊的大儒，以教國學子弟，齊以身教言教，訓育出俊傑的人才，以備官府的選拔，務使各得其用。因此，國內的賢才並非缺乏，而是執政者

未能落實教育的工作，使得貴族子弟終日遊手好閒，以晏遊結黨爲樂；且儒生地位，亦未能受到國家應有的尊重，只是形式化的尊奉了幾本經書，一如陳編，養以塵網罷了！如此囫圇吞棗的教育方式與態度，自然培育不出俊傑輔翼國政，又遑論建造出有爲的政府呢？可知於傅玄心中，儒學乃王教之首，自來開明政治皆由儒學作爲政治的最高指導原則，固非老莊之消極避世理論所得以勝任，故儒生於當代的儒學傳承上，應有其尊榮的地位與深受敬重才是，但傅玄身爲儒學後代，卻始終未能揚眉吐氣於政壇，實與當代風氣及由夏、何主導的政權與其結有宿怨的緣故。

（二）廣納直臣

　　中國官制裡，皆設有諫官一職。諫官的工作就在于端正國君的缺失，彌補匡正國君的過錯。畢竟，國君一如常人，犯錯是難免的；但國君乃一國元首，其行事作爲，每一項決議與政策的執行，甚至詔令的下達等，都攸關國家的興衰存亡，因此，諫官的工作，倍顯重要。然檢之史冊，顯而易見的，諫臣的地位與其言論的說服力，及其所發揮的匡正與勸導的效用，實爲有限。是故，傅玄身爲晉武帝的諫官，結合其官場中所聞所見，在其〈信直〉篇中不禁感慨的說道：

> 古之賢君樂聞其過，故直言得至，以補其闕。古之忠臣不敢隱君之
> 過，故有過者，知所以改、其或不改，以死繼之，不亦直乎。……
> 有臣若此，其君稀陷乎不義矣。

就一個賢明國君而言，廣開正直之路，虛懷若谷的接受勸諫，確實能匡救自己的盲點與不當的政策，所以說周王朝設有採詩官，以知施政得失，並體察民情，實是人主所需具備的胸懷與器識。然而，論就傅玄此言，實有所指，蓋魏明帝於青龍三年大興宮室，好大喜功，屢次發動軍旅，其財政的揮霍，人力的消耗，自不待言。當時群臣勸諫，疏文層疊，但明帝卻回以：「直諫者，立名之時也。」（《三國志・辛毗傳》）（參見第二章第五節），縱然得此立名邀功的譏評，直臣如高堂隆、楊阜、辛毗等人，依舊言之甚切，力圖匡救，傅玄有鑑於此，則盼未來執政者能樂聞其失，開敢諫之路，〈通志〉曰：

> 明主患諫己者眾，而無由聞失也，故開敢諫之路，納逆己之言。苟
> 所言出於忠誠，雖事不盡是，猶歡然受之，所以通直言之途，引而
> 致之，非爲名也。以直言不聞，則己之耳目塞。耳目塞於內，諫者
> 順之於外，此三季所以至亡而不自知也。

傅玄不僅批判魏明帝奢侈縱樂而罔顧民生一事，更對於明帝不識人才與狹隘的心胸多所微詞，其以「所以通直言之路，引而致之，非爲名也。」，正是針對明帝譏諷直臣一語而來，可說上至魏武帝，下至輔政的曹爽集團，皆糾舉而批判之。故傅玄對司馬政權則冀以厚望，警戒身處高位的國君，務需敞開直諫之路，並且廣納直臣，虛心受言，如此，在上位者方能深知民心向背，同其好惡，順而行之，大興其利，不僅能安民、治民，更能創造自己不朽的帝業，此一國之大利，身爲國君者，若能體悟這一眞理，又豈有不爲者邪？

（三）君臣互信

由於曹魏重才，人才倍出，股肱佐臣，在于國君「求與不求」而已。然此一求才舉動，並不足以揭示朝政將因此開明，而是必須經營且建立君臣上下，相互扶持、敬重的和諧關係。此一關係的建立，絕非立足於上下絕對的、不可逾越的政治秩序上；而是人主必須用心經營君爲君，臣爲臣的名教制度。在此一君臣體制的維護下，倫理秩序才得以彰顯，孟子認爲君臣關係應是：

> 君之視臣如手足，則臣視君如腹心；君之視臣如犬馬，則臣視君如
> 國人；君之視臣如土芥，則臣之視君如寇讎。（《孟子·離婁下》）

因此，君臣間存在的是一種相對關係，國君如何對待臣下，爲臣者則還以相等的對待，正是出乎爾反乎爾。因爲君權的取得，決勝於強權與多數（見本章第二節），而政治本是社會共同利益的平衡，是故，國君如何消融這一強制權，且降低尊卑秩序的衝突，本身的主動關懷，表示誠意，實是執政的第一法門。因此，傅玄認爲君臣關係的維繫，就在于一個「信」字，其〈義信〉言道：

> 王者體信，而萬國以安；諸侯秉信，而境內以和；君子履信，而厥
> 身以立。古之聖君賢佐，將化世美俗，去信須臾，而能安上治民者，
> 未之有也。

傅氏以「信」爲維繫君臣間的重要橋樑，何以「信」可以維繫良好的君臣關係呢？何以傅玄「去忠而言信」呢？這必然與晉室禪代一事有關，今就君臣關係一事論之。國君能否全權信任臣下，而無猜疑？確是爲政隆衰的臨界點。誠因國君若能徹底化除心中的猜忌多慮，委任群臣，使之爲己效命，如此，在君臣分工的行政績效下，建造一個昌盛的朝代，實非難事；倘若國君狐疑多忌，爲臣者自然不能大刀闊斧，一展長才，反而瞻前顧後了。徐幹有段話說得相當精闢：

> 囚人者非必著之桎梏,而置之圄圉之謂也;拘繫之、憂愁之之謂也。
> 使在朝之人欲進則不得陳其謀,欲退則不得安其身,是以綸組爲繩
> 索,以印佩爲鉗鐵也。(《中論・第18・亡國》)

可見士子們最爲惶恐的是國君的猜忌與不信任,這不僅造成君臣關係的破裂,亦造成臣子心態上的失衡,進退皆不知所措,此一精神的苦悶,則係之於國君對臣下所持的態度了。因此,傅玄繼而言道:

> 若君不信以御臣,臣不信以奉君,父不信以教子,子不信以事父,
> 夫不信以遇婦,父不信以承夫,則君臣相欺於朝,父子相疑於家,
> 夫婦相疑於室矣。小大混然而懷奸心,上下紛然而競相欺,人倫於
> 是亡矣。(〈義信〉)

傅氏從家庭倫理上論說,父子、夫婦能互信,則能互敬互重;能互敬互重,則長幼尊卑之序,始能分明,家族親情才得以維繫。誠然傅玄是以家族倫理爲互信的基礎,而上推至君臣上下的政治秩序,由小而大,由家而國,揭示「互信」乃社會群體和諧的基石,缺少了這一塊基石,則:「小大混然而懷奸心,上下紛然而競相欺,人倫於是亡矣。」,因此:「禍莫大於無信,無信則不知所親,不知所親,則左右盡己之疑,況天下乎?」(〈義信〉)。有鑑於無信之禍,有爲的國君,實需「竭至誠,開信以待下,則歡然而樂進,不信者赧然而回意矣。」(〈義信〉),依傅玄之意,國君展現其誠信態度,就在于開誠布公,禮賢下士,開信以待下,如此,臣民才能尊奉受教,進而展現對國家、對上位者的忠誠度,其若:「信者亦疑,不信亦疑,則忠誠者,喪心而結舌,懷奸者飾邪以自納。」(〈義信〉),可見,「忠君」在于「信臣」,臣子獲得信任,所給予相對的報酬,則是「忠」;反之,君臣間「去信」則「無忠」。因此,君能「信」於臣;臣則能「忠」於君,此爲維護尊卑等級的綱索,亦爲政治體制內的規則。

四、施政之綱在刑禮並濟

由於曹操鑑於世亂,因而以嚴厲的法術統治天下,所以傅玄謂之:「魏武好法術,天下貴刑名」(本傳),正因爲如此,曹魏一代對於刑名法術之學的探究成爲一代之議題(參見第二章第三節),傅玄對此也積極的爲新朝代的建立提出一套治國方針,兼綜儒法二家的禮法思想,提出二點政策:一爲治國之二大利器——賞與罰;二爲治民則需刑禮並濟。底下筆者則就此二點政策做一解析。

（一）治國之二大利器──賞與罰

所謂「賞」與「罰」實分屬於「法」的兩項內容，《韓非子・定法》：「法者，憲令著于官府，刑罰必於民心，賞存乎愼法，而罰加乎姦令者也。」傅玄亦以賞罰爲治國之體：「治國有二柄，一曰賞，二曰罰。賞者，政之大德；罰者，政之大威。」（〈治體〉），其理論的立足點，無非是從人性的現實層面上肯定賞與罰的必須性與重要性。傅玄認爲人性如水：

> 人之性如水焉，置之圓則圓，置之方則方，澄之渟而清，動之則流而濁。先王知中流之易擾亂，故隨而教之，謂其偏好者，故立一定之法。（《意林》）

傅玄以爲人性如水，故以水比喻人性，因而受之於外在環境的影響，環境良窳決定著人性善惡，因此，立善則需施以獎賞，以揚其善；禁非則需施以刑罰，以抑其惡，是故賞罰二柄乃治國之必然之道，韓非子言：「不恃賞罰而恃自善之民，明主弗貴也，何則？國法不可失，而所治非一人也。故有術之君，不隨適然之善，而行必然之道。」（〈顯學〉）。然而賞罰之用則貴在「信賞必罰」，因此，國君持法務必審愼，傅玄〈治體〉言道：

> 善賞者，賞一善而天下之善皆勸；善罰者，罰一惡而天下之惡皆懼者何？賞公而罰不貳也。有善，雖疏賤必賞；有惡雖貴近必誅，可不謂公而不貳乎！若賞一無功，則天下飾詐矣；罰一無罪，則天下懷疑矣。

賞罰雖是國君操持天下的二大利器，但賞罰是不能任情輕施的，正如韓非子所言的：「愛多者則法不立，威寡者則下侵上，是以刑罰不必，則禁令不行。」（《內儲說上》）；又「用賞過者則失民，用刑過者民不畏，有賞不足以勸，有刑不足以禁，則國雖大必危。」（〈飾邪〉），究其實，立賞的目的，在于勸進立善；設罰的目的，則在于禁非懲惡，若賞罰不公，貴賤親疏有別，實是紛擾了賞善罰惡的威德作用，失其效用，則失其統治力量，因此國君務需「明德愼賞，而不肯輕之；明德愼罰，而不宥忽之」（〈治體〉），使信賞必罰，無有偏私厚愛，雖親貴亦不避嫌，雖匹夫亦不遺，此間韓非子所言：「是故誠有功則疏賤必賞，誠有過則雖近愛必誅，近愛必誅，則疏賤者不怠，而近愛者不驕也。」（〈主道〉），所以一個有爲的治體，其法務必寬嚴相濟，賞罰並存，其〈至體〉言道：

> 夫威德者，相須而相濟者也，故獨任威刑而無德惠，則民不樂生；

> 獨任德惠而無威刑，則民不畏死。民不樂生，不可得而教也；民不
> 畏死，不可得而制也。有國立政，能使其民可教可制者，其唯威德
> 足以相濟者乎！

因此，國法能寬嚴互濟，賞罰並施，齊一不偏，有國立政者，才能使人民服
其威德，遵守法治，守分不怠。

（二）治民則需刑禮並濟

先刑後禮？先禮後刑？刑禮並濟？是爲曹魏一代以來往返論述的法律思
想與爲政主張。傅玄主以儒家的禮治主義而兼綜法家的嚴明賞罰之精神，提
出「刑禮並濟」、「威德相須」的主張，其〈法刑〉言：

> 立善防惡謂之禮，禁非立是謂之法。法者，所以正不法也，明書禁
> 令曰法，誅殺威罰曰刑。天地成歲也，先春而後秋；人君之治也，
> 先禮而後刑。

傅玄對於「先禮後刑」、「先刑後禮」的社會背景於作了辨析：「治世之民，從
善者多，上立德而下服其化，故先禮而後刑也；亂世之民從善者少，上不能
以德化之，故先刑而後禮也。」（〈法刑〉），由此可見，治世與亂世，善民與
惡民的界定，在於賢才佐政與國君之明德兼濟齊下，上位者若能以身作則，
則國法因此彰明，而後乃能率民服民，故：

> 治人之謂治；正己之謂正。人不能自治，故設法以一之；身不正，
> 雖有明法，即民或不從，故必正己以先之也。然則明法者，所以齊
> 眾也；正己者，所以率人也。（缺篇名《全晉文》卷 48）

上位者以身教，實是更甚於言教、法教，但由於人性善惡混雜，爲使庶事得
理，萬民得治，法教亦不可輕略，所以傅玄認爲治民則需施之禮樂教化，且
兼濟刑法以懲惡民之威，使兆民皆有所警惕，因而傅玄首先暢言禮樂教化的
作用，其〈禮樂〉篇言：

> 能以禮樂興天下者，其知大本之所立乎……大本有三，一曰君臣，
> 以立邦國；二曰父子，以定家室；三曰夫婦，以別內外。三本者立，
> 則天下正；三本不立，則天下不可得而正。

先王設置禮樂，其根本在于由近及遠的夫婦倫理，進而父子的親情理序，以
擴大推遠至君臣尊卑的政治秩序，三者安立，內外則能有別，長幼尊卑之序，
甫能建立。因此，以禮爲教，實是建國的根本，其重要性，有家有國者，實
不可輕鄙之；另就禮教的作用，無非是泯除貪榮重利的人性，使之回復於道

德理序上，故「先王知人有好善尙德之性，而又貪榮重利，故貴其所尙，而抑其所貪。貴其所尙，故禮讓興；抑其所貪，故廉恥存。」（〈戒言〉），由於人性善惡混雜，賢明之君則順此貪榮重利之性，使之成爲一股爲善的動力，不僅能轉惡爲善，亦且順應民心，傅玄〈戒言〉篇繼而言道：

> 夫榮利者，可抑不可絕也，故明爲顯名高位豐祿厚賞，使天下希而
> 慕之，不修行崇德，則不得此名，不居此位，不食此祿，不獲此賞，
> 此先王立教之大體也。

這一從社會經驗所提煉而出的論點：「榮利者，可抑不可絕」，確爲統治者的最高統治藝術，因爲傅玄深知「欲望」所具有的鞭策動力，舉凡經濟的發展、文化的進步與政治的安定等等，都需要「欲望」這股積極的動力運轉，才足以獲得成長與蓬勃；但歷來學者們對於「欲望」都視之爲罪惡的淵藪，因而「節欲」、「寡欲」、「去欲」等等的主張成了宣明教化的重點，在法家的治道裡，則以峻法規範之；儒家則以禮樂教化之，務使就禮成德，故傅玄〈法刑〉言道：

> 末儒見峻法之生叛，則去法而純仁；偏法見弱法之失政，則去仁而
> 法刑。此法所以世輕世重，而恆失其中也。

爲避免各執一端，致禮法偏廢，而走向純仁任刑的政治，傅玄舉史爲鑒，首先就法家之失，提出己見，〈禮樂〉篇分析道：

> 商君始殘禮樂，至乎始皇，遂滅其制，賊九族，破五教，獨任其威
> 刑，酷暴之政，內去禮義之教，外無列國之輔，日縱桀紂之淫樂，
> 君臣競留意於刑書。

由於商鞅純任威刑，致使民心離散，蓋「禮義者，先王之藩衛也。」（〈禮樂〉），去除了這道護政城牆，就是去除君民間的慈愛與仁德，因此，秦帝朝不過二世，旋即覆滅，而後世儒者亦深戒於秦亡之失，故大倡去刑主德的治民學說，亦不免矯枉過正，故傅玄〈問刑〉篇言曰：

> 漢太宗除肉刑，可謂仁乎？傅子曰：匹夫之仁也，非王天下之仁也。
> 夫王天下者，大有濟者也。非小不忍之謂也。先王之制，殺人者死，
> 故生者懼，傷人者殘其體，故終身懲，所刑者寡，而所濟者眾，故
> 天下稱仁焉。今不忍殘人之體，而忍殺之。既不類傷人刑輕，是失
> 其所以懲也。失其所以懲，則易傷人，人易相傷，亂之漸也，猶有
> 不忍之心，故曰匹夫之仁也。

傅玄從漢文帝廢除肉刑一事上，批判文帝「施行仁恩」的結果（參見第二章第四節），考之於史料，文帝廢除肉刑，以笞刑代之，然施行的結果，卻使死亡者更甚於前，不料「不忍殘人之體」的仁恩，反成了致命的刑法，故傅玄怒斥道：「今不忍殘人之體，而忍殺人」的漢文帝，實為「匹夫之仁」，因而對於用刑，傅玄在〈法刑〉篇中則認為：

> 周書曰小乃不可不殺，乃有大罪，非終乃惟眚災，然則心惡者，雖小必誅，意善過誤，雖大必赦，此先王所以立刑法之本也，禮法殊塗而同歸，賞刑遞用而相濟矣。是故聖帝明王，惟刑是恤。

先王用刑的目的，在于勸進人民改過遷善，因而對於誠心悔過、服罪輸情者，罪雖大，亦予以寬宥；但若存心為惡，縱使罪小，亦必加以誅戮，以懲罪惡。故用刑的原則必須「惟刑是恤」，實因刑法所操持的是天下人民的生與死，而生死乃人民之最大好惡，所謂：「民之所好莫大于生；所惡者莫大於死。」（〈治體〉），職是之故，執政者必須審慎裁量，持平以觀，切勿釋法任情，大亂風紀：「釋法任情，奸佞在下，多疑少決，譬執腐索以御奔馬」（〈釋法〉），若此釋法任情，則「法」失其所以為法之目的，蓋「法者，所以正不法」（〈法刑〉）。因此，刑法的設置與施用是必須而不可偏廢的；但若一味的專任刑名，百姓宛若籠鳥，久之必叛；唯有兼濟儒教，方能「通儒達道，政乃升平」（〈釋法〉）。一言以蔽之，「治民」務使「威德俱下」，何以言之？傅玄解釋道：

> 猶君之有威令也，故仁令之發，天下樂之；威令以發，天下畏之。樂之，故樂從其令；畏之，故不敢違其令。若寬令發而不樂，無以稱仁矣；威令發而不畏，無以言威矣。（《全晉文》卷49《傅子補遺上》）

因此，國君為維持社會秩序，使人民轉惡為善，因善勸善，絕對是不能偏持一家之言，亦不能矯枉過正，而需「威德俱存」、「刑禮並濟」、「寬嚴兩兼」，方能使人民樂從其令，亦不敢輕違法度；若是過度放縱或過度嚴厲皆非良策，致使人民無可樂亦無可威，則國政恐將顛墜，故為國者不可不慎與明辨之。

綜上所述，傅玄法律思想的形成，實從社會經驗這一角度立論，認為人性不是善惡兩分，而是善惡混雜，與其外在的社會環境、文化風氣等息息相關，且人之行善行惡，亦深受國君行事作為之熏染，因此，國君若為敗德之人，其民則貪暴，其世則為亂世；若國君為德行修美，其民則仁愛，其世則為治世。故國君務需正己修身，此為傅玄極力強調的，欲其一面推行教化，陶冶人民暴戾貪婪之氣；一面則申明國家律法，端正不法之人，使民不敢輕

蹈法網，鋌而走險。是故治民必是寬嚴兩兼，禮法並濟，德刑相需，才能眞正落實社會之安和。但如何落實此一法政而獲收實效？其直接辦法，就在于賞、罰二柄的施用，賞有功，罰有罪，務使信賞必罰，無分貴賤親疏，國君之威嚴與仁德的政風，才能完完全全烙印民心。民心悅服，國家綱紀則能根深蒂固；綱紀蒂固根深了，國家自能長治久安，處於不墜之地。但在何晏與王弼的政論中，不僅訶斥禮法，亦訶斥仁政，唯以「任自然」爲其執政守則，誠然，傅玄堅持禮法之治，以賞罰二柄以威德天下之論，除了繼續有魏以來名法思想的申張外，其抵制何、王學理的意向，不亦明乎？

五、整齊風俗在糾虛談浮華

　　終日虛談與浮華之風，並非源自於正始時期，而是始自漢末黨錮士人受到壓迫且遭殺害。鑑於黨錮士人之遭遇，士人們轉清議時政爲虛無的清談，以避禍保身，不再堅持儒志與士人之氣節，轉而「發言玄遠，口不臧否人物」，以交遊連黨爲務。此一風氣，進入曹魏之後，於武、明二帝遭到抑制，但於正始時期，蔚然成風，實因「何晏、王弼祖述玄宗，遞相夸尙，景附草靡。」（《顏氏家訓·勉學》），影響所及，因此，浮華相扇，儒雅日替，久之士風日下。傅玄則爲此一時期的衛道之士，因其歷經了玄學由興而盛的全部過程，目睹了太學虛浮相夸的學風，魏明安先生言浮華之士爲：

> 皆出自權門勢家，而且以目空一切的年輕人居多。這跟漢末廢太學與魏初興太學均有關係，廢了出現空白，師法傳授不成章法；興了出現浮華，趨勢游利很難根除。傅玄一生經歷了玄學由興而盛的全過程，呼吸著玄學的空氣，接觸著玄學名流，目睹其放形誇張的派頭，耳聞其噪喋不休的之爭議。〔註6〕

因此，傅玄對曹魏以來的士風，以一衛道者的立場發言評議，由其上疏晉武帝之文中，可知士風頹靡對社會政治所造成之影響遠大，因而加以猛烈的批判，本傳載道：

> 臣聞先王之臨天下也，明其大教，長其義節，道化隆於上，清議行於下，上下相奉，人懷義心。亡秦蕩滅先王之制，以法術相御，而義心亡矣。近者魏武好法術，而天下貴刑名；魏文慕通達，天下賤守節，其後綱維不攝，而虛無放誕之論，盈於朝野，使天下無復清議，而亡秦之病復發於今。

〔註6〕文見魏明安先生所著之《傅玄評傳》（南京大學出版，1996.3版，頁38）。

傅玄將士風頹靡的原因歸咎於曹操好刑名法術，[註7] 與曹丕寬仁玄默的爲政主張，前者以嚴刑峻法統御天下；後者則效法漢文帝寬簡之治以治理天下，因此，前朝後政，嚴寬兩極，可以想見士人從前朝過渡到後朝，其平日的拘謹一旦獲得鬆綁後的景象；加以曹操用人本不論忠孝仁義，唯才是舉的選舉辦法雖造就了帝業，而佐其帝業中，亦不乏才德兩兼之人，但總括言之，德行的式微已充分表現於太學中（參見第二章第二節）。太學子弟不僅不能尊儒貴學，更以交遊爲業，空論虛無，不務道本，此一士風從董昭上疏明帝之中得以證實：「竊見當今年少，不復以學問爲本，專更以交遊爲業；國士不以孝悌清修爲首，乃以趨勢游利爲先。合黨連群，互相褒歎，以毀訾爲罰戮，用黨譽爲爵賞，附己者則歎之盈言，不附者則爲作瑕釁。」（《本傳》），有感於此，傅玄力圖迴挽此一頹風，促使新政權誡慎於「亡秦之病」。然而，到底「亡秦之病」爲何？其言〈法刑〉、〈正心〉屢言：

> 秦齊之君，所以威制天下，而或不能自保其身，何也？法峻而教不設也。

> 始皇築長城之塞以爲固，禍機發於左右者，自失也。夫推心以及人，而四海蒙其佑，則文王其人也。不推心以虐用天下則左右不可保，亡秦是也。

亡秦史訓，於傅玄文中不殫其煩的屢次引用，其目的不外乎借諫當權者，勿蹈覆轍。總歸秦亡之失在于：「任情釋法」、「殘禮義去儒教」與「清議不行」，然魏武卻步上始皇之後塵，接以魏文祈慕通達的政風，士子便鬆懈怠惰於朝，不修禮義之教，唯清靜無爲是論。而揭示此貴無玄論者，正爲曹爽集團中心份子，如夏侯玄、何晏等，皆爲朝中影響甚鉅的名士，因此，藉由權勢及其聲名，玄談之風瀰漫於朝野，競相仿效。傅玄見此風氣對國政的危害，於〈戒言〉篇中便深戒道：

> 德者，難成而難見者也；言者，易撰而易樂者也。先王知言之易，而悅之者眾，故不尚焉；尊賢上德，舉善以教。而以一言之悅取人，則天下之棄德飾辯以要其上者，不少矣。何者，德難爲而言易飾也。

〔註7〕 後世顧炎武先生論及此段歷史，亦將風俗澆薄之罪咎之於曹操，其言：「孟德既有冀州，崇獎跅弛之士，觀其下令其三，至於求負污辱之名，見笑之行，不仁不孝，而有治國用兵之術者。於是權詐迭進，奸逆萌生。故董昭太和之疏，以謂當今年少，不復以學問爲本，專更以交遊爲業，國士不以孝悌清修爲首，乃趨勢求利爲先。至正始之際，而一二浮誕之徒，騁其智識，滅周孔之書，習老莊之教，風俗又爲之一變。」（《日知錄》卷13）。

傅氏此言，實是針對正始以來闊論虛無及放誕之行而發的，言顯易見的是黨錮人士清節之風，已不復見於當朝；而清議時政之力量已隨黨錮之禍而瓦解，儒者風範已被好辯之風遮掩。因此，士子們大暢玄言，高談虛論，其中不乏幽深的哲思；〔註8〕但虛無之論，實無益世道人心，且發諸言論亦可信口雌黃，任意改之，可見言論雖趨自由，但言論的責任承擔卻不夠，這都是孔聖再三訓示學子的教義：「古者言之不出，恥躬之不逮也。」、「君子欲訥於言而敏於行」（〈里仁〉）；「巧言亂德」、「君子不以言舉人，不以人廢言」（〈衛靈公〉）；「其言之不怍，則爲之也難」（〈憲問〉）……，故君子應謹言愼行，勇於實踐，對於尚未落實之事，則不予以談論；對於自己不明瞭的事理，亦不參與談論；進而亦不以言論來論斷是非，論斷人物，誠如傅玄所述：「德者，難成而難見者也；言者，易撰而易悅者也。」因此，論人物，應論其德去其言，而不應本末倒置，重言輕德，然而士風之所以如此好辯巧飾，能言不能行，而無心於政事，原因無他，唯當權者依言取人而已。是故，當權者若好德，則下修行；若是好言，則下飾辯，所謂上行下效，故在上位者實應尊德去言，唯有士風斐然，專心政務，才能建造一個有爲而積極的政府。

第二節　傅玄與反玄思想的萌發

一、從傅氏家族與曹爽集團關係說起

　　傅氏家族與曹爽集團之關係，源自於傅氏家族中的二位成員，一爲傅嘏；一爲傅玄。二人皆與曹爽集團中樞份子夏侯玄、何晏等人，處於敵對狀態，首先就傅嘏一事說起。據《三國志・傅嘏傳》注引《傅子》：

> 是時，何晏以才辨顯於貴戚之間，鄧颺好變通，合徒黨，驚聲名於閭閻，而夏侯玄以貴臣子，少有重名，爲之宗主，求交於嘏而不納也。

由於明帝死後，權交司馬懿與曹爽共相佐政，但司馬氏與曹爽各自形成兩大勢力，爭奪朝權。曹爽先發制人，排除異己，鳩合徒黨，其中夏侯玄與何晏、鄧颺等，實爲明帝時期所罷黜的浮華名士（參見第二章第二節），然至正始初，何晏曲合曹爽，且以其才能，爽則用爲散騎侍郎，遷侍中吏部尚書，然晏爲

〔註8〕魏明安《傅玄評傳》云：「正始清談卻是一班掌權的年輕士人利用輿論工具製造混亂，排除異己的手段，它固然顯示出思辨色彩，在思想上具有打破沈悶的經學束縛的進步意義，但在當時，玄學是鬥爭的武器，是曹爽一夥爲自己的既得權益鳴鑼開到的。」（南京大學出版，1996.3版，頁43）。

尚書，執掌選舉，凡宿與之有舊者，多被拔擢。〔註9〕故鄧颺、丁謐、畢軌、桓範這批人，則由廢錮擢升為政權機要份子。據《晉書·王衍傳》所載，何晏其人好論虛無，以要聲譽：「魏正始中，何晏王弼等祖述老莊，立論以為：『天地萬物皆以無為本。無也者，開物成務，無往不存者也。……』」，由於何、王等人發言玄遠，宗主老莊，以清靜無為為務，不重事功，傅嘏對此棄儒揚老的理論與政策，大為指嗤。故對於享有盛名且具權勢的夏侯玄，屈下求交於己，傅嘏反而譏諷道：

> 泰初志大其量，能合虛聲，而無實才。何平叔言遠而情近，好辨而無誠，所謂利口覆邦國之人也。鄧玄茂有為而無終，外要名利，內無關鍮，貴同惡異，多言而妒前；多言多釁，妒前無親。以吾觀此三人者，皆敗德也。(《三國志·傅嘏傳》注引《傅子》)

有關夏侯玄之氣量、風姿，皆為時人所讚揚，裴楷曾言：「肅肅如入廊廟中，不修敬而人自敬。」(《世說新語·賞譽》)；何晏亦讚之曰：「唯深也，故能通天下之志」(《三國志·曹爽傳》注引《魏氏春秋》)夏氏為一改曹魏弊政，故屢上疏省官簡事、敦樸風教、去奢入儉的政治主張，然傅嘏則認為夏氏不過是個空葫蘆，徒有虛聲嘠響，卻無實際作為。而何晏則恃其言才，聚眾清談，《世說新語·文學》注引《文章序錄》：「晏能清談，而當時權勢，天下談士，多宗尚之。」，晏且自以為是神妙莫測的人，故以「唯神，不疾而速，不行而至」〔註10〕譬況自己，是故，正始以後，談論者，莫不宗尚玄言。因而傅嘏此一評論，誠然反應著當時對才性的爭論與社會風尚，魏明安先生解釋道：

> 「言遠而情近，好辨而無誠」，「虛聲而無實才」，卻以「才辨」贏得「重名」，形成宗派，「利口」「多言」，情近名利，其實乃「敗德」之輩。這說明重才不重德，重「虛聲」不重「實才」，是一種時尚：「才辨」以成為獲取「聲名」的一種手段，而且出現了有組織的活動。論才性而生同異，因同異而有幫派。〔註11〕

史載傅嘏「好論才性」(本傳)，提出「才性同」的學說(參見第二章第一節)，而當時(明帝時期)朝中與傅嘏立場一致的尚有中書郎(掌選舉)盧毓，論才選才，皆重才德兼備，主事功與德行皆是考核品定人才的要項，而傅嘏亦

〔註 9〕 文見《三國志·曹爽傳》注引《魏略》。
〔註10〕 文見《三國志·曹爽傳》注引《魏氏春秋》。
〔註11〕 文見魏明安先生所著之《傅玄評傳》(南京大學出版，1996.3 版，頁 124～125)。

深感於：「儒生學士，咸欲錯綜以三代之體，禮弘致遠，不應時務，事與制違，名實未附，故歷代而不至於治者。」（本傳）；然時事遷變，未久，曹爽秉政，將樹其黨，以晏代毓職，而傅嘏向來對何晏之人品、才能，詰難不已，認為所用非實才，然而無獨有偶，管輅亦評判何晏道：

> 其才若盆盎之水，所見者清；所不見者濁。神在廣博，志不務學，弗能成才。欲以盆盎之水，求一山之形，形不可得，則知由此惑。
> 故說老莊則巧而多華，說易生義則美而多偽，華則道浮，偽則神虛。
> 得上才則淺而流絕，得中才則游精而獨出。輅以為少功之才也。（《三國志・管輅傳》注引《輅別傳》）

管輅以盆盎之水比況何晏之品德為外清內濁、裡外不一；不僅如此，何晏反不能砥礪己身，敦善務學，唯虛論有無，華美而不實，故歸言之為「少功之才」。傅嘏亦論斷曰：「言遠而情近，好辨而無誠，所謂利口覆邦之人」，故當晏走馬上任之時，傅嘏私語曹羲曰：「何平叔外靜而內銛巧，好利，不念務本。吾恐必先惑子兄弟，仁人將遠，而朝政廢矣。」（本傳）此言一出，嘏、晏敵對情勢因之愈是顯發高張。事後，何晏則假以微事罷黜了嘏之仕路，傅嘏亦自此退居官場，待至司馬懿掌權後，才重新獲得拔擢，晉升為向書僕射，執掌選舉。

　　傅玄與傅嘏亦如出一轍，皆與曹爽集團種下政治上的嫌隙，且與何晏、鄧颺二人恩怨最深。究其原因，魏明安先生作了三點歸納：

> 其一是傅玄「性剛勁亮直，不能容人之短」，出言冒犯了這幫新貴。
> 其二傅嘏已遭免官，「何晏等欲害」他，「（荀）顗營救得免」，這對
> 傅玄會發生相應的影響。其三傅玄站到了司馬懿一邊的選擇。〔註12〕

關於魏先生的三點歸納，確實是道出傅玄與何晏等的仇怨情結，但就筆者尋繹所得，且考證於《傅子》一書言論，實有助於我們為這一情結解套。史載傅玄年少時即入太學修業，直至景初年間，起家著作郎，與東海繆施，共撰《魏書》（見本傳），位在八品之職，任職十年之久，未有升遷。此事有何影響？實需將時空推至咸寧四年（278）六月，傅玄因位次尊卑問題而大罵諸卿一事說起：

> 獻皇后崩於弘訓宮，設喪位。舊制，司隸于端門外坐，在諸卿上，絕席。其入殿按本品秩在諸卿下，以次坐，不絕席。而謁者以弘訓宮為殿內，制玄位在卿下。玄恚怒，屬聲色而責謁者。謁者妄稱尚

> 書所處，玄對百僚而罵尚書以下。御史中丞庾純奏玄不敬，玄又自
> 表不以實，坐免官。（本傳）

按司隸校尉與諸卿同列三品，只是管轄的範圍有別，因此，因廷內廷外而有
位次的差別。〔註 13〕此事傳遞著一項重大訊息：傅玄深以品位的崇庳為意。
是故，不顧後果於羊皇后的靈堂上大罵諸官，事後亦恐遭免官，又上表避重
就輕，為自己洗冤，然終以「不敬」之罪免官，但「尋卒於家」（本傳）。因
此，傅玄極力想一展長才，掙得高官厚祿，但曹魏時期始終未有嶄露頭角的
機會，而這積累十餘年不遇的情結，便處處流洩於其著作中，例如〈舉賢〉
一篇，則是針對魏明帝而發的文章（見本章第一節），因明帝曾有「世無良才」
感嘆之言，這對於一個自認博學通聞，自小受儒術薰陶的傅玄而言，良才就
近在咫尺，但長久以來，卻未見擢用。是故，深以明帝之言為荒謬與無誠，
因為明帝若真有求賢之心，實該「舉清遠有禮之臣」並「尊賢重德」而去「佞
才」與「空言之士」（參見本論第三章第一節）。然當曹爽秉政，向來為傅玄
所詰難的佞才與空言之士，則躍居政壇，執掌樞機要，因此，傅玄仕路更加
坎坷了，據《晉書・列女傳・杜有道妻嚴氏傳》載：

> 時（傅）玄與何晏、鄧颺不穆，晏等每欲害之，時人莫肯共婚。及
> 獻（杜有道）許（傅）玄，內外以為憂懼。或曰：何、鄧執權，必
> 為玄害，亦由排山壓卵，以湯沃雪耳，奈何與之為親？獻曰：爾知
> 其一，不知其他。晏等驕侈，必當自敗，司馬太傅獸睡耳，吾恐卵
> 破雪銷，行自有在。遂與玄為婚。

傅玄仕路，至此更遭到前所未有的危機，因為何晏執掌選舉，官員的升降黜
陟皆操之於這幫新貴的手上，故時人極力與之劃清界限，然杜氏妻識見非凡，
一語道破隱微，果不其然，於正始十年（249）獸睡成了猛獸，一舉奪下皇權
並誅盡曹爽一黨，而傅玄至此受到司馬氏的擢升晉用；而這場政變，不僅解
除了自己的危機，亦為自己的仕路奠基紮根，是故，傅玄的恩怨情結實源自
於曹魏政權的不識才，其不遇的感傷積累了十餘年，終在司馬集團竄起後，
獲得拔擢，此知遇之恩，是更甚於君臣之義的。因此，當其見入晉後的士風
每況愈下，有甚於曹魏時期，晉室的豪奢與明帝相較，亦有過而無不及，卻
也未見傅玄直言勸諫，以至未有諷諭時政等文傳世，反汲汲於官位的追求，
為官亦無卓越治績，則其人格實有憾焉。

〔註13〕詳文見魏明安先生所著之《傅玄評傳》（南京大學出版，1996.3 版，頁 62～63）。

二、從「魏文慕通達」揭示「賤守節」義

　　《傅子》一書實爲一本政治取向分明，且以前朝（曹魏）施政作爲反思與借鑒的政論文籍，因此，傅玄對曹魏三祖實多評判，時以秦始皇的嚴刑峻罰比擬魏武帝的法術治國；以漢文帝廢除肉刑的匹夫之仁比況魏文帝的玄默通達；以秦始皇的奢華浮侈譬魏明帝大興宮室罔顧民命的私欲；繼而曹爽秉政後，何晏、鄧颺等人，以至於竹林七賢，行徑輕薄、牴牾禮法，縱酒服藥，引爲風尚，傅玄對此亦多指斥，致使仕途屯蹇，命懸刀俎，故而與曹魏政權積怨日深，而將此士風頹靡歸咎於魏文帝，其言：「魏文慕通達，天下賤守節」（〈本傳〉）。此事糾結與發展爲何？筆者稍予敘述之。

（一）文帝寬玄政風的影響

　　傅玄評斷曹魏政治，歸結出二句警語：「魏武好法術，而天下貴刑名；魏文慕通達，而天下賤守節。」（《本傳》）。其中「魏文慕通達，天下賤守節」此一評斷，是否涉及著主觀情緒，而欠公正呢？在此，實有辯證的必要。據《三國志・文帝紀》注引《魏書》所載：

> 帝初在東宮，疫癘大起，時人彫傷，帝深感歎，與素所敬者，大理
> 王朗書曰：生有七尺之形，死唯一棺之上，唯立德揚名，可以不朽，
> 其次莫如著篇籍。

透過此則記載，可知文帝有感於生命之短促，然死有輕於鴻毛，重於泰山者，故深以爲創造生命的不朽，在于「立德揚名」與「著述篇籍」。故當文帝登基後，則以「立德揚名」與「著述篇籍」爲其職志，因此，在政治上，文帝並未遵循魏武的執政方針，一改法術之治爲寬玄之政，並取法漢孝文帝寬仁玄默的黃老之治，據《三國志・文帝紀》注引《魏書》可知：

> （魏文）常嘉漢文帝之爲君，寬仁玄默，務欲以德化民，具有賢聖
> 之風。……帝由是著〈太宗論〉曰：昔有苗不賓，重華武以干戚；
> 尉佗稱帝，孝文輔以恩德；吳王不朝，錫之几杖輔其意，而天下賴
> 安；乃弘三章之教，愷悌之化，欲使曩時累息之民，得闊步高談，
> 無畏懼之心。

魏文認爲漢文帝是個寬仁玄默，且能以德化民，具有賢聖之風的君主，更著〈太宗論〉表揚其德行與器量，辯駁了諸儒之說。〔註14〕因此，魏文帝於內

〔註14〕據《三國志・文帝紀》所載：「時文學諸儒，或以爲孝文雖賢，其於聰明，通達國體，不如賈誼。」曹丕爲此事而寫作了〈太宗論〉，爲漢文辯駁，且頌揚其德。詳論則參見本傳。

政上，則採取「寬簡」之策，與民休養生息，由其即位後所下詔的法令，可獲得證明；〔註15〕而於外交攻防上，則採「偃兵修文」之政，如其〈丙午詔書〉的下達，又復頒〈太宗論〉以示孫權（參見文帝紀）等事看來，魏文帝於政治上，確實能使在下的百姓獲得休養生息，對於戰後家園的重整，十分有益。因此，陳壽評之曰：

> 若加之曠大之度，勵之以公平之誠，邁志存道，克廣德心，則古之賢者，何遠之有哉！（《三國志‧文帝紀》）

陳壽此評實是褒貶兼具。一方面稱道魏文得以體恤民艱，故稱「克廣德心，則古之賢，何遠之有哉！」；一方面卻道出魏文器量稍狹，故需「加之曠大之度，勵以公平之誠」，方得以邁志存道。正因為魏文氣量稍欠宏大，故在個人的修為上，亦多任情隨性，不護細行，且挾忿抱怨之事於史有之。〔註16〕此就文帝隨性任情，不護細行一事論之。此由建安二十五年（即元康元年）七月：「甲午，軍次於譙，文帝大饗六軍及譙之父老百姓」一事說起，《三國志‧文帝紀》注引孫盛之語曰：

> 昔者先王之以孝治天下，內節天性，外施四海，存盡其敬，亡極其哀，思慕諒闇，寄放冢宰，故曰：三年之喪，自天子達於庶人。……
> 是故喪禮素冠，鄹人著庶見之譏，宰予降期，仲尼發不仁之歎，子頹忘戚，君子以為樂禍，魯侯易服，春秋知其不終，豈不墜至痛之誠心，喪哀樂之大節者哉！

延康元年時，由於諸將征戰之故，士卒死亡者或未收斂，屍骨仍棄於原野，然文帝卻因此役迫使孫權和議，與蜀將投降而自喜，竟大饗六軍及譙之父老百姓，因而孫盛對文帝此舉頗有微詞，且認為文帝未置喪禮，以慰亡者之靈，反而縱樂歡慶，實是不仁，蓋喪其節度，使得人道之紀，一旦而廢，風頹百代，而變易古道，則始於漢孝文帝，故孫盛繼而言道：

> 逮於漢文，變易古制，人道之紀，一旦而廢，縗素奪於至尊，四海散其過密，義戚關於群后，大化墜於君親，雖心貶約，慮在經綸至於樹德垂聲，崇化變俗，固以道薄於當年，風頹於百代矣……，魏王既追漢制，替其大禮，處莫重之哀而設饗宴之樂，居貽厥之始而墜王化之基，及至受禪，顯納二女，忘其至恤以誣先聖之典，天心

〔註15〕由其〈禁復讎詔〉、〈輕關稅〉、〈輕刑詔〉等詔文可獲一證明。
〔註16〕關於魏文帝挾忿抱怨之事可參見景蜀慧先生所著之《魏晉詩人與政治》。（文津出版，1991.11版，頁39～53）。

喪矣，將何以終！是以知王齡之不遐，卜世之期促也。（同上）
魏承漢制，然周文之制，逮及漢文則輕省改易，重親守孝之儀已無嚴明定制，
而有魏一朝則更替禮制，崇法尚道，廢置典禮，故孫盛不禁臨事嗟歎：「處莫
重之哀而設饗宴之樂」實是「墜先王之基」「誣先聖之典」「天心喪矣」。由上
可知，魏文所取法的漢孝文帝，其輕改禮度與約省律法二事，同遭魏晉儒生
傅玄與孫盛之評議與非難。另於《三國志・吳質傳》注引《質別傳》載錄了
一則違禮任情之舉：

> 帝嘗詔質與曹休歡會，命郭后出見質等。帝曰：卿仰諦視之。其至
> 親如此。

依禮女子是不可出外見賓客的，宮中后妃亦如是，然文帝卻使郭后與朝中諸
卿，共相晏樂。這一作法，有違禮制，其後兩晉婦女不受道德規範，公然露
面、聚眾品論男子；甚者，兩性親密關係表現不諱於眾人之前等社會風氣，
有其直承關係（詳參第四章第四節）；另一史證，鄴下的「西園晏遊」亦造成
士人放達不羈、晏遊享樂、吟詩斗酒，促使兩晉文人集會之風的興起與仿效，
這確實很難推卸曹氏兄弟所引領而出文人性格與情調——通脫。〔註17〕因
此，傅玄評議「魏文慕通達，而天下賤守節」，實非空穴來風，亦非誣損之語。

（二）何、鄧行事貪鄙與任情的影響

　　何晏為正始玄學的創導者，以老子清靜無為的思想為其政治綱領，其稱：
「天地萬物皆以無為本，無也者，開物成務，無往而不存者也。陰陽恃以化
生；萬物恃以成形；賢者恃以成德；不肖者恃以免身。故無之為用，無爵而
貴矣。」（《晉書・王衍傳》），這段話看似哲思深微，但就運用於封建政治體
制的秩序重建上，不免有幾分愚民的意味，主要以此勸導在上的賢者能以「無」
為成德的守則與唯一的修養道路，亦勸導在下的子民應憑藉這一「無」的信
仰，免除禍害，因為爵祿乃人人之欲望所在，愈是人人追求，則愈是為自己
招來殺身之禍，所謂：

> 夫安身莫若不競，修己莫若自保。守道則福至，求祿則辱來。居養
> 賢之世不能貞其所履，以全其德，而舍靈龜之明兆，羨我朵頤而躁
> 求，離其致養之至道，闚我寵祿而競進，凶莫甚焉。（王弼《周易・
> 頤卦注》）

〔註17〕詳文參見羅宗強先生所著之《玄學與魏晉士人的心態》（文史哲出版，1992.11
　　　版，頁49～55）。

故需「上守其尊，下安其卑，自然之質，各定其分，短者不爲不足，長者不
爲有餘。」(《周易・損卦注》)，以此一理論，服務於曹爽政權，因此對這幫
新貴而言，這「以無爲爲本」的守則，其恃以成德或恃以免身的話，只是對
外人說的，其言行不一，已成當時士人指斥之標的。首先就這幫政權專政後，
瓜分桑田一事看起，據《三國志・曹爽傳》載：

> 晏等專政，共分割洛陽，野王典農部桑，田數百傾，及壞湯沐地以
>
> 爲產業，承勢竊取官物，因緣求欲州郡，有司望風，莫敢忤旨。

瓜分桑田一事，於史確爲實證，當然並非僅止何晏等人如此貪婪竊取，史冊
另載山濤、王睦、劉友等竊佔官田，爲李憙所糾：「故立進令劉友、前尚書山
濤、中山王睦、故尚書僕射武陔，各佔官田三更稻田，請免濤、睦等官。陔
已亡，請貶諡。」(《晉書・李憙傳》)，由此可見，士人對於產業的爭奪，對
錢財的撈取，縱使如山濤之屬竹林名士，依然利慾薰心，實已遠遠的拋棄了
士行，純任貪婪之性。其次就何晏、鄧颺等人的行爲作一剖析，據《三國志・
方技傳・管輅傳》載：〔註18〕

> 夫鄧(颺)之行步，則筋不束骨，脈不制肉，起立傾倚，若無手足，
>
> 謂之鬼躁。何(晏)之視候，則魂不守宅，血不華色，精爽煙浮，
>
> 容若槁木，謂之鬼幽。故鬼躁者，爲風所收；鬼幽者，爲火所燒，
>
> 自然之符，不可以蔽。

管輅爲一方技之士，故以命相之術來審斷鄧颺與何晏二人的命運，且謂之爲
「鬼躁」、「鬼幽」，然而何、鄧，有何異於常人之處，致使他們一行一步皆
有如鬼魂之面白輕飄，骨肉游離的現象呢？從《世說新語・言語》可知：「何
平叔云：服五石散，非唯治病，亦覺神明開朗。」，由於何晏自小身體欠佳，
故以五石散治病，但這種藥物實爲毒藥，卻也沒想到五石散的藥散發之後，
使得服用者的精神更加開朗，身體也飄飄然。是故，此藥經過何晏的親身體
驗後，大爲流行，而五石散已非治病之藥，反成爲士林附庸風雅的娛樂聖品；
〔註19〕故《世說新語・言語》劉孝標注引《秦丞相寒石散論》曰：

〔註18〕《晉書・五行志上》亦載：「魏尚書鄧颺行步弛縱，筋不束體，坐起傾倚，若
無手足，此貌之不恭也。管輅謂之鬼躁。鬼躁者，凶終之徵，後卒誅也。」。

〔註19〕魯迅先生〈魏晉風度及文章與藥及酒之關係〉言：從書上看起來，這種藥是
很好的，人吃了能轉弱爲強，因此之故，何晏有錢，他吃起來了；大家也跟
著吃。那時五石散的流毒就同清末鴉片的流毒差不多，看吃藥與否以分闊氣
與否的。(《魏晉思想》里仁書局，1995.8，頁7)。

> 寒石散（五石散）之方，雖出漢代而用之者寡，靡有傳焉。魏尚書
> 何晏首獲神效，由是大行於世，服者相尋也。

這不禁令人憂心，這些人民的父母官吸食了寒石散後，將如何治理民事？又將如何達至一個有爲的政府呢？也正因爲何晏吃藥吃上了癮，成爲魏晉服藥的宗師；[註20] 外加政治上提倡「貴無」學說，平日亦喜聚眾清談，以此引爲高致，所以，這就更加速漢末以來士風的萎靡。然而何晏身居高官，卻不能以身作則，反而以清談爲高致，以吃藥爲飄逸，確實惹來像傅玄這剛毅儒生的詰難，據《晉書・五行志》所載：

> 尚書何晏好服婦人之服，傅玄曰：「此妖服也。夫衣裳之制，所以定
> 上下殊內外也。」……若內外不殊，王制失敘，服妖既作，身隨之
> 亡。末嬉冠男子之冠，桀亡天下；何晏服婦人之服，以亡其家，其
> 答均也。

另據《三國志・曹爽傳》注引《魏略》載：「晏性自喜，動靜粉白不去手，行步顧影。」，故綜上可知，何晏體質弱、天生面白，且喜傅粉，[註21] 好服婦人之服，且行步顧影，確有幾分女人的傾向，頗具自戀性格，此一人格特徵實爲特殊，可說具有「性美的戾換現象」（Sexo-aesthetic inversion），[註22] 此一性美的戾換現象，據藹理士先生《性心理學》中所述，則爲：

> 性美戾換的人也是男女都有，但在服飾上，在一般興趣上，在動作
> 時的姿態與方式上，在情緒的趨捨上，男的多少自以爲是女的，而
> 女的自以爲是男的。

因此，像何晏這樣的行爲舉止，其於心理上，確實是具有此一性美的戾換現象，而具有此一現象的人，通常都抱著一種極端的審美的旨趣，想模仿所愛的對象，以至於想和所愛慕的對象混爲一體。此一現象的形式，與其不正常的童年生活，以至加上母親的溺愛，或母親本人在心理上或許也不太正常的因素有關，而引發此一「性美的戾換現象」的發生。[註23] 然有關何晏母親

[註20] 魯迅先生〈魏晉風度及文章與藥及酒之關係〉言：「何晏有兩件事我們是知道的。第一，他喜歡空談，是空談的祖師；第二，他喜歡喫藥，是喫藥的祖師。」（同上註）。

[註21] 余嘉錫《世說新語箋疏》〈容止〉考證何晏之粉白不去手，實乃漢末貴公子之習氣，而非獨何晏如此新穎怪異。（詳文參見華正書局，1993.10，頁608）。

[註22] 此一現象，一稱之爲：「哀鴻現象」（eonism），又稱之爲「服飾的逆轉現象」（transvestism）。

[註23] 文見藹理士先生所著的《性心理學》（潘光旦譯，三聯書店，1988.11 版，頁

與其生平，於史可稽，據《三國志・曹爽傳》注引《魏略》所載：

> 太祖（曹操）爲司空時，納晏母並收養晏，……晏無所顧憚，服飾擬於太子，故文帝特憎之，每不呼其姓字，常謂之爲「假子」。晏尚主，又好色。

由於何晏之母，爲曹操所納之妾，且操非其生父；雖是如此，魏武對晏實是寵愛有加，其平日衣服亦擬太子服飾，故自小即遭到曹丕的白眼，稱之爲「假子」。綜上二點情形，何晏具有此一「性美的戾換現象」是可資參酌與推敲的。因此，傅玄實在難耐一個堂堂男子，高居尚書之職，竟如此大類女郎，輕裘緩帶，故憤而怒曰：「此妖服也。」，且義正辭嚴的訓斥道：「夫衣裳之制，所以定上下殊內外也。」，此爲封建體制下，以衣服器物之用以別上下尊卑內外的禮序，故一人賤禮亂序，則使千萬人仿效之，是故，爲維持體制的健全與運作，衣裳之制，顯得格外重要。然對衣服如此輕詆疏略，並非何晏一人而已，魏明帝喜好「著繡帽，被縹綾半褒」（參見第二章第五節），亦遭大臣楊阜嚴詞指正；然推究服制的破壞，其因或出在寒石散這一藥物的作用上。

由於服了寒石散後需冷食、喝熱酒、以冷水澆身，且因藥效散發之後，灼燙的皮膚容易磨破，因此，衣服得穿少，才不至於磨破皮膚。正由於五石散散發之影響，不僅破壞了「衣裳之制」，流衍所及，更加破壞了「服喪之制」，造成「居喪無禮」的風氣。就《孝經》所言，子之喪親則應：「哭不偯，禮無容言不文，服美不安，聞樂不樂，食旨不甘，此哀戚之情也。」，因此，子女爲父母親守喪期間，於有形的物資上，一切都必須從儉，心情亦需倍感哀戚，由這心生之情以感念父母多年之劬勞，但這樣的「情禮兼得」的服喪之制，魏末的阮籍實踐得最爲徹底，〔註24〕據《晉書・何曾傳》所載：

> 時步兵校尉阮籍負才放蕩，居禮無喪。曾面質籍於文帝座曰：「卿縱情背禮，敗俗之人，今忠賢執政，綜合名實，若卿之曹，不可長也。」因言於帝曰：「公方以孝治天下，而聽阮籍以重哀飲酒食肉於公座。宜擯四裔，無令無染華夏。」帝曰：「此子羸病若此，君不能爲無忍邪？」

310～311）。

〔註24〕關於服喪之制，首先由東漢末年的戴良破壞，據《後漢書・戴良傳》載：「禮所以制情佚也，情苟不佚，何禮之論。夫食旨不甘，故致有毀容之實，若味不存口，食之可也。」，而於魏晉之際的阮籍則更是徹底的實踐之。

何曾的指責並非過甚；阮籍之至情至性的孝心，亦能克盡孝經之旨，此等於史有證。然而居喪飲酒食肉的風氣，實是「悖禮任情」的作法。不明究理的士民，依相仿效，社會風氣自是更加放縱與頹蕩了；畢竟阮籍胸中之塊壘，並非士子所得感受。故就其「居喪無禮」一事論之，實落人口實，车宗三先生於《才性與玄理》中說道：「夫自東漢末年，……名士之藉矜亢以顯虛妄之真，其來久矣。殊不知其皆僞也。本屬性情之事，而卻轉移之藉以顯世俗之惡濁，成一客觀禮俗問題之激盪，社會人品分野之鬥爭。主觀性情之事，轉化而爲客觀之憤世嫉俗，則一切皆僞，遂使風俗益壞，而人心一發不可收拾。降至魏晉之際，此情尤顯，阮籍其代表者也。至於後來所謂八伯、八達，則直怪不成怪，奇不成奇，直是放縱恣肆胡鬧之妖孽耳。」〔註25〕车先生以一「胡鬧之妖孽」論八伯〔註26〕與八達之行徑，而將此風歸咎於阮籍，實斥之以嚴詞，當然八達等人放縱恣肆之情形，東晉葛洪與干寶亦多非議之（參見第四章第四節）。

　　由上述情形看來，傅玄深疾於何晏等人，其原因不僅在于政黨上的恩怨情結；亦對何晏等人貪鄙的行徑與其所引發而出的服藥、清談風尚，大爲痛惡，故傅玄可謂兩晉「反玄思想」的先河。傅氏雖在學理的批判上，其成就有限；但就指斥何晏等人之行爲，及其影響政治、社會之不良風氣的言論，則是鮮明而有力的。

三、從「聖人設教」反制何王「名教出於自然」說

　　傅玄認爲「聖人設教」之由，導源於「人性」，可惜的是，有關這方面的探討，在《傅子》書中份量是很簡略的，以「水」比喻人之「性」，其言：

> 人之性如水焉，置之圓則圓，置之方則方；澄之則渟而清，動之則
> 流而濁。（《全晉文》卷49《傅子補遺上》）

在這樣簡易的文句裡，仍可知傅玄的二項論點：一爲人性是善惡相混雜；一爲人性乃受環境之影響。因此，「先王知中流之易擾亂，故隨而教之，謂其偏好者，故立一定之法。」（《全晉文》卷49《傅子補遺上》），也由於此一觀點，傅玄於治民的政策上，則主張以禮教之，以扶其善；以法威之，以抑其惡。故對於一個人之才能品格的形成，後天環境的影響實爲決定之關鍵，因爲除了先天遺傳的決定因素外，亦被後天環境（民族文化、教育學習、社會體

〔註25〕文見车宗三先生所著之《才性與玄理》（台灣學生書局，1993.2，頁290）。
〔註26〕見《晉書・羊曼傳》。

制……）所影響，所以，人乃是綜合各項影響而成的有機組織，非永遠不變的無機物體，故曰：「置之圓則圓，置之方則方」。透過今日心理學上對人格的辯證與定義，傅氏此一觀點，於理可證：

> （人格乃）個體在其生活歷程中，對人、對己、對事物適應時，所顯示的獨特個性。此一獨特個性，係由個體在其遺傳、環境、成熟、學習等因素交互作用下，表顯於身心各方面的特質所組成，並具有相當的統整性與持久性。〔註27〕

因此，對於素有恩怨的曹爽集團，傅玄此論，實具反制意味，而王弼則認爲封建體制的建立乃源自於「自然」（樸），其言曰：

> 始制，謂樸散始爲長官之時也。始制官長，不可以不立名分，以定尊卑，故始制有名也。（《老子》32 章注）

> 樸，眞也。眞散則百行出，殊類生，若器也。（《老子》28 章注）

爲解決封建體制的問題，王弼謂曰：「樸散始爲官長」，也就是說人的秉賦質性與社會等級秩序，始自母親懷胎時，既已被決定了。這樣的理論建立，後由西晉的郭象予以鞏固化與合理化，故而，深深影響著魏晉譜諜、門閥觀念的落實。因此，「人生而不平等」已不再是疑問，而是事實。然而人之不平等，從何而來？爲何王弼必須大費周章的借用經典進行解釋與尋找合理的根源呢？此由盧梭（Jean-Jacques Rousseau）論《人類不平等的起源和基礎》（A DISCOURSE ON INEQUALITY）中可獲得論證：

> 如果我們用一種冷靜的、客觀的眼光來看人類社會的話，它首先顯示出來的似乎只是強者的暴力和弱者的受壓迫；於是我們的心靈對某一部份人的冷酷無情憤懣不平，而對另一部份人的愚昧無知則不免表示惋惜。並且，因爲在人類社會上，再也沒有比別人被人稱強弱貧富的那些外部關係更不穩定了，這些關係往往是由於機緣，而不是由於智慧產生的，所以人類的各種制度驟然一看，好像是奠基在流動的沙灘上的一種建築物。〔註28〕

由於政權的獲得實取決於「機緣」與「強者的暴力」，並非由於「智慧」產生的，因此，盧梭站在一個智者所具有的冷靜與客觀立場上，洞悉了這一切政

〔註27〕文見郭靜晃先生等著之《心理學》。（揚智文化事業，1994.9 版，頁 338）。

〔註28〕文見讓‧雅克‧盧梭（Jean-Jacques Rousseau）著，李常山譯之《論人類不平等的起源和基礎》（A DISCOURSE ON INEQUALITY）（唐山出版，1986.10，頁 48）。

治的假象，因而認爲人類依憑著強者的暴力所建立的各種制度，也都只是短暫的，好像是奠基於流動沙灘的建築物，只要另一強權蓄勢興起，舊有的強權則隨之覆滅。然古今中外的智者所見略同，於《莊子‧秋水》曾言道：

> 昔者堯舜讓而帝，之噲讓而絕；湯武爭而王，白公爭而滅。由此觀之，爭讓之禮，堯桀之行，貴賤有時，未可以爲常也。

在此，莊子亦打破了所謂「堯舜禪讓」與「湯武革命」的迷思，認爲不過是「時機」恰巧，且「順應」著民心所致，以成就其美名而已，而非其有「賢」「暴」之別。王弼深知此一政治的迷思與權術，故而藉由自然法則的先天決定，替人類社會階級、貧富等的不平等現象，尋求合理的論證，此一用心，盧梭於其〈獻給日內瓦共和國〉一文中，亦針對當權者「所運用的智慧」，發言評論之：

> 我既然幸運地生長在你們中間，怎麼會只想到自然所賦予人們的平等和人們自己造成的不平等，而不想到有這樣一種最高的智慧呢？這種智慧，可以把一個國家裡的平等和不平等，以最接近自然法則，並最有利於社會的方式加以適當的調和，從而既能維護公共秩序，又能保障個人幸福。〔註29〕

王弼「援道入儒」，證明「名教出於自然」之說，以重建社會秩序，使之回復於上下相安，尊卑有等的禮制，這樣爭亂便不會再度發生，人民的安全與幸福則能獲得永久保障，因此，這種「以最接近自然法則，並最有利於社會的方式加以適當的調和，從而既能維護公共秩序，又能保障個人幸福。」的哲思，確實是王弼的智慧所在；但傅玄則反對這種「運用智慧」，巧妙的消融存在於人類社會間的不平等現象，反而落實於實有的現象界，體證人類間的尊卑上下等級的維護，是仰賴於執政者的明德教化，以誠信對待所有的臣民，使百工以勸，賢才歸集，透過此後天的陶養正身，使德化普博，才能使失序的體制回復其和諧之序。傅玄此論雖不顯著，但卻也開啓了兩晉反玄論者：裴頠、孫盛等針對「聖人設教」所提出的建設性言論。

四、從國君「有爲」說反制何王「無爲」說

　　由於是曹爽、司馬氏兩大政權的爭奪戰，故針對何王所大力提倡的「無爲」政綱，傅玄則反以「有爲」論說。認爲國君乃一國之主，其一舉一動皆

〔註29〕同上註。（頁27）。

影響著臣民之行為，因而政風如何？社會則隨其趨向而受其侵染，正因如此，傅玄對於國君自身之修為，尤其注重，故屢以夏禹、黃帝、周公等，愛民恤民、勤於政事的國君為砥礪的對象，冀盼新朝君主加以效法。審其《傅子》一書之〈安民〉、〈正心〉、〈檢商賈〉、〈校工〉、〈貴教〉……等，言之懇切（見本章第一節）。

然何、王於政論上，首先對魏武之申以商韓法術提出改革方案，主張去刑不威，純任自然；亦對魏文之謙和的仁政表示不贊同，實因：「以謙致物，則物不附」，故國君治民必須採取「去禮去法」，唯「任自然」以成政。承續這一治民之方，何、王更提出「以無為為君，不言為教」（《老子》23 章注）的執政之術，此「君主垂拱，而天下治」之論，傅玄則頗不以為然，故起而糾之。

（一）何、王詆斥禮法的主張

何、王學說是為曹爽政權給予合理化的政論，且為崩潰了的封建體制重建倫理秩序的理論工具，因此提出一套為政主張以利政權的維護，而其中對魏武與魏文二帝的法政措施進行反省，且提出去威去刑，一切都遵循於清靜正本之原則，在王弼《老子‧72 章注》中言：

> 離其清靜，行其躁欲，棄其謙後，任其威權，則物擾而民僻，威不能復制民，民不能堪其威，則上下潰矣！天誅將至，故曰：民不畏威則大威至。

這段言論無疑是對曹操法術之統政方式的檢討，認為強權必敗，因為人民久處於高張的法網之下，容易輕生，愈是容易輕生則益加以身試法，法令也就失去應有的嚇阻與懲戒的作用，國家秩序亦將因此崩潰瓦解，故曰：「民不畏威，則大威至」，蓋物極則必反，因之，王弼更強調道：

> 忿物不附，而用其壯猛，行其威刑，異方愈乖，遐邇愈叛，刑之欲以得，乃益所以失也。（《周易‧困卦注》）

治術實應懂得權變，若只知以高壓政策，強制範限，不僅遠方之民背離，近親者亦叛，因此愈是求取，愈是失去；因此，何、王則主謙和清靜之政，故曰：「不能以謙致物，物則不附。」（王弼《周易‧困卦注》），所以說統治之術絕不可剛強以治，純任威刑，而應「去刑」、「去威」，唯有「無為之治」才是御民之道。

（二）垂拱無為，而天下治

　　由於漢末以來，天下疲弊，三國仍處於分裂局面，而在正始時期，中央政權亦處於高度的緊張狀況之下，因此，王弼這一派提出「以無為本」的政論，希望能降低，以致消弭這一紛爭。而論究天下之所以混亂之由，皆由於在上的君權，王弼則說道：「民之所以僻，治之所以亂，皆由上，不由其下。」（《老子》75 章注），但身處國君之位者，卻始終未能意識到自己是使天下疲弊、混亂的根源所在，反而愈加專行君權，號令天下，以治百姓，是故人民面對這一外來強大的干預力量，則愈是苦不堪言，因為國君以其個人的智慧能力駕馭百姓，希望百姓對自己服從依順；但事實總是適得其反，愈是予智自雄，愈是擾亂群生，因此，王弼認為為政者「其政悶悶」才得以大治：

> 善治政者，無形、無名、無事可舉，悶悶然，卒至於大治，故曰：
> 其政悶悶也。其民無所爭競，寬大淳淳，故曰：其民淳淳也。立刑
> 名，明賞罰，以檢奸偽，故曰：其政察察也。殊類分析，民懷爭競，
> 故曰：其民缺缺。（《老子》58 章注）

在「其政悶悶」與「其政察察」二種執政方式下，其所形成的民風，則為「其民淳淳」與「其民缺缺」的迥異現象。是故為政者愈是「悶悶」（無為），則民無所爭，愈能使民各得其所需；而為政者愈加「察察」（有為），人民愈是紛爭不止，對於自己所私愛的東西，愈是難以獲得。所以為政者務需：

> 唯因物之性，不假刑以理物。器不可睹，而物各得其所，則國之利
> 器也。示人者，任刑也。刑以利國，則失矣。（《老子》36 章注）

王弼不諱言治國之利器，而向來治國者，皆以「刑」為國君之利器，也就是國君之所以能凌駕眾人之上，就在于「刑」之威嚇作用，而以此治民確具積極效用，此點傅玄是相當贊同的，其〈治體〉言：「治國有二柄，一曰賞，二曰罰。賞者，政之大德也；罰者，政之大威也。人之所以畏天地者，以其能生而殺之也。為治審持二柄，能使殺生不妄，則其威德與天地並矣。」，然而王弼對於任刑使威，是大為訶斥的，因為愈是到法禁之止之，奸邪愈是猖獗，因此，唯有服從於整個大自然的秩序，才能達至一個和諧的社會，而這原始的自然秩序，本已有之，王弼則言：

> 自然之質，各定其分，短者不為不足，長者不為有餘，損亦將何加
> 焉。（《周易‧損卦注》）
> 為治者務欲立功生事，而有道者務欲反無為。（《老子》30 章注）

按王弼之意，自然對萬物的生養已有了周全的安排，是故沒有一種物類會因生養的不足，而起爭奪、廝殺，縱使在此自然體制內產生紊亂現象，亦可由系統內部機制獲得調節與消除。然而爲何「無爲」能夠實現大治，而「有爲」反而能引起衝突呢？任繼愈先生對於王弼此言，則詮釋道：

> 王弼認爲，這是因爲整個社會政治系統存在著一種自然的和諧，只要把尊卑貴賤的名分確定，關係理順，處於不同等級的人們都會自滿自足，各得其所，並且相互依賴，協同動作，共同創造出一種均衡狀態。即令產生某種局部的紊亂現象，也可以由系統內部的內部機制所固有的調節能力自然地消除，用不著從外部來強加行政干預。〔註30〕

因此，「無爲之治」則爲王弼所倡的爲政之術，然而「無爲」的政風透過夏侯玄、何晏、王弼三人的聲名宣導下，外加竹林名士嵇康、阮籍的附和，此一「無爲」思想更加落實於政治與生活的實踐，嵇康則屢次言道：

> 至人不得已而臨天下，以萬物爲心，在宥群生，由身以道，與天下同於自得，穆然以無事爲業，坦爾以天下爲名。（〈答難養生論〉）
> 古之王者，承天理物，必崇簡易之教，御無爲之治。君靜於上，臣順於下，玄化潛通，天人交泰。……大道之隆，未盛於茲，太平之業，未顯於此？（〈聲無哀樂論〉）

嵇、阮與何、王爲同一時期的人，同爲魏晉禪代之際的重要名士，因此，藉由其聲名與理論，甚而生活的實踐下，所謂的「無爲」論已非以萬物爲心，使民各得其所，與天下同於自得的「無爲之治」；反而成了「無所作爲」、「穆然以無事爲業」清靜簡易的爲政態度；另外，王弼認爲「聖人體無」、「應物而無累於物」，〔註31〕「聖人」、「至人」皆爲時人理想的人格寫照，故師法「聖人」、「至人」而引爲現實的生活實踐，必然「應物而無累於物」。所謂「應物」實反應於外王的事功上；而「無累於物」則實踐於內聖的修養上；然執此論調，所呈顯於士子群僚的政風與士風，實如南宋朱熹《朱子語錄》中所言：「晉宋人物，雖曰尙清談，然簡簡要官職。這邊一面清談，那邊一面招權納賄。」，

〔註30〕文見任繼愈先生主編之《中國哲學發展史》（人民出版社，1988.4 版，頁 103 ～104）。

〔註31〕《三國志・鍾會傳》注引何劭《王弼傳》：「……以爲聖人茂於人者，神明也，同於人者，五情也。神明茂，故能體沖和以通無；五情同，故不能無哀樂以應物。然則聖人之情，應物而無累於物者也。」。

朱熹所言實非虛誇，招權納賄實乃「應物」的體現；而不欲異於時俗，接受賄賂，實乃「不累於物」的通脫，史載山濤受賄一事可證：「初，陳郡袁毅嘗為鬲令，貪濁而賄遺公卿，以求虛譽，亦遺濤絲百斤，濤不欲異於時，受而藏於閣上。」（《晉書·山濤傳》），貪濁愛錢的政風，憑恃於何王「貴無」「任自然」學說的倡導，與竹林任誕行為的實踐，故透過此一學理的辯證與生活的實踐，兩晉招權納貨、堆積金錢、賤禮任情、不務政事……的士風，因之形成且蔚為風尚，逐相仿效。因而玄理的倡導者（何王）；玄風的實踐者（嵇阮），則成為後世諸儒的批判焦點，而反玄思想的理論與聲音亦繼之而起。

第三節　小　結

魏晉之際是兩大勢力的角逐戰，何、王貴無理論與傅玄《傅子》皆是針對曹魏政治之失進行檢討，而建立的政綱；雖同是為重建失序體制而努力，只不過何、王是利用老子玄無思想，主張君主無為，以任自然，使民反璞歸真，回復自然和諧的秩序；傅玄則執以禮法之術，以君主正心為首務，注重民生利益，以建立務實有為的政府為目的，進而達至富足安康的和諧秩序，故就其立論初衷，皆以「追求和諧」為其共同指標。

可惜的是，何、王貴無思想對失序的政權並不能創造其正面的成效，反而促使風教日下，其主要轉捩點在于嵇、阮、向等名士，在政黨紛爭中，遭到誅殺與壓迫所致，因而為保全其身家性命，棄政逐跡於酒國、服藥、求仙導養之術與玄言之清談中。基於這樣的政治苦悶，避世、棲逸的思想因而瀰漫，非毀儒家及禮教的學說甚囂塵上，道家學說適時的成為名士精神的藉託及其學理的重心，大唱君臣無為與縱欲的思想，而儒學的命運，於前，則有何王援道入儒的思想代換；於後，則遭受荀粲、嵇康的非難與揚棄，故禮法已失去其規範作用，士人逐跡任誕與清談之風愈行愈烈，而抗行不曲的名士，亦於阮籍、向秀俯首於司馬王朝後，合籠於世族的統治之下。

然而，正始、竹林名士之風流反成了一代審美標準，特重士人的風姿形貌，與清談時的言語、音辭之高妙，但這些對於家國政治，實無裨益，致使一代風氣消沈於老莊虛無重我的個人主義思潮下，因此，要求崇儒重教，端正名實，關懷民生的聲音，則隨傅玄的高呼吶喊與前導，而成為一股反玄的聲浪了。

第四章　兩晉反玄思想析論

第一節　政治的反制

一、西晉門閥世族的形成與鞏固

（一）形成之因

　　我國大約在東漢時，南北各郡正在逐漸形成較固定的、普遍承認的地方豪族大姓，比如天水有羌、閻、任、趙，馮翊有桓、田、吉、郭，廣陵有雷、蔣、穀、魯，吳郡有顧、陸、朱、張，會稽有虞、魏、孔、賀，更為世所知，而各級地方行政機構通常是由地方大姓中代表人物組成的。〔註1〕久而久之，這些地方當權大姓，利用主持鄉里清議之便操縱選舉，形成選士而論族姓閥閱、〔註2〕黨同伐異，〔註3〕致使漢末吏治在權力角逐中，愈形腐化。而曹操的興起與掌權，以不論德行、出身、愛憎、年紀，號召才能之士（詳參第二章第一節），形成新的執政集團，因此大大的打擊了地方大姓，削弱其政治勢力；當然這些新貴於得勢後，亦多加抵制衣冠子弟的晉升，《三國志・公孫瓚》注引《英雄記》載：「瓚統內外，衣冠子弟有材秀者必抑使困在窮苦之地。或問其故，答曰：『今取衣冠子弟及善士富貴之，皆自以為職當得之，不謝人善也。』所寵遇驕恣者，類多庸兒。」，可見大族利用其選舉的職權，壯大其地方勢力，於曹操之世，確實是受到了抵制與削弱。

〔註1〕文見唐長孺先生所著之《魏晉南北朝史論拾遺》（出版社與年代未詳，頁25）。
〔註2〕仲長統《昌言》：「天下士有三俗：選士而論族姓閥閱一俗。」。
〔註3〕《後漢書・桓帝紀》：「皆相拔舉，迭行唇齒，其不合則見排擯，非黨而何？」。

　　然曹操死，曹丕掌政，爲博取世族大姓的支持，及緩和了與世族間的衝突，而接受素有名望的潁川大族陳群「九品中正」之議。然較之九品中正制與漢世鄉里清議，其最大差異處，在于九品中正制之選舉權乃隸屬中央尚書，因而避免了地方藉由操縱選舉而自豐羽翼的企圖心。然九品中正制的推行，其弊在于中正除了薦舉權與免責權外，更是任用權、監察權一把抓（詳參第二章第一節），在這樣的情形下，政治權力的掌控已操縱於地方中正之手，實已同於漢末故事。當然，西晉門閥政治的形成，除了關係於九品中正制的施行外，更與晉武帝政權的獲得有其密切關係。

　　發生於正始時期曹爽與司馬氏之爭，正是代表著寒素與世族兩大集團的紛爭與衝突，故晉武帝登基時，不得不謙卑的說道：

　　　唯爾股肱爪牙之佐，文武不貳之臣，乃祖乃父，實右左我先王，光
　　　隆我大業，思與萬國共享休祚。（《晉書·武帝紀》）

誠然，司馬氏的得權，並不是一家之天下，而僅是世族聯盟政權中的代表，劉頌更理所當然的認爲：「泰始之初，陛下踐祚，其所服乘皆先代功臣之胤，非其子孫，則其曾孫。」（《晉書·劉頌傳》），因此，這大片江山非司馬氏所得以獨享。顯而易見的，晉武之世在經濟上所頒行的「占田制」（參見本章第四節），其目的不外乎是實現與世族「共享休祚」的諾言。如此一來，世族在政治上，不僅透過中正的品狀，蔭蔽自己的子弟，足以平流進取；更在經濟上享有田連阡陌的土地私有權與免稅特權，故在政治與經濟優渥的雙重條件下，西晉門閥世族於焉形成。

（二）鞏固之因

　　一個政權的建立，必然要有充分的學理作爲施政依據，而魏晉以來，學者們無不爲了重建政治體制，且爲解決黨派紛爭，而大傷腦筋，曹魏之世劉廙《政論》、桓範《世要論》、袁準《袁子正書》、傅玄《傅子》等人名法思想的建立，與正始時期何晏、王弼貴無玄學的提倡與辯證，皆具其政治性的目的。爾後產生於西晉惠帝之世，〔註4〕爲徹底解決儒道紛爭，消融自然與名教的衝突性，因而提出「玄冥獨化」、「適性逍遙」論之郭象《莊子注》，更是別具政治意味，其《莊子·齊物論注》言：

〔註4〕《晉書·向秀傳》：「莊周內外數十篇……秀乃爲之隱解，發明奇趣，振起玄風，讀之者超然心悟，莫不自足一時也。惠帝之世，郭象又述而廣之，儒墨之跡見鄙，道家之言遂盛焉。」

若皆私之，則志過其分，上下相冒，而莫爲臣妾矣。臣妾之才而不
在臣妾之任則失矣。故知君臣、上下、手足、外內，乃天理自然，
豈直人之所爲哉？……夫時之所賢者爲君，才不應世者爲臣。若天
之自高，地之有卑，首自在上，足自居下，豈有遞哉？

萬繩楠先生認爲郭象並非單在哪裡講哲學，他講玄冥、獨化，是爲君主專制，
爲世族政治服務的，故當萬先生詮釋郭象此言時，則註解道：「要使人們服從
名教，服從專制統治，最根本的辦法，是使人們明於天性，知道統治者的意
志、儒家的名教，就是天或自然的意志、規矩。」〔註5〕所謂「明於天性」，
就在于瞭解「天性所受，各有本分，不可逃，亦不可加。」（《莊子‧養生主
注》）之理，因此，每個人在這樣的封建體制下，對於尊卑、貴賤、美醜、賢
愚之別，都只能以「天性本然」作爲說解，而無論處於尊貴、卑賤之位者，
皆各有其擔當之任，故《莊子‧逍遙遊注》曰：

庖人尸祝，各安其所司；鳥獸萬物，各足於所受；帝堯許由，各靜
其所遇。此乃天下之至實也。各得其實，又何所爲乎哉？自得而已
矣。故堯許之行雖異，其於逍遙一也。

在此，郭象利用學理上的論證，欲使人民都能接受這樣的政治體制，去除個
人心中的不平等，承認「性各有分，故知者守知以待終，而愚者抱愚以至死」
（《莊子‧齊物論注》）的事實；但，事實上，名教與自然之間、群體與個體
之間，其衝突性始自漢末以來，至正始時期愈加緊張，此時除了黨派人士對
於存亡於一夕的恐懼之外，人民的流離與苦難，更是無法撫平政治的虛假性，
而關於政治體制的虛假面紗，盧梭（Jean-Jacques Rousseau）如是揭露道：

我認爲在人類中有兩種不平等：一種，我把它叫做自然的或生理的
不平等，因爲它是基於自然，由年齡、健康、體力以及智慧或心靈
的性質而產生的、另一種可以稱爲精神上的或政治上的不平等，因
爲它是起因於一種協議，由於人們的同意而設定的，或者至少是它
的存在爲大家所認可的。第二種不平等包括某一些人由於損害別人
而得以享受的各種特權，譬如：比別人更富足、更光榮、更有權勢，
或者甚至叫別人服從他們。〔註6〕

〔註5〕文見萬繩楠先生所著之《魏晉南北朝史論稿》（雲龍出版社，1994.12，頁130）。
〔註6〕文見盧梭（Jean-Jacques Rousseau）《論人類不平等的起源和基礎》（A DISCOURSE ON INEQUALITY），李常山譯。（唐山出版社，1986.10，頁51）。

盧梭赤裸地揭露了政治的實質意涵與其不平等的內幕，因為政治體制建立之初，只因單純的協議而成，故願共同遵守於眾人所推舉且足以信賴的人物之領導，然而一旦彼此協議破滅，眾人不願再行遵守諾言，所謂的政治組織也就隨之瓦解。也就是說：政治體制既非強控，則非原始本然之絕對（即名教非本於自然）。因此，在實際的群體結構中，政治所顯示的意義「似乎只是強者的暴力和弱者的受壓迫。」，〔註7〕這點何晏、王弼是看得很清楚的，而在東海王越時權傾當世、熏灼內外的郭象，則更了然於心，故提出「性各有分」、「適性逍遙」的哲思，以消融政治實有的強暴意義，強制下層寒微之士與匹夫匹婦接受並且承認此一不平等現象，順理成章的為世族的統治，衣冠子弟的平流進取，及其擁有一切財富享樂等，作出了理論依據，並強化了統治之術，因此，世族們正可為自己的特權與任何行為，視為理所當然，而無顧忌。

二、門閥世族的為政觀

（一）容跡、清心、朝隱的為政觀

是什麼原因使得兩晉士人只以做官為「容跡」〔註8〕之所，而以「物務營心」者為俗吏？因何荀勖認為省吏之道在于「清心」？〔註9〕因何兩晉「朝隱」之風熾盛？探其原因，江師建俊先生清楚的分析道：〔註10〕「以老莊思想為主導的時代，「隱」才是第一義，「仕」終是下乘，因老莊基本精神是超俗出世的，就是反仕，其生命態度，本與隱者同，皆求逍遙自得不以外物累心。故追求許由，企慕松喬。」然老莊思想由王弼、何晏繼而發微，落實於竹林名士的生活態度，接踵於郭象玄理的發揚，經此脈絡流衍，高蹈山林、去名寡欲的「隱士」，則成了招權納賄，又言寄跡的「仕隱」。據《晉書‧孫綽傳》載：「嘗鄙山濤，而謂人曰：山濤吾所不解，吏非吏，隱非隱。」；《晉書‧鄧

〔註7〕同上註。（頁48）。

〔註8〕《晉書‧向秀傳》：「在朝不任職，容跡而已。」。

〔註9〕《晉書‧荀勖傳》：「省吏一如省官，省官不如清心。昔蕭曹相漢，載其清靜，致畫一之歌，此清心之本也。」。

〔註10〕江師建俊先生以四點分析，文中僅節引第一點，另外三點為：（二）以隱逸為最得玄學意趣。（三）求於道術，高蹈遊仙，絕棄流俗喧囂，以樂其志。當時重養生，採藥煉丹風熾，或養形或養神，或形神兼養，高隱乃得實現養生的願望，故為求道慕道者所崇。（四）高門貴族享盡榮華富貴，其生活奢靡，相形之下，隱者不驚寵辱，具拔俗之韻，於是棲遲蓬蓽者，乃如鶴立雞群般，成為被企慕的對象。（〈魏晉朝隱風氣盛行的原因及其理論根據〉《尉素秋教授八秩榮慶論文集》）。

粲傳》：「夫隱之爲道，朝亦可隱，市亦可隱，隱初在我，不在於物。」，兩晉士人以「朝隱」爲高雅，因此，居官則無官官之事，以朝廷爲其「容跡」、「寄跡」之所，清心而無所作爲，更發自向秀失圖的不得已（見本傳）與阮籍「君臣垂拱，完太素之樸」（《通老論》《全三國文・卷 45》）的言論，而郭象繼向秀所著之《莊子・繕性注》更是加深了此一學理依據，其言：

> 莫知返一以息跡而逐跡以求一，愈得跡，愈失一，斯大謬矣。雖復起身以明之，開言以出之，顯知以發之，何由而交興哉，祇所以交喪也。

郭象認爲「跡」（形）與「一」（神）是互爲反向作用，愈是追逐形跡，精神則愈是毀損，故勸人「返一以息跡」，而其效法對象則爲「聖人」，其言：「夫聖人雖身在廟堂之上，然其心無異於山林之中，世豈識之哉！徒見其戴黃屋，佩玉璽，便謂足以纓紱其心矣；見其歷山川，同民事，便謂足以憔悴其神矣；豈知至至者不虧哉！」（〈逍遙遊注〉），尋索郭象此言，「聖人」確實是得以「無心順有」，亦如王弼所稱述「應物而無累於物」的超拔人格，但兩晉士人仿效的結果，卻是出現這樣的現象：（一）俱宅心事外，無處世意；（二）貪婪淫樂，放蕩形跡（見本章第四節）。關於第一點，可由兩晉身爲宰輔之任的王衍，作一例證：

《晉書・樂廣傳》：

> 廣與衍俱宅心事外，名重於時，故天下言風流者，爲王、樂爲稱首焉。

西晉「一世龍門」〔註11〕的王衍，爲政治上顯赫的人物，因此後進之士，莫不景慕仿效。故兩晉在門閥世族的統治下，政治上，沈溺在一片虛玄的「跡冥」理論與追逐中，形成君臣「無心」（無處世意）、「無爲」（無所作爲），高談玄妙的爲政觀。

（二）士當身名俱泰的爲政觀

由於正始年間處於魏晉易代之際，致使「天下多故，名士少有全者」（《晉書・阮籍傳》），因而名士們懼禍，如嵇康「君子者，心不措乎是非」（〈釋私論〉）、而山濤「居魏晉之間，無所標明」（《世說新語・識鑒》）、阮籍便「發言玄遠，口不臧否人物」（《晉書・阮籍傳》），以退爲進，求得自全，故羅光先生認爲：「以

〔註11〕《晉書・王衍傳》：「兼聲名藉甚，傾動當世。妙善玄言，唯談老莊爲事。……朝野翕然，謂之『一世龍門』矣。」。

退爲進，這是道家的原則。若不能進，則以退爲守。後世道家，把這一點，作爲明哲保身的方法。若遇亂世，則隱晦以自全。魏晉時的清談玄學家，就是用掩鋒同塵的手段，去保全自己的身家。當時從政做官的人，都不得好死。清談家便拿道家的隱退精神，作護身盾，自己扮瘋子。」；〔註12〕而後嵇康被殺，向秀則失圖委身於朝政，縱使掛冠入世，亦栖心塵表。因此，羅宗強先生分析向秀入洛所帶來的這一「不嬰世務，依阿無心」的心理傾向時，則認爲：「如果說，在向秀這是一種心路歷程的艱苦轉變的話，那麼晉國始建之後名士群體的依阿無心以求自全，則是一種自覺的選擇。」，〔註13〕因之，我們可以說，嵇、阮與向秀等，各有其政治上的難處與苦悶，然後人不解其「容跡」以求「意足」之眞意，卻徒有東施效顰的無德之舉〔註14〕（參見本章第四節），而這樣的心態雖發端於竹林名士，卻流衍於石崇之口：

> 嘗與王敦入太學，見顏回、原憲之象，顧而嘆曰：「若與之同升孔堂，去人何必有間。」敦曰：「不知餘人云何，子貢去卿差近。」崇正色曰：「士當身名俱泰，何至甕牖哉！」（《晉書‧石崇傳》）

「士當身名俱泰」的心理，在於名利雙收的苟且態度上，不因求名而害利，亦不因貪財而損名，故謂：「何至甕牖哉！」，已無魏晉之際士人「護志」、「全身」之兩難。因此，在老莊思想與清談家的流風影響下，兩晉享有高官厚祿的世族們，卻個個是《晉書‧王衍傳》：「居宰輔之重，不以經國爲念，而思自全之計，……志在苟免，無忠蹇之操」、《晉書‧謝鯤傳》：「無砥礪行，居身於可否之間」、《晉書‧樂廣傳》：「清己中立，任誠保素」、《晉書‧庾亮》：「爰容逃難，求食而已」……，政治走上了「個人主義」，走上了「重我」的自私態度，一反儒家「君子疾末世而名不稱焉」（《論語‧衛靈公》）的大我精神，而持此大我精神與志向者，亦多成了政壇中被譏笑的傻子，而有爲之士，更是不得展才申志了。因此，有鑑於政治的頹廢與士人的自私自利，王沈〈釋時論〉、蔡洪〈孤奮論〉於焉而作。

三、王沈〈釋時論〉、劉毅〈請罷中正除九品〉的批判

　　門閥政治形成於晉武帝之世，鞏固於郭象《莊子注》的學理下，然而，

〔註12〕文見羅光先生所著之《中國哲學大綱》（台灣商務印書館，1979.9，頁94）。

〔註13〕文見羅宗強先生所著之《玄學與魏晉士人心態》（文史哲出版社，1992.11，頁241）。

〔註14〕語見戴逵〈放達爲非道論〉（《晉書本傳》）。

庶民眞的如此可愚可欺嗎？光憑一套哲思就能消融人們對政治階級的迷惑？事實上是不然的。惠帝元康時期的王沈〈釋時論〉、蔡洪〈孤奮論〉〔註15〕（已亡佚），及東晉之世的葛洪〈審舉〉則是針對此一政治流弊與迷惑進行撻伐；另外亦有劉毅、段灼、衛瓘等對於營造世族選舉之便的「九品中正制」更有一番指疵之論，劉毅更是主以「罷中正、廢九品」爲論說，以匡正舉才之失，使政治回歸其開明之治。故底下筆者主要針對王沈〈釋時論〉、葛洪〈審舉〉與劉毅〈請罷中正除九品〉之論，作一分析。

（一）舉才乖實，唯門第是求──王沈〈釋時論〉、葛洪〈審舉〉

　　整個西晉門閥政治的腐化與流弊，於惠帝之世更是顯露無遺，《晉書‧惠帝紀》載道：「及居大位，政出群下，綱紀大壞，貨賂公行，位勢之家，以貴陵物，忠賢絕路，讒邪得志，更相薦舉，天下謂之互市焉。」，這便是「戶調門選」的門閥政治所衍生而出的弊端，晉末王衍於石勒破城而入時的一席話，確能道出「互市」下的人才選用問題：

> 吾少無宦情，隨牒推移，遂至於此。今日之事，安可以非才處之。（《晉書‧王衍傳》）

一個「以非才處之」者，竟是當朝一品高官，然高官者，舉手投足理當成爲百官之儀表，但王衍卻「仰希方外，登槐庭之顯列，顧漆園而高視。彼既憑虛，朝章已亂……衍則自保其身，寧淪宗稷。」（《晉書‧列傳第十三》史臣曰），而其兄弟王戎之執政態度亦是「自經典選，未嘗進寒素，退虛名，但與時浮沈，戶調門選而已。」（《晉書‧王戎傳》），由此可說明，於世族政治之下，「才與不才」皆無關係，唯「隨牒推移」、「戶調門選」而已，誠然「品德操守」亦是無關緊要的。《晉書‧五行志》言道：「惠帝元康中，貴遊子弟，相與爲散髮裸身之飲，對弄婢妾。」，正因爲晉世唯門第是求，祇辨氏族高下，故日益助長學風的衰頹，太學生對儒業德行的學習與涵養皆視若無睹，趨慕清談，空說終日，視六經爲糠秕（參見本章第二、三節），高官厚祿唯靠父祖輩庇蔭與祖護，學風不振自不待言。然究其政風爲何？王沈如是批判道：

> 至乃空嚚者以泓噌爲雅量，璅慧者以淺利爲鎗鎗，脢胎者以無檢爲弘曠，僂垢者以守意爲堅貞，嘲哮者以粗發爲高量，輼蠢者以色厚爲篤誠……。（〈釋時論〉《晉書‧王沈傳》）

〔註15〕《晉書‧王沈傳》載：「元康初，松滋令吳郡蔡洪字叔開，有才名，作〈孤奮論〉，與〈釋時論〉意同，讀之者莫不嘆息焉。」

無獨有偶，《晉書・愍帝紀》亦言：「學者以老莊爲宗而黜六經，談者以虛蕩爲辨而賤名檢，行身者以放濁爲通而狹節信，進仕者以苟得爲貴而鄙居正，當官者以望空爲高而笑勤恪。」，當然這樣的學風與政風，自非一日之寒，傅玄曾批評道：「魏文慕通達，天下賤守節」（晉書本傳），確有所據。首先就學風來講，曹魏一代雖是屢下崇學詔令，魏文帝亦於黃初五年立太學，制五經課試之法，但終難奏效（詳見第二章第二節）；而於政治上，曹操時中央吏部尚書尚有考功定課二曹（《通典・考功郎》），地方之州郡亦有功曹從事與功曹掾（三國職官表），其實際效果，可以解修之例爲證：「解系父修，魏琅邪太守梁州刺史，考績天下第一。」（《晉書・解系傳》），然而魏文帝以寬玄爲政，縱使明帝鑑於浮華名士聲聞過情的事實，故命劉劭製作都官考課法以循名責實，但事下三府便遭反對，以無疾而終告結（詳見第二章第三節）。因此，下至兩晉世族政治的形成與鞏固，所謂的考課與課試之法，皆無用武之地，事實上，這樣的法規已於魏末正式告結了。

另外，我們於晉初的政治上，誠得見桓靈二帝的翻版，此從劉毅與武帝應答的對話中，可清楚的獲得證明：「桓靈賣官，錢入官庫，陛下賣官，錢入私門。」（《晉書・劉毅傳》），而東晉葛洪〈審舉〉中的分析，可知漢末之弊在于：「於時懸爵而賣之，猶列肆也；爭津者買之，猶市人也。」、「其貨多者，其官貴；其財少者，其職卑。」、「靈獻之世，……台閣失選用於上，州郡輕貢舉於下。夫選用失於上，則牧守非其人矣；貢舉輕於下，則秀孝不得賢矣。」，葛洪此言雖論漢政之過，但晉武帝賣官鬻爵，中飽私囊的情形，由劉毅的口中已知其實。然王沈亦曰：「京邑翼翼，群士千億，奔集勢門，求官買職，……官無大小，問是誰力。」，可見官職成了皇室、世族獲利的工具，亦運用其職權擴充家族勢力，以鞏固其政壇地位，因而形成「姻黨相扇，毀譽交紛」（王沈本傳）、「或以貨賂自通，或以計協登進，附託者必達，守道者困悴。」（劉毅本傳）的情況。

這便是兩晉門閥政治腐敗的主因，也正是兩晉冗官可高枕無憂、自在逍遙的癥結所在，《晉書・荀勗傳》則明白的說道：「省吏不如省官，省官不如清心。昔蕭曹相漢，載其清靜，致畫一之歌，此清心之本也。」，基於先祖輩對晉世的功勞，這些紈褲子弟當然可高居顯職，無須依靠自己的才智，修養自我的德行，純依祖宗之門蔭，坐享無窮之權力與財富，故王沈深疾道：

> 多士豐於貴族，爵命不出閨庭，四門穆穆，綺襦是盈，仍叔之子，皆爲老成。賤有常辱，貴有常榮，肉食繼踵於華屋，疏飯襲跡於耨耕。
> 談名位者以諂媚附勢，舉高譽者因資而隨形。（〈釋時論〉見本傳）

由於論士取才，存重門資，故人始自出土，其富貴貧賤，其社會地位與待遇皆被決定與主導著，其性分已然，其後天才學的努力與奮進所難以改變的。因此，基於此一品狀的衡量，寒素階級的士子，則因家門低下之故，卻難以突破門閥世族的自衛藩籬，而在政治的抱負上落了空，因為在貴無虛玄的價值觀念下，那些義正辭嚴，大談救世理論的儒生，已被視為「俗生」、「鄙極」，所謂「譚道義者謂之俗生，論政刑以為鄙極。」（〈釋時論〉王沈語）。雖是如此，葛洪〈審舉〉仍認為解決「舉才乖實」的方法在于：一，選拔實才，破除對美貌的崇拜：「士有風姿豐偉，雅望有餘，而懷空抱虛，幹植不足，以貌取人，則必不得賢」；二，恢復考課與課試之法：「秀孝皆宜如舊試經答策，防其罪對之姦，當令必絕，其不中者勿署吏，加罰禁錮，其所舉書不中者，刺史太守免官，不中左遷……」、「今孝廉必試經無脫謬，而秀才必對策無失指，則亦不得闇蔽也。」、「若使海內畏妄舉之失，凡人息僥倖之求，背競逐之末，歸學問之本，儒道將大興，而私貨必漸絕，奇才可得而役，庶官可以不曠矣。」；三，去除黨同好惡的心理，唯賢是舉：「今使牧守，皆能審良才於未用，保性履之始終，誠未易也，但共遣其私情，竭其聰明，不為利慾動，不為囑託屈，所欲舉者，必澄思以察之，博訪以詳之，修其名而考其行，校同異以備虛飾。」。葛洪此論，於晉武帝之世的劉毅〈請罷中正除九品〉一文中，已有相同論見，皆是針對選舉之失所提出的批判與建議。

（二）廢九品、罷中正──劉毅〈請罷中正除九品〉

《文獻通考·任子》言：「自魏晉以來，始以九品中正為取人之法，而九品所取大概多以世家為主，所謂上品無寒門，下品無勢族。故自魏晉以來，仕者多世家……其起自單族匹士而顯貴者蓋所罕見。」，由於中正所執掌的權職已取代中央的尚書，且九品所取大概多以世家為主，故《通典·選舉》云：「晉依魏代九品之制，內官：吏部尚書；司徒左長史：外官。州有大中正，郡國有小中正，皆掌選舉，若吏部選用，必下中正，徵其人居及父祖官名。」，因而形成「計門資之高卑，論勢位之輕重」（王沈語），選舉不公的情勢。而這以中正為選舉中心的世族集團，亦隨著占田制的頒佈施行，更擁佔了一切社會地位與經濟特權（參見本章第四節）。然鑑於九品官人法成為世族掌控政經特權的最佳利器，劉毅、衛瓘、段灼、李重等未能直接批判世族政治，故轉而對此九品中正制進行批判，其中劉毅〈請罷中正除九品〉：「雖職名中正，實為姦府；事名九品，而有八損」之論，可由二方面進行解析：一是由於中正官員黨同好惡，自樹權

力，故形成兩晉政治階級迴然分明的弊端；一是應復施考課法以都官，以此作為黜陟之評斷，而非雌黃於一人之口，或唯門第是求。

1. 中正黨同好惡，政治階級因之迴然二分

經由玄學家何王「名教出於自然」、郭象「名教即自然」、「自然即名教」的論證，人類不平等起源於性分的不同，故何王倡以任自然之性，以真樸寡欲、無名無己之意念，採取形上思維且柔性的方式解決此一問題。郭象更立以「君臣、上下、手足、內外，乃天理自然，豈直人之所為哉！」的政論，強制灌輸百姓接受此一不平等的事實，其如此的告誡道：「夫物未嘗以大欲小，而必以小羨大，故舉小大之殊各有定分，非羨欲所及，則羨欲之累可以絕矣。夫悲生於累，累絕則悲去。」（《莊子·逍遙遊注》）。然而對於玄學家與世族操縱而坐享政經特權的面紗，與對寒素士人的歧視及壓抑心態，王沈〈釋時論〉則論說了此一不平等現象，其言：「卿相起於匹夫，故有朝賤而夕貴，先卷而後舒。當斯時也，豈計門資之高卑，論勢位之輕重乎！今則不然，上聖下明，時隆道寧，群后逸豫宴安守平。百辟君子，奕世相生，公門有公，卿門有卿。」（《晉書·王沈傳》），感於晉世「公有公門，卿有卿門」政治等級的截然二分，劉毅以為其病源在於「中正」官員的主觀情緒與偏祖心態上，其言：

> 人物難知，一也；愛憎難防，二也；情偽難明，三也。今立中正，
> 定九品，高下任意，榮辱在手。操人主之威福，奪天朝之權勢。愛
> 憎決於心，情偽由於己。（〈請罷中正除九品〉本傳）

《文獻通考·舉士》：「至中正之法行，則評論者自是一人，擢用者自是一人，評論所不許，則司擢用者或非其人，則司評論者本不任其咎。體統脈絡各不相關，故徇私之弊無由懲革。」，對於這無由懲革的疢疾，並非一開始便是如此放縱中正擴展其權力，《晉書·衛瓘傳》言：「魏氏承顛覆之運，起喪亂之後，人士流移，考詳無地，故立九品之制，粗具一時選用之本耳。其造始也，鄉邑清議不拘爵位，褒貶所加足為勸勵，猶有鄉論餘風。」，由此可知，魏世中正官員之品評尚屬公允，因而選拔的人才，亦為一時之選，但，下至晉武帝一代，由於聯盟政權之故，中正則利用其權：「高下任意，榮辱在手，……所欲與者獲虛以成譽，所欲下者吹毛以求疵，高下逐強弱，是非由愛憎，……是以上品無寒門，下品無勢族」（〈請罷中正除九品〉《晉書·劉毅傳》）之寒素、貴冑階級分明的政治情況，而此一情況的形成，實是中正舉才唯問門第高下，以譜牒為其授官標準所致。

2. 以門第高下為選舉標準

在門閥政治之下，高門世族為鞏固其政治勢力於不墜之境，除了身居中正一職以操選舉，亦以聯姻方式，永享其高門之尊榮，〔註16〕因而其子弟一出生便取得了先天的優越局勢，屠隆鴻《苞節錄·卷1》：「崔、盧、王、謝弟子生發未躁，已拜列侯；身未離襁褓，而已被冠帶。」，誠然，以此門閥為其選舉授官的情形，兩晉士人如劉毅、段灼多所評議：

《晉書·劉毅傳》載毅上書言：

> 今品不狀才能之所宜，而以九等為例，以品取人，或非才能之所長，以狀取人，則為本品之所限。

《晉書·段灼傳》亦云：

> 今臺閣選舉，塗塞耳目，九品訪人，唯問中正。故據上品者，非公侯之子孫，則當塗之昆弟也。二者苟然，則華門蓬戶之俊，安得不有陸沈者哉！

然而九品中正創制之初，尚有東漢鄉里評議之走勢，著重的仍是士人的才德，但世族因其政治社會之關係，漸漸遠離以才德為標準品評人物，而單以門第品人，名家大族，皆列為上品，〔註17〕《晉書·衛瓘傳》：「（九品之制）中間漸染，遂計資定品，使天下觀望，唯以居位為貴。」、《魏書·高祖紀》：「中正所銓但存門第，吏部彝倫，仍不才舉。」、《魏書·崔亮傳》：「立中正不考人才行業，空辨氏族高下」，可知，兩晉選舉標準，已不問其才能之優劣，亦不計其德行之美醜，唯以門第論定其官品高低，實與漢魏二世重德重才的選舉標準迥然有別。再者，漢魏不論家門貴賤，唯其俊秀者皆可晉級政壇；然兩晉的政治唯獨世族共享的政治，寒門素士進取之機會實非容易。因此，劉毅認為舉才應需課試，都官應以考課，才能杜絕世族勢力的擴大其及觀望無為的心態，其言：

> 昔在前聖之世，……鄉老其善以獻天子，司馬論其能以官於職，有司考績以明黜陟。故天下退而修本，州黨有德義，朝廷有公正，浮華邪佞無所容厝。（〈請罷中正除九品〉《晉書本傳》）

關於考課法的施行狀況，實終於魏明帝之世（見第二章第三節），下逮兩晉門閥政治之形成與鞏固，欲行都官考課，誠屬不易；而舉才不予策試，則始於

〔註16〕詳參毛漢光《兩晉南北朝士族政治之研究》〈從嚴守門第界線論士族保持政治地位〉（中國學術著作獎助委員會，1996.7）。

〔註17〕同上註之〈從選舉制度之士族化論士族保持政治地位〉。

惠帝之世，據《晉書・王接傳》所載：「惠帝復祚，以國有大慶，天下秀才一皆不試」，故考試一旦停廢，出仕者必然皆是公侯子弟或當塗之昆弟，實因選舉乃「先白望而後實事」（《晉書・陳頵傳》），顯然劉毅這樣的提議並未獲得採行，如此，便容易造成浮華宴遊的衣冠子弟與結黨營私的人事輸送情形，《晉書・閻纘傳》論及衣冠子弟之情形為：「非但東宮，歷觀諸王師友文學皆豪族力能得者……官以文學為名，實不讀書，但共鮮衣好馬，縱酒高會，嬉戲博奕。」，又《晉書・郤詵傳》則指責道：「今之官者，父兄營之，親戚助之，由人事則通，無人事則塞。」。諸此種種選舉上的弊端，若純粹就其制度而言，制度本身並無可非議，可非議的是操持此一制度的「中正」官員，利用其權，姻黨相扇，庇蔭子孫，以鞏固其朝政上的統治地位，及其經濟與社會層面上的一切優渥待遇和尊顯地位，因而劉毅憤慨的欲「罷中正」、「除九品」以正清晉世選舉之失。

綜上所論，西晉政權的滅亡，實與門閥政治的形成與鞏固有關，《晉書・陳頵傳》則批判道：「中華所以傾弊，四海所以土崩者，正以取才失所，先白望而後實事，浮競驅馳，互相貢薦，言重者先顯，言輕者後敘，遂相波扇，乃至凌遲。加有老莊之俗傾惑朝廷，養望者為弘雅，政事者為俗人，王職不恤，法物遂喪。」。憑藉一紙譜牒家世證明，便決定人才與品德的優劣，無論適任與否？無論政績成效？唯計門資之崇卑而已。故身為一朝宰輔之任的王衍，其罪責乃源自於「隨牒推移」與「以非才處之」的政治制度，而此一制度的施行至西晉末年，已走進了死胡同，故有「罷中正」、「除九品」之強烈譴責聲音的出現。而士人清心無為，唯思自全之計的苟安心態，致使王政凌遲，官才失實，賢能君子遠退而窮處的情形，亦由王沈、葛洪的批判與檢討中，全面的呈顯出兩晉政治的腐化與頹放。故此亡國之音，豈徒然哉？

第二節　學術的反制

魏晉之際的傅玄，對何晏這一正始玄學的倡導者的行為，與其引領而出的頹放風氣，批評再三；然純就何晏、王弼之玄學理論言，卻十分堅固，難以折辯。故傅玄以一儒法兼綜的為政理論，勵精圖治，欲以匡正正始之失，可謂兩晉反玄思想的引導者。而能在玄理上與之抗衡者，則須待至西晉惠帝元康年間，裴頠〈崇有論〉的問世，方得以成立。隨後歐陽建〈言盡意論〉，亦相應和，共同反制玄理中的兩大論題——「貴無論」與「言不盡意論」，反

玄聲浪自此而起。西晉末年至東晉初期的孫盛〈老聃非大賢論〉、李充〈學箴〉、王坦之〈廢莊論〉、范寧〈罪王弼何晏論〉亦應聲而起，對於玄理上的宗主、師徒，及儒道學統的紛爭，皆進行駁難與立言。底下且就上述篇章作一歸納分析，計有四項：一為批清談——批玄論的根據，裴頠〈崇有論〉、歐陽建〈言盡意論〉；二為批老莊——批玄論的宗主，孫盛〈老聃非大賢論〉、王坦之〈廢莊論〉；三為批何王——批玄論的開創者，范寧〈罪王弼何晏論〉；四為尊道統——儒道學統——儒道學統辨析，李充〈學箴〉。

一、批清談——批玄論的根據：裴頠〈崇有論〉與歐陽建〈言盡意論〉

（一）裴頠〈崇有論〉

裴頠〈崇有論〉是繼傅玄批判玄學而來的一篇文章，補充反玄學者在學理方面的不足。裴頠雖生處高門，但對於時俗的放蕩，儒教不行，而當塗之士，卻尸祿耽寵，仕不事事，致使風教凌遲的情形，深具危機感與悲痛。因此〈崇有論〉實涵蓋著兩方面的論述，一由哲學的批判上，認為「虛無是不能創生實有物」，以論證玄學家的虛假性，且歸還「有」的價值，而這「有」則由哲學的論證轉化為政治「有為」意義的肯定與必然；一由政治的批判上，認為「各教本為聖人所創制」，故需「執以禮制教化，糾正虛無的玄風」。底下則由此二方向，進行探討。

1. 虛無不能創生實有物

裴頠將「有」視為創生萬物的本體，這是從整個現象界上來作判定的，故否定了「無」的存在，因為他將玄學家的「無」，詮釋為「虛無」：「無，虛無之謂也」、「濟有者皆有也，虛無奚益於以有之群生哉！」（〈崇有論〉見本傳），由於虛無的東西是看不見的、摸不著的、聽不到的，故「無」是不存在的，只是一個假託，正如假託萬物的創生是來自於天，來自於神一般，是不具十足的說服力，因而提出「崇有」之說，以反駁「貴無」的虛假，裴頠云：

> 夫總混群本，宗極之道也。方以族異，庶類之品也。形象著分，有生之體。化感錯綜，理跡之原也。（《晉書・裴頠傳》）

裴頠由一實有的現象世界來看所有萬物的存在及人類社會，故認為「有」即是「本體」（創生的原理）、即是「現象」，而將玄理的「無」（本體）概念根除，因而在空間範圍上，其思想格局是有限的，直接將「有」（實力）與「無」（虛無）對立起來，成為兩個相反的概念。然而王弼所認知的「無」，是：「以

無形始物，不繫成物，萬物以始以成，而不知其所以然。故曰：恍兮惚兮，惚兮恍兮，其中有象。」（《老子》21 章注），按王弼之意看來，「無」實非「虛無」之意，既非虛無，則非屬不存在的，而是創生萬物之主，由於其高遠玄妙，不知其形，只知其創生萬物的神力，故不曰「神」，亦不曰「天」，而名之曰「無」罷了。裴頠顯然是有所誤解，雖是如此，裴頠仍舊鍥而不捨的在學理上，駁難「無」的虛無性，而尊崇「有」的實際價值，其曰：

> 夫至無者無以能生，故曰始生者自生也。自生而必體有，則有遺而生虧矣。生以有為己分，則虛無是有之所謂遺者也。（《晉書・裴頠傳》）

其提出「自生」說論證「無不能生有」的理論，按裴頠「始生者自生也」之意，則是萬物本身皆具繁衍之能力，不論直接的繁衍，或間接的繁衍，萬物是如此自自然然的延續與存在著，因此，沒有任何的第三者（如神、上帝、道、無）予以創生。論究裴頠此一思路的原由，則是從經驗上論證，而非從哲學的思維而來，故唯有切實的肯定「有」（萬物、名教）的價值，推翻那虛無空有的玄論，才能創造社會的和諧與進步。因此，現象界裡的實有物，皆如網狀一般，彼此交繫一起，互相依恃共生的，裴頠言道：

> 夫品而為族，則所稟者偏，偏無自足，故憑乎外資。是以生而可尋，所謂理也。理之所體，所謂有也。有之所須，所謂資也。（《晉書・裴頠傳》）

雖說萬物，並非相生而來，但萬物卻是互生互存，互結為一生命共同體，故任一物種的生存皆須憑乎外資，無可自足於世，因此，從生命的角度來看，「存在」即是「存有」的體現，而生命的繼續維持，則須外在各種條件的配合與資助，生命才得以存在，而此一存在才是真實無妄的。故裴頠進而批判道：「觀老子之書雖博有所經，而云：『有生於無』，以虛為主。偏立一家之辭，豈有以而然哉！」（〈崇有論〉見本傳），正因為虛無不能創造出萬物，故亦無法論證出萬有存在的事實，唯有回歸於萬物自身來論證，才得以曉悟萬物自身的可貴，與其在現象界裡的缺一不可且無以取代的價值性。

2. 肯定名教的實有價值，反對王弼名教本於自然說

由上文敘述得知，裴頠從一自然界的實有存在，及其共生互存關係上論證並肯定名教的必然性與價值性，故一反王弼「名教本於自然」的論點，推翻人性中本然的社群組織，並非始自生民之時，即有此一名教制度；而是始

於「聖人」教導百姓生養之道、為生民立其長幼尊卑之序後，才有的名教觀，故謂「聖人作而萬物睹」（《易經‧繫辭傳》）。因此，裴頠在政治的批判上，其主要申論與駁難的有二項：一為名教為聖人所創制，非源於自然之性；一為執守禮制教化，以糾正虛無玄風。

（1）名教為聖人所創制，非源於自然之性

裴頠認為政治制度的設置與教化的推行乃源自於聖人，而非源自於自然，〔註18〕故於〈崇有論〉中言道：

> 大建厥極，綏理群生，訓物垂範，於是乎在，斯則聖人為政之由也。

然而，何以聖人必須建立體制，治理百姓，訓物垂範？其因，則在于人性中普遍存在著不可去除的「欲望」，因而聖人深知此「欲望」的存在，對個人、社會以至於國家的影響，故需「緣情制禮」、「稽中定務」，不可過與不及，是以：

> 賢人君子，知欲不可絕，而交物有會；觀乎往復，稽中定務。惟夫
> 用天之道，分地之利，躬其力任，勞而後饗，居以仁順，守以恭檢，
> 率以忠信，行以敬讓，志無盈求，事無過用，乃可濟乎。（〈崇有論〉
> 《晉書本傳》）

正因為聖人立處於世，由此社會實有狀況中洞悉了人之情性，故知欲不可絕，也斷絕不了，既是如此，只有依緣此性，而以禮制之，以教化之，方能使「欲」之求，合乎節度，且發揮其正面的影響。〔註19〕但玄學家在處理此一「欲望」的問題時，存在著兩種主張，正始時期的王弼則主張「寡欲」，《老子‧57章注》曰：「上之所欲，民從之速也。我之所欲為無欲，而民亦無欲而自樸。」、又《老子微旨略例》言：「絕盜在乎去欲，不在嚴刑」；而另一主張，則為阮籍所提出的「縱欲」理論，其〈答伏義書〉中說道：「鸞鳳凌雲漢以舞翼，鳩鴞悅蓬林以翱翔，……斯用情各從其好，以取樂焉。」，也由於時人趨慕何王

〔註18〕王弼《老子‧32章注》謂：「始制，謂樸散始為官長之時也。」，其意以為名教本於自然之性，也就是說人類社會一切制度與活動皆源自形而上的「樸」（道、無、母等意），故效法自然，聖人行其不言之教，無施無化，垂拱靜默，而民自得真樸。但裴頠卻將聖人角色提昇為具有主動性，而積極有為的人格形象，當然這也就是「儒聖」與「道聖」的最大差異性了。

〔註19〕「知欲不可絕」，故需「緣情制禮」、「因勢利導」，這是魏晉儒法之士們共通的認知。若就整個經濟層面上考量，以欲望刺激消費，在市場的供需之間則能持平，帶動國家之富足，但玄學家們卻只片面的提倡「寡欲」、「絕欲」，或極端的走向「縱欲」之路，較欠缺整體環境的考量。

嵇阮等名士風範,故士行愈加敗壞,任誕之舉愈見放蕩,就連清談大家樂廣,亦按捺不住的勸誡道:「名教中自有樂地,何爲乃爾!」(《世說新語‧德行》),故無論寡欲、縱欲也好,名士們表現於外的,似乎是清心寡欲,(如王衍、山濤受賄一事),但實際上裡子內,卻又縱欲貪享,真可說是跡冥兩違,體用相妨,實難折服儒生之口。此需推溯於王弼論聖人之情性說起,《三國志‧鍾會傳》注引何劭《王弼傳》:

> 聖人茂於人者神明也;同於人者五情也。神明茂,故能體沖和以通無;五情同,故不能無哀樂以應物。然則聖人之情,應物而無累於物者也。

在此,王弼肯定聖人同於一般人皆具五情,然凡聖之別,則在于「體無」與「順有」的差異上。由於聖人能體無,縱使有情有欲,亦無妨於其自然之性,故《論語釋疑‧陽貨》云:「性其情,情近於性者,何妨是有欲!」,然而能以性統情,不會直情違性,唯有體無的聖人,方能如此自持。但王弼卻完全忽略了「順有」的凡人,應當如何處理其本有的情緒問題,反而主以「唯因物之性,不假刑以理物。」(《老子‧36 章注》),倘若凡人亦能如同聖人一樣「性其情」,自當無須「假刑以理物」;但事實上,從現象世界驗證出來的結論,則是:凡人是順有,是牽累於物的。有鑑於此,裴頠則認爲王弼所盛稱的聖人,其所體的無,與信仰的無爲之政,則是「虛無奚益於已有之群生哉!」、「信以無爲宗,則偏而害當矣!」因而「濟有者皆有也」,唯有站在實有的現象界,深刻的觀察世俗紛擾的原因,才能對症下藥,以返歸自然的和諧,而聖人則就此應運而生,將紛擾的群生,歸結起來,爲其建立體制,教導各種事物與生養之道,進而使得人倫有序,事興而物理,所謂:

> 君人必愼所教,班其政刑一切之務,分宅百姓,各授四職,能令稟命之者不肅而安,忽然忘異,莫有遷志。(〈崇有論〉《晉書本傳》)

故凡人順自然之情之欲,則可在聖人的因勢利導,禮樂的教化及政刑的戒訓下,合乎節度。然而這樣的應時而起,爲民鞠躬盡瘁的聖人,卻遭到王弼等玄學家的質疑與見斥,《老子‧38 章注》則以「上德之人」與「下德之人」分判儒、道聖人之別:

> 上德之人,唯道是用,不德其德,無執無用,故能有德而無不爲。不求而得,不爲而成,故雖有德,而無德之名。……以無爲用,則得其母,故能己不勞焉,而物無不理。

> 下德求而得之，爲而成之，則立善以治物，故德名有焉，求而得之，
> 必有失焉；爲而成之，必有敗焉。善名生，則有不善應焉⋯⋯棄本
> 而適其末，舍母而用其子；功雖大焉，必有不濟，名雖美焉，僞亦
> 必生。

由上文敘述，可知所謂「下德之人」，其「求而得之，爲而成之，立善以治物」
的積極作爲，正是儒家尊崇的聖人典型，是內聖外王兩兼的人物；〔註20〕但
王弼卻視之爲「下德之人」，且謂「功雖大焉，必有不濟，名雖美焉，僞亦必
生」，相較於「上德之人」〔註21〕之「能己不勞焉，而物無不理」的事功，其
間差距是相當懸殊的。

　　故裴頠以此肯定聖人設置名教的貢獻，駁難道家聖人對世俗責任的輕
忽，因爲聖人只在于「達自然之性，暢萬物之情，故因而不爲，順而不施。」
（《老子・29 章注》），如此無施無爲，在儒家眼中是不能濟世群生，統理萬物
的，因此，《易・繫辭傳》盛稱：「聖人出，則萬物睹」的功績與人格。裴頠
由政治功績上，分判儒道二家聖人境界的高低，試圖還給儒聖眞實之地位；
同時，更肯定了聖人設教的貢獻與價值，以維護名教之治。

　　（2）執守禮制教化，糾正虛無玄風
　　探究裴頠寫作〈崇有論〉的動機，則在于：

> 深患時俗放蕩，不尊儒術，何晏、阮籍素有高名於世，口談浮虛，
> 不遵禮法，尸祿耽寵，仕不事事；至王衍之徒，聲譽太盛，位高勢
> 重，不以物務自嬰，遂相放效，風教凌遲，乃著崇有之論，以釋其
> 蔽。（《晉書・裴頠傳》）

由上可知，裴頠所處之世（晉惠帝時期）時俗不僅放蕩，儒術與禮法更遭受
賤鄙，故形成士人「居官無官官之事，處事無事事之心」（孫綽〈劉眞長誄〉
《全晉文・卷 62》），「位高勢重，不以物務自嬰」的「無爲」（無所作爲）心

〔註20〕　《論語・雍也》：「子貢：『如有博施於民而能濟眾，何如？可謂仁乎？』子曰：
　　　　『何事於仁，必也聖乎！』」因此，孔子所稱聖者，則爲一能忠能恕、兼懷萬
　　　　物的人，故是內聖與外王兩兼的傑出人物。
〔註21〕　林麗眞先生《王弼》中詳論了老莊筆下的聖人形象，其言：「若就政治表現說，
　　　　乃是一個無執、無爲、爲功、無名、不爭、不恃、因民自化而不責於人的自
　　　　然主義者；若就人格精神論，則是一個完全捨離甚、奢、泰，並超越生死、
　　　　憂樂、名利、成敗、是非，甚至時空之限，而有觀照智慧的無己境界者。總
　　　　之，老莊眼中的聖人，實是一種超越型態的「境界我」典型。（東大圖書公司，
　　　　1988.7，頁 154～155）。

態，士人不知省悟，將心放在民事與國事上，反而放效成風，互相引爲高曠、放達，故裴頠除了在學理上進行反制外，亦不得不糾舉此一世俗歪風，其言：

> 是以立言藉於虛無，謂之玄妙；處官不親所司，謂之雅遠；奉身散其廉操，謂之曠達；故砥礪之風，彌以凌遲。放者因斯，或悖吉凶之禮，而忽容止之表，瀆長幼之序，混漫貴賤之級。其甚者，至於裸裎，言笑忘宜，以不惜爲弘，士行又虧。（〈崇有論〉《晉書・裴頠傳》）

以上種種，皆導源於虛無玄風的影響，自從何王高舉貴無論，崇尚無爲之政，大唱任自然之性後，士人趨慕此一玄理的微妙，便引爲居官處事的人生哲學，縱欲樂生，視禮法爲殺人之器，〔註22〕故棄儒賤禮，隨興妄爲。殊不知，國家已在門閥世族的政經壟斷下，危危欲墜，社會風氣浮蕩不安，眾人沈醉於唯利是圖的價值觀中，欠缺積極有爲，因此裴頠強調，唯有重振禮法之制，建立長幼尊卑等級之序，喚醒士人的道德意識與責任感，國家、社會才有生機可言。然重振禮法之制的原因何在？此不外乎是「正名」，《論語・子路》載孔子論政之言曰：

> 必也正名乎！……名不正則言不順，言不順則事不成，事不成則禮樂不興，禮樂不興則刑罰不中，刑罰不中則民無所措手足。

孔子所言的「正名」之意，其綱目則爲「君君、臣臣、父父、子子」，而確立此一君臣父子之關係的基本依據則是「禮」，故《禮記・曲禮》言道：「君臣、上下、父子、兄弟，非禮不定。」，又《禮記・哀公》亦言：「非禮無以辨君臣、上下、長幼之位也。」，〔註23〕因此「禮」正是國君爲政的首務之一，如此才能建立長幼尊卑之序，使諸臣各歸其位，各盡其職責，而不輕怠。然晉世政權實爲一世族的聯盟政權，故國君之勢位、權力亦相對的削弱，而形成弱幹強枝的原因，除了門閥政治一因外，士子無視禮法的存在，更是不可忽略的一環，如王弼訶斥禮法（參見第三章第二節），阮籍亦謂：「禮豈爲我輩設也？」（《世說新語・任誕》）、「汝君子之禮法，誠天下殘賊、亂危、死亡之術耳，而乃目以爲美行不易之道，不亦過乎！」（〈大人先生傳〉《全晉文・卷46》）。在此貴無賤有的漸染下，「禮制弗存」，成了事實，故裴頠不禁感嘆道：

> 賤有則必外形，外形則必遺制，遺制則必忽防，忽防則必忘禮，禮

〔註22〕阮籍〈大人先生傳〉：「汝君子之禮法，誠天下殘賊、亂危、死亡之術耳，而乃目以爲美行不易之道，不亦過乎！」（《全晉文・卷46》）。

〔註23〕詳文請參劉宗賢、謝祥皓先生所著之《中國儒學》（水牛出版社，1995.10，頁39～40）。

　　　　制弗存，則無以爲政。

孔子殺少正卯，因其僭禮亂德，故殺之；今日裴頠只能口誅筆伐虛無玄風對政治、社會與經濟等各層面的危害，故裴頠歸結出「崇有」理論以對峙此一「虛玄貴無」的風氣，且懇切的認爲唯有確實的正視社會現象與問題，從根本上著手，以禮制教化建立以實現社會之和諧的體制；固非無心無爲可致，棄禮任性可成，或追逐隨順高遠莫測的自然，則可恢復人類和諧之序。

（二）歐陽建〈言盡意論〉

　　在魏晉玄學史上，首先提出言不盡意論的是荀粲，藉此言不盡意之論否定了六經存在的作用與價值；繼而發言論述的則是王弼〈言不盡意論〉及嵇康〈言不盡意論〉（但已亡佚）、〈聲無哀樂論〉。有鑑於玄學家們對語言表意作用的質疑與否定，進而混亂名實關係，漸次導論出六經與社會教化的功用性及其存廢問題，故對當代的政治體制與統治權，皆潛伏著亡國的危機。因此，與裴頠同一時期的歐陽建，有感於此，便提出〈言盡意論〉以反制之。歐陽建〈言盡意論〉假以「雷同君子」與「違眾先生」的對話，以開展其意，文曰：「有雷同君子問於違眾先生曰：……若夫蔣公之論眸子，鍾、傅之言才性，莫不引此爲談證，而先生以爲不然，何哉？」，顯而易見的，文中的「違眾先生」與「雷同君子」並非虛擬人物，前者正是歐陽建本人；後者則服膺於王弼〈言不盡意論〉的雷同者。因此，歐陽建獨發異論於時俗中，極力申明「名和物、言和理是相互統一而不容分割的」，〔註24〕截斷王弼形上義理之論，盡由形而下的客觀事物的認知，論證名與實、言與理的對應關係。故底下筆者則就此一主軸，分述爲二點：一爲從名實相稱論證言可盡意；一爲歸還六經之地位及其教化價值。

1. 從名實相稱論證言可盡意

　　名實問題，於有魏一朝，成爲士子間論政的熱門議題（參見第二章第一節），而衍伸至兩晉則成爲言意關係的辯證。探究王弼〈言不盡意論〉的提出，白恩姬先生於〈王弼與歐陽建的言意之辨研究〉一文中指出：「『得意忘言』論，決非只是他注《易》時的玄論，而的的確確是被他自覺地用來架構和論證他以無爲本的形上學的玄學體系的方法論。」，〔註25〕因此，我們實不難理

〔註24〕文見馮芝生、容肇祖先生等主編之《中國歷代哲學史文選》兩漢隋唐編（九思出版社，1978.9，頁368）。

〔註25〕文見白恩姬先生所論之〈王弼與歐陽建的言意之辨研究〉（《鵝湖月刊》，

解王弼藉由言不盡意論的辨證，以忘言得意的方式，挹注新義理於儒家經典中，而晉世郭象《莊子注》亦尋其方法，提出「寄言出意」的方法論，各為自己的學說開闢合理的新天地，因而整個儒典義理與聖人形象皆被模糊與改造了，故歐陽建〈言盡意論〉的提出，首先由形而下的名實概念上來探討，其曰：

> 形不待名而方圓已著，色不俟稱而黑白已彰。然則名之於物，無施者也；言之於理，無為者也。(《全晉文‧卷 109》)

這段話是歐陽建對於玄學家「去名存意」之方法論所提出的辨證，江師建俊先生以為這段乃歐陽建之「言不盡意」之論(〈魏晉玄理與玄風之研究〉)，因為由上文看來，確實是說明著名與物(實)、言與理(意)間是不具對應關係的，所謂「無施」、「無為」者也，因而歐陽建自陷於矛盾的窘境顯然是相當明白的。但，事實上歐陽建的言論是不夠嚴整亦欠缺條理的，因為王弼所認知的「意」所指稱的是「不可言說」、「抽象的」、「形而上的」。要之，那是只能形容卻難以準確指謂的「道」，故老子為方便著述起見，則強為之名(《老子‧25 章》)。故「意」、「理」實為聖人主觀的認知心，因此唯有跳脫語言文字的拘泥，聖人真意方得以呈現而被瞭解，這也就是王弼注經的方法論；而歐陽建則截斷王弼所謂的「道」、「意」此一形上的思維，盡由形下的現象世界的萬物來認知。其意以為現象界中的任何一物，皆須以名稱予以分辨，所謂「物定於彼，非名不辯」，故「名」對於所有客觀事物，皆具其辨物功能，因而瞭解事物的存在，並非捨去名稱，空泛的想像方圓之形、黑色之色；故名之於物，亦非「無施」也，而是緊密相繫，因人們必須透過「名」認識萬物的存在與殊異，若無「名」以指稱「物」，那物的存在，因為不被認知，而失去了其存在的價值，萬有世界亦將處於混沌未開的狀態。然嵇康〈聲無哀樂論〉則否定了語言表意的功用及其知識上的傳承價值，其言：

> 知之之道，可不待言也。若吹律校音以知其心，假令心志於馬而誤言鹿，察者固當由鹿以知馬也，此為心不繫於所言，言或不足以證心也。若當關接而知言，此為孺子學言於所師，然後知之，則何貴於聰明哉？

在嵇康看來，語言只是一些沒有任何思想內容的外殼，是一種由人外加給事物的標志、符號，這種符號有很大的主觀隨意性，既不能準確的揭示事物的

本質，也不能有效地表達思想。〔註 26〕也正因爲嵇康否定言以證心的作用，故舉馬鹿誤言論證，卻不知「欲辯其實，則殊其名」的重要，若「名不辯物，則鑒識不顯」，而馬鹿誤言，不過是鑒識上的問題，而非名不稱物，亦非言不證心的問題。因此，名之於物，不僅確立了萬物之名，使其井然有序、名實相稱，更是開啓人類智慧之鑰。是故，言之於理，是「有爲」的，而非「無爲」的，原因何在？歐陽建言道：

> 古今務於正名，聖賢不能去言，其故何也？誠以理得於心，非言不暢；物定於彼，非名不辯。言不暢志，則無以相接；名不辯物，則鑒識不顯。鑒識不顯而名品殊，言稱接而情志暢。

其原因正在於端正名實，確立名對於實的直承關係，將是政權建立與維繫的條件；而聖人雖述而不作，但仍不能去言，尚與弟子往返討論，亦積極的周遊列國，傳述其爲政理念。因此孔聖雖能「理得於心」，但仍需不斷的以言語將其理念與爲人處世之道理，一一傳輸於當朝君主及後生小子，其終極目的，不外乎是藉由理念道理的推廣，能以言教代替身教，以至於法教，使民敦樸存善。因此，白恩姬先生歸納歐陽建名言之論，謂其目的有二：「一是人我溝通；一是辨別事物。他指出名、言是『辨物』、『暢志』的必要條件。接著，他從名、言的產生、發展中，指明『辨物』、『暢志』是名、言本身的性能。有語言概念則萬有乃成爲有意義者。情志不藉助語言則無以暢快表達，形色由比較確定，若不賦予名稱則不能區別，所以名言是不可廢的。」〔註 27〕誠然，語言對個人除了能暢抒心志外，推及人際交流，亦非言語不可；但，不可疏略的是，語言對一個民族文化的記載及其傳承功用，因而語言的表意作用是必需受到肯定的，如此，其學術文化的傳承才有其意義與價值。故言意關係絕非二元論與可分割的，其關係猶如「聲發響應，形存影附，不得相與爲二矣。」這正是歐陽建對言意之辨所做出的結論。

2. 歸還六經之地位及其教化價值

語言是否成爲達意的工具？言意之辯只是哲學上的辯論嗎？這是相當值

〔註 26〕文見許抗生先生所著之《魏晉玄學史》（陝西師範大學出版社，1989.7，頁 224）。

〔註 27〕文見白恩姬先生所論之〈王弼與歐陽建的言意之辨研究〉（《鵝湖月刊》，1993.1，第 18 卷第 7 期，頁 41）。

得重視的問題與方向。歐陽建〈言盡意論〉首先肯定語言對於聖人思想傳述的功用及價值，所謂：「聖人不能去言，其故何也？」，主要用意以肯定經典是聖人思想理念的寄託，故孔聖傳述的六經，正是聖人微言大義之所在。因此，言意之辯除了哲學上的思辨意義外，更具有其社會價值，何以言之？何劭《荀粲傳》載：

> 粲諸兄並以儒術論議，而粲獨好言道，常以爲子貢稱夫子之言性與
> 天道，不可得而聞，然則六經雖存，固聖人之糠秕。粲諸兄難曰：《易》
> 亦云聖人立象以盡意，繫辭焉以盡言，則微言胡爲不可得而聞見哉？

在荀氏兄弟間，已是儒道二分。荀粲好言道，故由「言乎辭表」論證「象外之意」非語言所能極盡，故贏得當時「能言者不能屈」的勝利。由於漢末以來，儒術獨尊的地位已隨漢世的滅亡而衰頹不振，下達魏晉兩世更是疲弱不堪，士行不修，禮制失序，經典成了老莊思想的傳輸工具，堯舜聖君亦成了「無心順有」的「神人」，〔註28〕然更甚者，則將儒家所推崇而具教化作用的「六經」掃入糠秕之列，前有荀粲的高唱，後則有嵇康之和，其〈難自然好學論〉：

> 今若以明堂爲丙舍，以諷誦爲鬼語，以六經爲蕪穢，以仁義爲臭腐，
> 睹文籍爲目瞧，修揖讓則變傴，襲章服則轉筋，譚典禮則齒齲，於
> 是兼而棄之，與萬物更始，則吾子雖好學不倦，猶將闕焉。則向之
> 不學未必爲黑夜，六經未必爲太陽也。

嵇康除了「每非湯武，而薄周孔」（〈與山巨源絕交書〉）；更將六經的學術價值貶至最低點，其意以爲學了六經「猶將闕焉」，故就嵇康看來學習經典是無益於己的，於是兼而棄之，不學也罷！是謂：「不學未必爲長夜，六經未必爲太陽」，實是破天荒之論，儒學至此其學術價值何在？針對嵇康對六經的鄙薄輕賤的態度，孫盛〈老子疑問反訊〉一文，則立足於儒學爲尊的角度提出反駁，其言：

> 夫聖人之道，廣大悉備，猶日月懸天，有何不照者哉！老氏之言，
> 皆駮於六經矣，寧復有所怨忘，俟佐助於聃周乎！即莊周所謂：日
> 月出矣，而爝火不息者也。（《全晉文·卷64》）

孫盛認爲儒教有如日月光芒，普照大地，而老聃的學說，不過是「爝火」罷了！何能與日月相比呢？由此，亦已顯現儒道學統的紛爭之熾烈（見本節李

〔註28〕郭象《莊子·逍遙遊注》：「夫神人，即今所謂聖人也。夫聖人雖在廟堂之上，其心無異於山林之中，世豈識之哉？」。

充〈學箴〉)。上述亦僅就六經的學術價值上說,就六經的教化作用,嵇康亦提出了看法,〈聲無哀樂論〉言:

> 仲尼有言:移風易俗,莫善於樂。即如所論,凡百哀樂,皆不在聲,則移風易俗果以何物邪?又古人慎靡靡之風,抑諂耳之聲,故曰:放鄭聲,遠佞人。然則鄭衛之音,擊鳴球以協神人,敢問鄭雅之體,隆弊所極,風俗移易,奚由而濟?

嵇康從音樂不具哀樂情感的思維角度,論證音樂不具移風易俗的教化功用。透過〈聲無哀樂論〉及〈難自然好學論〉的隨文互見,實可知道嵇康為還原音樂的自然本質,而否定音樂移風易俗的社會價值;進而也否定六經的教化意義。然嵇康縱有其申論的微旨與目的所在,但不究事理的士人,棄經瀆經,以為談資的行為,正是由趨慕嵇康這樣的名士而來。因此,歐陽建遂強調:聖人之言,實不可廢,聖人之典,亦不可棄,唯有肯定語言文字在學術傳輸上的功用,方能歸原六經之地位及其教化的社會價值,以挽救儒學於衰頹之勢。

二、批老莊——批玄論的宗主:孫盛〈老聃非大賢論〉與王坦之〈廢莊論〉

魏晉時期乃道家復興,儒學衰落的階段。實因何、王援道入儒,藉以會通儒道建立其學說思想與體係之故,而道家的開山祖師——老子,及其學說的繼承與發揚者——莊子,自然形成玄學家們的宗主人物。因此,於兩晉時期便出現兩篇批駁老莊學說的文章,一為孫盛〈老聃非大賢論〉;一為王坦之〈廢莊論〉。孫、王二人各自針對玄學的宗主老子和莊子,進行辯難。然孫之遣語溫厚、曲折委婉;王則詞鋒嚴厲、單刀直入。底下筆者則就孫、王批判之旨,試申其意。

(一)孫盛〈老聃非大賢論〉

孫盛〈老聃非大賢論〉主要是建立在玄學理論上進行反制的,因此,初看似與郭象融和儒道之旨兩相應和,然究其實,孫盛確是假借郭象跡冥圓融、無心順有這一道家似的語氣,方便立論,實際上不過是孔子所稱道的聖人典型:「內聖外王」(人格修養與政治事功兼備)罷了!故〈老聃非大賢論〉是一篇立足於儒家正統立場,為維護「六經」與「聖教」,〔註29〕而以批判老子

〔註29〕參見中國社會科學院哲學研究所中國哲學史研究室編之《中國哲學史資料選輯》(魏晉隋唐之部)(中華書局,頁492)。

學說及其人格境界爲主的文章。視其文章主軸，則由賢聖境界的差別論證老聃非大賢，及其學說的矛盾與片面，以達其立論申難之旨。析而言之，則可由兩方面著手探討：一爲老聃只是體寂求虛，未達跡冥圓融的聖人境界；一爲歸原孔聖之眞實地位與尊崇。

1. 老聃只是體寂求虛，未達跡冥圓融的聖人境界

王弼與裴徽曾有一段知名的對話，何劭《王弼傳》：

> （徽）問弼，夫無者，誠萬物之所資也；然聖人莫肯致言，而老子申之無已者何？弼曰：聖人體無，無又不可以訓，故不說也。老子是有者也，故恆言其所不足。（《三國志·鍾會傳》注引）

在這段談話裡，所要解決的是老子和孔子誰的境界高？王弼的妙答懾服了裴徽，贏得了滿堂彩。在此王弼以「體無」道出了「聖人」的境界，而老子是「言有」的，故不及於聖人；另外王弼於聖人有情的論述上，亦以「體沖和以通無」、「應物而無累於物」（見何劭《王弼傳》）的層次上論證了凡聖之別，很明顯的「體無」、「通無」與「應物無累」是論證「聖人」的主要條件，而在郭象的思想裡則更明顯檢示出聖人的人格爲：

> 夫體天地之極，應萬物之數以爲精神者，故若是矣。若是而有落天地之功者，任天行耳，非輕用世。（《莊子·刻意注》）

郭象認爲聖人是「無心順有」的，因爲「世以亂故求我，我無心也」（《莊子·逍遙遊注》），故聖人是可體天地之極且順應萬物之數，而不亂其心的。可見，聖人不僅是超塵絕世，更是順有用世的。簡而言之，玄學家們認爲聖人是「順有體無」的，故能「跡冥圓融」、「應世而出世」；但反觀其所推崇的聖人——老子，〔註30〕其實際行爲，卻非如此，孫盛言道：

> 然希古存勝，高想頓足，仰慕淳風，專詠至虛，故有棲峙林壑，若巢許之倫者，言行抗蠻，如老彭之徒者。（《全晉文·卷63》）

孫盛由此逃避世俗責任的觀點上，責難老聃只是體寂求虛的人物而已，始終不能「御治因應，對接群方，以保元吉」（〈老聃非大賢論〉）。正因爲老子有感於世亂，唯遺其文五千言，便離中土而去，〔註31〕如此只爲求己身之全，而遺世棲逸的心態，實非聖人「能體化合變，無往不可」（郭象《莊子·逍遙

〔註30〕何晏稱説老子與聖人同。據《世說新語·文學》注引《文章敍錄》曰：「自儒者論以老子非聖人，絕禮棄學。晏説與聖人同，著論行於世也。」。

〔註31〕文見《史記·老莊申韓列傳》。

遊注》）之心。故老聃非但未具聖人之主要條件，亦不及於聖人之門，因爲聖人是必經應世而出世的，「唯變所適」乃爲其對應之方，故孫盛言道：

> 夫大聖乘時，故跡讓於所因，大賢次微，故與大聖而舒卷，所因不同，故有揖讓與干戈，跡乖次微道亞，故行藏之軌莫異…………顏孔俱否逍遙於匡陳之間，唐堯則天，稷偰翼其化，湯武革命，伊呂贊其功，由斯以言，用舍影響之論，爲我與爾談，豈不信哉！何者？
>
> 大賢庶幾，觀象知器，預襲吉凶，是以運形斯同。（《全晉文·卷63》）

孫盛由大聖乘時，論證了唯變所適之能屈能伸、能用能舍、能行能藏的人格典範，而孟子亦曾讚許孔子爲：「聖之時者」（《孟子·萬章下》），原因在于，孔子「可以速而速，可以久而久，可以處而處，可以仕而仕。」（《孟子·萬章下》），由於孔子能「唯變所適」、「因時制宜」，所以縱使「聖人長潛，而跡未嘗滅矣」（李充〈學箴〉），而老聃卻放棄了世俗，潔身遠引。在此，孫盛不僅分判出賢聖境界的差別，更證明了「欽冥而不能冥，悅寂而不能寂」的老聃不過是列屬「中賢」之位，仍去聖有閒（孫盛語）。因此，一個體寂求虛、棄世遁足的人物，在玄學家阮籍的眼中，始終只是一個：「惡彼而好我，自是而非人，忿激以爭求，貴志而賤身，伊禽生而獸死」的「隱者」而已（阮籍〈大人先生傳〉《三國文·卷46》）。可見連玄學家都否定的人格形象，又何以稱聖呢？故孫盛之高明，正在于此，以玄學理論反證其推崇的道聖——老子，其人格實不及於跡冥圓融的聖人境界，故反將玄學一軍，且歸還孔聖本有的崇高地位。實爲反玄思想在方法論上，別開一途。

2. 歸原孔聖與六經之尊崇地位

孔子的地位，隨著政教的衰微與六經見棄而下降，雖說王弼論證體無的是孔子，言有的是老子，兩人相去一截；但實際上，卻適得其反，因其所稱美的是老聃而非仲尼。因爲自兩漢以來，並沒有人膽敢鄙棄孔子的不是及動搖其根深柢固的學術地位，然居竹林名士之首的嵇康卻「每非湯武，而薄周孔」（〈與山巨源絕交書〉），而其批判孔子的地方，正是因爲「周公制禮作樂」，而依循此一大典，將禮樂奉爲政教的圭臬者，則是孔子。孔子曾謂：「周監於二代，郁郁乎文哉！吾從周。」（《論語·八佾》），孔子認爲周朝之禮儀典制，雖承自夏商二代，然周朝卻能察其得失，較其長短，而損益之，故較之前朝，則更加爛然完備，這正是孔子推崇周典之故。

由上所述，則引領我們思考這樣的一個問題：制體作禮者爲周公，而將

禮樂奉為政教的圭臬者為孔子。因此，嵇康於司馬氏之弒君奪權，卻以考作為政教體制，感到深惡痛絶，然此牽連而來的，便是「老祖宗」亦難逃其貽世之罪，雖是指桑罵槐，目的未必真在鄙薄周孔，〔註32〕但孔聖的學術地位，實已受到了質疑與動搖。因而孫盛提出兩點辯駁，首先就學術的圓融境界分判高下；次就孔老為人的器量進行辯證。

孫盛欲就學術的圓融境界，分判儒道之高下，故言：

> 按老子之作，與聖教同者，是代大匠斲，駢拇鮫指之喻，其詭乎聖教者，是遠救世之宜，違明道若昧之義也。六經何常闕虛靜之訓，謙沖之誨哉！孔子曰：述而不作，信而好古，竊比於我老彭，尋斯旨也。則老彭之道，已籠罩乎聖教之內矣。

孫盛為恢復孔子學術的崇高地位，故由學理的圓融境界上，認為老子大力標舉的「虛靜之訓」、「謙沖之誨」，本是孔門《易經》中已闡發之義理，並非老聃之獨言新論。然究其實，老聃所言不過是「代大匠斲」，且多屬「偏抗之辭」，故是未能「明道」，反而狹隘的以為「明道」在于得此「若昧」（柔、愚、靜、虛）之理，卻不知兼懷萬物，跡冥應照。故在學術領域上，老聃不過是執學海之一端，因而在個人的器量上，亦是有屬偏執與不全的，孫盛言道：

> 顏孔不以導養為事，而老彭養之，孔顏同乎斯人，而老彭異之。

顏孔並不因世亂而思山林之棲，高蹈遠引，而拍浮滄海中；然老聃卻遺世獨立，以導養為事，成就了個人之德，全盡了個人生命，反以孔子敷訓設教為其異類，故在為人的器量上，孔與老，一為兼容並蓄；一為排除異己。故綜上二點，孫盛證得老聃未能臻至聖人之境的原因，因而形成老聃只知虛靜冥寂之理，卻不知乘時舒卷，遭否亦得逍遙的聖智，故始終未達「圓化之道」（孫盛語），然「苟得其（儒）道，則游刃有餘，觸地元吉。」（孫盛語）。故孔子之道及其為人皆是「圓融無礙」、「跡冥應照」的，相較於老聃偏執一理，而以為全的智慧，是一聖與一中賢的迥然差別。因此，孫盛最後呼籲道：唯有學得聖道，被服聖教，方得以游刃有餘，觸地元吉，無往而不逍遙的。當然，孫盛也準確的掌握住了學術境界與人格器識的論證，而其用心，無非是為歸還孔子六經之原有的地位與尊崇。

〔註32〕嵇康到底是指桑罵槐？還是真批判周孔？關於此一問題，歷來學者（如魯迅先生〈魏晉風度及文章與藥及酒之關係〉、曾春海《嵇康》）多已澄清與辯證，認為嵇康並非鄙薄周孔，傷毀禮教。

（二）王坦之〈廢莊論〉

　　魏晉之際，阮籍因對儒家禮教淪為政權工具，大感失望，故作〈達莊論〉以贊頌自然無為之道，而抨擊禮法名教，且阮氏為人亦以莊周為模則；然東晉時期王坦之因對正始、竹林以來，不拘禮法崇尚虛玄的社會風氣，大感不滿，史載：「坦之有風格，尤非時俗放蕩，不敦儒教，頗尚刑名學。」（本傳），故作〈廢莊論〉〔註33〕以尊崇儒教之化，抨擊莊學對世俗的危害。然而，王坦之〈廢莊論〉是否針對阮籍〈達莊論〉而來，不得而知；但很明顯的，兩晉時俗放蕩，不遵禮法，揚棄儒教，宣揚老莊思想，而奉以為宗師，卻是竹林名士中的嵇康與阮籍。畢竟在正始時期何王尚未如此以老莊獨尊，輕薄周孔，但至嵇、阮時期，則駁難禮教、六經，甚至批判周孔的不是，因而更加廣開偷薄之源，流於荒淫無度。因而王坦之〈廢莊論〉提出兩方面的思考：一從學理的建立上論證，孔聖之道乃體用兼備；一從人性善惡的不同，論證禮樂教化的重要，而後歸結於莊周對風俗的危害與其罪責，故唱以「尊孔廢莊」、「敦禮崇學」，以整齊風俗。底下則就此二點思考，申述其意。

1. 從學理的建立上，論證孔聖之道乃體用兼備

　　此一論點，與孫盛〈老聃非大賢論〉同明相照，皆一致認為孔聖之道是體用兼備、圓融通達的，王坦之言道：

> 夫獨構之唱，唱虛而莫和；無感之作，義偏而用寡。動人由於兼忘。應物在乎無心。孔父非不體遠，以體遠故用近；顏子豈不具德，以德備故膚教。（《晉書·王坦之傳》）

由於莊子對於紛亂的世俗，採取逃避的態度，進而追求自我精神的逍遙，以擺脫一切外物與肉體的束縛，成為虛幻不實的人生觀。因此，在時代的逆境中，莊生選擇了消極的處世觀；而孔聖縱然明知不可為，卻仍以天下興亡為己任。故此一積極的處世態度，始終是莊生未能洞悉的，反以為孔聖的學說是「鯨汝以仁義，劓汝以是非」（《莊子·大宗師》）的極刑，殊不知大聖之道乃體用兼備的，於心，則能明體而不滯於物；於跡，則能適用於世，周乎時變。然關於聖人「明體」這點來講，在儒家的學理中並非不可得而聞，而是化為具體的行動，將此一聖德，推己及人，故曰：「用近」而非「不體遠」；

〔註33〕李充亦寫有一篇〈釋莊論〉，今已亡佚，故難知其意；然就其〈學箴〉意旨及其「好刑名之學，深抑虛浮之士」兩點訊息看來，〈釋莊論〉應為反玄思想的論著。

而衣被聖德者，如顏淵等，因其受教，故能備德而不亂道，能不亂道，則能共守與維護社會的和諧秩序，故謂：「德備則膺教」。因此體無用有、功成不居，不僅為聖人之道，更是聖人實踐的方法，王坦之繼而言道：

> 若無利而不害，天之道也；為而不爭，聖之德也；群方所資，而莫知誰氏，在儒而非儒，非道而有道，彌貫九流，玄同彼我，萬物用之而不既，疊疊日新而不朽，昔吾孔老，固已言之矣。（《晉書·王坦之傳》）

可惜的是，聖道與聖德，因莊生識鑒不足，故而未見，也由於莊生之識鑒不足，王坦之則喻之為：「昔漢陰丈人修渾沌之術，孔子以為識其一不識其二，莊生之道，無乃類乎！與夫如愚之契，何殊間哉！」，漢陰丈人與愚夫，是不接受教化與難以教化的兩種人民，而莊生在王坦之眼中，則是兼而有之的，自以為修了渾沌之術，高蹈山林，便能自足無累，此無異于自欺欺人的心態，規避自己對社會的一種責任。因此，唯有徹底証悟了儒學的圓融境界，士子都能明體適用，社會風俗才有回歸原有淳美狀態的可能，而非偏執於渾沌之術，捨棄對世俗的關懷就能徹底的使民反樸歸真。故王坦之深以「尊孔廢莊」，為整齊風俗之要務。

　　2. 從人性善惡的不同，論證禮教施化的重要

　　王坦之並未從學理上論證人性之善惡，而是由自己對世俗的現象觀察而做出的論述，故曰：

> 夫自足者寡，故理懸於義農；徇教者眾，故義申於三代。道心惟微，人心惟危，吹萬不同，孰知正是？……先王知人情之難肆，懼違行以致訟，悼司徹之貽悔，審裷帶之所緣。故陶鑄群生，謀之未兆，每攝其契而為節焉。（《晉書·王坦之傳》）

由於「人心惟危」，故「自足者寡」，既然能夠自足而不背道者，為數甚少，因此，陶鑄群生，則需以禮節之，禁其未發之前，這正是先王制作禮律規範人民的原由，倘能「敦禮以崇化」則能「日用以成俗，誠存而邪忘，利損而競息，成功遂事，百姓皆曰我自然」（〈廢莊論〉見本傳）。然而老子卻大唱「夫禮者，忠信之薄而亂之首」（《老子·38 章》），故揚棄禮教，純任自然，導致信奉老莊學說者，於其生活實踐的結果，卻是形成這樣的社會亂象：

> 禮與浮雲俱征，偽與利蕩並肆，人以克己為恥，士以無措為通，時無履德之譽，俗有蹈義之恕。驟語賞罰不可以造次，屢稱無為不可

與適變。雖可用於天下，不足以用天下人。(《晉書‧王坦之傳》)

王坦之此言實深含著西晉的亡國之痛，因爲始自竹林名士以老莊爲師以來，放縱形跡於酒國之中，士人趨慕成風，以至有八達及貴門子弟亂道放蕩之舉，范宣謂：「正始以來，世尚老莊，逮晉之初，競以裸坦爲高」(《晉書‧范宣傳》)、樂廣亦曰：「是時王澄、胡毋輔之等皆以放任爲達，或至裸體者。」(《晉書‧樂廣傳》)；而當塗之士，亦多成了朝隱之士，大唱忘形忘跡，所謂「夫隱之爲道，朝亦可隱，市亦可隱，隱初在我，不在於物」(《晉書‧鄧粲》)；卻又不忘招權納賄，實是難去其貪榮樂利的私欲（參見本章第一節）。因此，鑑於衣冠南渡後，清談縱樂之風，未減當年，偏安心態正爲「無爲」、「無心」的論調所蒙蔽，故王坦之忿慨的斥責道：

> 若夫莊生者，望大庭而撫契，仰彌高於不足，寄積想於三篇，恨我懷之未盡，其言詭譎，其義恢誕。君子内應，從我遊方之外，眾人因藉之，以爲弊薄之資。然則天下之善人少，不善人多，莊子之利天下也少，害天下也多。故曰：魯酒薄而邯鄲圍，莊生作而風俗頹。

一句「莊生作而風俗頹」，雖非確論；但對一個關懷民生，視國家興亡爲其榮辱的儒生而言，非獨王坦之有此言論，同感於亡國之痛的范甯作〈罪王弼何晏論〉（參見本節三），及當時士人虞預，亦雅好經史，憎疾玄虛，其論「阮籍裸袒，比之伊川被髮，所以胡虜遍於中國，以爲過衰周之時。」(《晉書‧虞預傳》)；另於後世的顧炎武亦懷有相同的憤慨，其言：「以至亡國於上，教淪於下，羌戎互僭，君臣屢易。非林下諸賢之咎而誰咎之哉！」。由於嵇阮大唱莊學，棄禮詆經，以至於道德淪喪，風俗放蕩，因此，王坦之等人確實難耐此風於亡國後，仍不思檢討而禁廢之，反讓老莊之學大行其道，成了朝政之師，唯思偏安，未能力圖匡復之功（參見本章第四節），而予以口誅筆伐。

故綜上孫盛〈老聃非大賢論〉與王坦之〈廢莊論〉，老子的地位在正始時期經由何晏、王弼「貴無」理論的問世，孔老並比而相競，何晏更崇爲聖人之尊；而莊周則經由嵇康、阮籍引爲模則後，老莊學說遂成爲主流之學。然其清虛自守的人生觀，並未給這個時代帶來一絲的好處，反而走向不嬰世務的超脫與入世的縱欲爲一體。〔註34〕因此，劉琨〈與盧諶書〉中曾如此反省道：「昔在少壯，未嘗檢括，遠慕老莊之物，近嘉阮生之放曠，怪厚薄何從而

〔註34〕語見羅宗強先生所著之《玄學與魏晉士人心態》(文史哲出版社，1992.11，頁287)。

生，哀樂何由而至。自傾輈張，困於逆亂，國破家亡，親友凋殘，負仗行吟，則百憂俱至，塊然獨坐，則哀憤兩極，……然後知聃周之爲虛誕，嗣宗之爲妄作。」。當然國家興亡匹夫有責，故老莊玄虛之理，或否該當亡國之罪，尚且不予定論；但嵇、阮確難辭其言論與行爲之過。

三、批何王──批玄論的開創者：范甯〈罪王弼何晏論〉

（一）范甯〈罪王弼何晏論〉

鑑於西晉亡國之痛，故服膺儒術者，皆一致將矛頭指向清談誤國之罪，前述孫盛、王坦之等罪責了老莊之過，而范甯此篇〈罪王弼何晏論〉則因：「時以虛浮相扇，儒雅日替，甯以爲其源始於王弼、何晏，二人之罪，深於桀紂。」，故著論之。論就此文，范甯申論的要點有二：一爲洙泗之風，衰於何王；一爲滅身覆國，源於玄風。

1. 洙泗之風，衰於何王

范甯認爲洙泗之風，衰於何王，其因在于何王援道入儒，篡改孔聖之言，由於《論語》是一本語錄體的書籍，何王二人假以老子「無」、「無爲」思想予以融通，每每經文中遇有「性」、「天命」、「道」「無」等詞，更可見其篡改之實，儒典反成老子思想的宣揚工具，故范甯罪責何王：

> 蔑棄典文，不遵禮度，游辭浮說，波蕩後生，飾華言以翳實，騁繁文以惑世；搢紳之徒，翻然改轍，洙泗之風，緬然將墜；遂令仁義幽淪，儒雅蒙塵，禮壞樂崩，中原傾覆，古之所謂言僞而辯，行僻而堅者，其斯人之徒歟！（《晉書・范甯傳》）

范甯以「蔑棄典文」一條歸罪何王，於史則較缺乏直接證據，故無法論證何王蔑棄典文之實。而此一問題，清朝顧炎武先生則作了解答：「此則虛名雖被於流俗，篤論未忘乎學者。是以講明六藝，鄭、王爲集漢之終；演說老莊，王、何爲開晉之始。」（《日知錄・卷 13・正始》）。所謂「游辭浮說，波蕩後生，飾華言以翳實，騁繁文以惑世」實是責難何王援道入儒一事，非獨范甯抨擊之，《隋志・經部總論》亦撻伐道：

> 晉世重玄言，穿鑿妄作，日以滋生，先王正典，雜以祆妄；大雅之淪汩之以放縱。陵夷至於近代（指隋唐），去正轉疏，無復師資之法；學不心解，專以浮華相尚；豫造雜難，擬爲讎對；遂有芟角、反對、互從等諸繁競之說。馳騁繁言，以紊彝敘，讀誦成俗，而不知變，此學者之弊也。

何、王任意扭曲聖人之言，以寄託個人的政治思想，對於經學本身，則造成了傷害。《陳書·儒林傳序》亦批判道：「魏晉浮蕩，儒教淪歇，公卿士庶罕通經業矣！」，由於時俗流於玄虛與頹靡，官員更以放誕爲雅遠，不復經術，公文竟成於小吏之手。〔註35〕有鑑於此，范甯爲了挽救衰落的儒學，在其縣邑內興辦學校，供養生徒，潔己修禮，本傳言道：「甯在郡又大設庠序，遣人交往州採磐石，以供學用，改革舊制，不拘常憲。遠近至者千於人，資給眾費，一出私祿。並取郡四姓子弟，皆充學生，課讀五經。又起學台，功用彌廣。」。雖說冰凍三尺，非一日之寒，但范甯仍能在此急流中恪遵儒教，自起學台，親受五經，無非是爲了喚醒世人對儒學的重視，因而以身作則，以抵制玄論對世俗的危害，故審其用心，實非口談浮虛，卻又中飽私囊的名士風流，所能體悟的。

2. 滅身覆國，源於玄風

　　《世說新語·文學》注引《續晉陽秋》：「正始中，王弼、何晏好莊老玄勝之談，而世遂貴焉。」，何晏不僅是清談的領袖，且官居吏部尚書，掌選舉，又因其有望位，故當時談客盈坐，天下談士，多宗尚之（《世說新語·文學》注引《文章敘錄》），而王弼則爲坐上之客，成爲一代談宗。自此名士風流相扇，致使兩晉士人沈溺於玄風之中（《文心雕龍·明詩》），因而范甯批判道：

> 王何叨海內之浮譽，資膏粱之傲誕，畫魑魅以爲巧，扇無檢以爲俗，
> 鄭聲之亂樂，利口之傾邦，信矣哉！吾固以爲一世之禍輕，歷代之
> 罪重，自喪之釁小，迷眾之愆大也。

范甯之所以罪責於何王二人，除了其爲老莊學說之徒外，更重要的一點，則是「巧言亂德」的迷眾之罪。「巧言」指的是「清談」；「亂德」則是「士行不檢」。然「巧言亂德」的結果則是「利口傾邦」的慘痛代價，基於此點，傅玄亦曾如此的怒責：「何平叔言遠而情近（謂其士行不檢），好辯而無誠（指其清談），所謂利口覆邦國之人也（指其亡魏之罪）。」（《三國志·傅嘏傳》注引《傅子》）（詳見第三章第二節）。近代學者陳寅恪先生之〈陶淵明之思想與清談之關係〉一文中，對於東晉清談作了如下的剖析：

> 清談後期，清談只爲口中或紙上之玄言，已失去政治上之實際性質，
> 僅作爲名士身份之裝飾品者也。

〔註35〕此據《梁書·何敬容傳》所載：「魏正始及晉之中朝，時俗尚玄虛，貴爲放誕，尚書丞郎以上，簿領文案，不復經懷，皆成於令史。逮乎江左，此道彌扇……是以朝經廢於上，職事隳於下。」。

既然清談已成了名士〔註 36〕風流的裝飾品，則不具任何對人己有其利益之處，事實上，亦只是士人間的娛樂遊戲而已。但對於這項遊戲，兩晉士人始終樂此不疲，空說終日，雖云談道，實長華競。〔註 37〕而過江後的衣冠世族，不僅不能深戒王衍的教訓：「向若不祖尚浮虛，戮力以匡天下，猶可不至今日。」（《晉書·石勒傳》），反而更加祈慕正始之音，且以正始中人爲最高讚譽，〔註 38〕求的只是「身名俱泰」（《晉書·石崇傳》），不求對世事的關心。因此，在此一玄論影響下所產生的人生觀，縱情享樂成了珍惜生命的唯一途徑，士行不檢，不遵禮度，正是伴隨著正始玄風而來，故范甯不得不將亡國之罪，痛責於何王二人。因爲若無此一學理的建立與盈坐的談客，此風不成，家國覆滅，或恐可緩，故「自喪之釁小，迷眾之愆大也」，誠非過論，何王確實亦難辭其言論與行爲之咎。

四、尊道統──儒道學統之辨析：李充〈學箴〉

（一）李充〈學箴〉

先秦諸子百家的興起，在于匡救時弊。其中儒家的教世主張是以仁德之政，創造人民之義利，達一國富民安的太平盛世；道家則主清虛自守、絕仁棄義、絕聖棄智的小國寡民思想，以回歸社會的自然和諧。故儒道二家在爲政思想與態度上，有著兩極的差別，一主有爲，一主無爲；而其爲政守則，一主行仁義，一主任自然。此一守則各爲其學說的中心思想，亦即探討天理根源之所在，故儒家認爲人實踐天的道路在于推行仁義；而道家則認爲效法自然之德，祛除一切人爲的制度與活動，才是實踐天之道。實際上，道家思

〔註36〕 牟宗三先生認爲名士首先要會清談。清談並不是隨意閒聊，而是有一定的內容的，即談老、莊、易三玄。清談的方式也有一定，並不是以研究學問的態度、學究的方式談，用當時的詞語說，是以「談言微中」的方式談。……清談還有一定的姿態，名士清談時大多喜歡執一秉塵尾，這是講究美的姿態與情調。（詳見《中國哲學十九講》，台灣學生書局，1993.8，頁 227～228）。

〔註37〕 文見《晉書·殷浩傳》注引《翼貽浩書》：「王夷甫先朝風流士也，……正當抑揚名教，以靜亂源，而乃高談莊老，說空終日，雖云談道，實長華競。」。

〔註38〕 如《世說新語·賞譽》：「衛玠避亂，從洛投敦，相見欣然，談話彌日。……（王）敦謂（謝）鯤曰：不意永嘉之中，復聞正始之音。阿平若在，當復絕倒。」又余嘉錫箋疏引《日知錄·13》：「王微與何偃書曰：『卿少陶玄風，淹雅修暢，自是正始中人。』《南齊書》言：袁粲言於帝曰：『臣觀張緒有正始遺風。』《南史》言：何尚之謂王球：『正始之風尚在。』」（詳參余嘉錫《世說新語箋疏》華正書局，1993.10，頁 450～451）。

想是因反對儒學而興起與建立的。此一反動力量，亦在獨尊儒術的兩漢之世，暫告停歇；但當魏之何、王重啓道學之門後，儒術備受質疑與揚棄，於是聃、周當路，與尼父爭塗，﹝註39﹞儒道之辯，於此不休。因此，李充〈學箴〉一文，便是立足於儒家學統的思想上，針對老子將世亂之由，導源於仁義與禮制的說法，提出辯解，以徹底釐清世亂之由，歸原儒家義理的本眞。底下試就二點，作一申述：一爲從實際的社會狀況觀察，論證世亂不由於仁義，故絕棄仁義爲一偏執的說法；一從本末觀點上，論證儒道之崇卑。

1. 絕棄仁義為一偏執的說法

在儒學裡「仁」不僅是最高的德目，更是兼涵諸德，成爲人們實踐天理的最高德目與途徑。然，何謂「仁」？《論語・雍也》有其明確的定義：「子貢曰：如有博施於民，而能濟衆，何如？可謂仁乎？子曰：何事於仁，必也聖乎！堯舜其猶病諸！夫仁者，己欲立而立人；己欲達而達人。能近取譬，可謂人之方也已！」，故所謂「仁」即是「己欲立而立人；己欲達而達人」，此一能近取譬，推己及人的忠恕之道，正是人類生命意義與價值所在。倘如道家偏執的以爲去此忠恕之道，絕棄仁義，則能使民復孝慈的想法，對於匡救時弊，卻非的論。李充明白的指出，世亂的原因，非由於仁義，其〈學箴〉云：

> 老子云，絕仁棄義，家復孝慈，豈仁義之道絕，然後孝慈乃生哉！
>
> 蓋患乎情仁義者寡，而利仁義者衆也。（〈學箴〉《全晉文・卷53》）

由於老子目睹了人爲的巧詐與爭奪，故認爲一切人爲的體制，皆不合乎自然守則，因此一舉推翻儒教對世俗風氣的淳化作用與貢獻，而仁義、聖智便首當其衝的遭受質疑與鄙棄。然究其實，世亂非仁義之過，而是「情仁義者寡，利仁義者衆」，由於社會裡多數人褻瀆了仁義，以仁義爲其利祿的工具，反使仁義之眞諦不彰，道德愈加不行。有鑑於此，聖人創制禮律以規範之，無非是爲整齊百姓之情慾，使復歸於正，而不違禮亂德，所謂：「先王以道德之不行，故以仁義化之，行仁義之不篤，故以禮律檢之。」（〈學箴〉）。但老莊愈是「明無爲之益，塞爭欲之門」（同上），兩晉崇尚老莊者愈是不明眞僞，不辨仁義與聖智之所在，唯法自然之性，純任其情，以致「越禮棄學，希無爲之風。」（同上），徒見「義教之殺，不觀其隆」（同上）的偏廢態度，形成兩晉士行的頹放與學風的不競，故李充糾舉道：

﹝註39﹞ 文見《文心雕龍・論說》：「魏之初霸，術兼名法。傅嘏、王粲校練名理。迄今正始，務欲守文。何晏之徒，始盛玄論。於是聃、周當路，與尼父爭塗。」

> 人之迷也，其日久矣。見形者眾，及道者少，不睹千仞之門，而逐
> 適物之跡，逐跡逾篤，離本逾遠，遂使華端與薄俗俱興，妙緒與淳
> 風並絕。（〈學箴〉《全晉文‧卷53》）

兩晉士人沈溺於玄風之中，違本亂性，縱酒昏酣，露醜穢，脫衣裸形等不檢
行為，已成為反玄思想家共同糾舉與彈劾的內容之一。而這些沈溺玄風者不
過是假老莊學說為其縱欲的藉口，以逃離士德的規範，而自以為是方外之人，
故不為禮教所束，當然，亦無須推行仁義，立人與達人了。郭象《莊子‧駢
拇注》曰：

> 謂仁義為善，則損身以殉之，此於生命還自不仁也。身且不仁，其
> 如人何！故任其性命，乃能及人，及人而不累於己，彼我同於自得，
> 斯可謂善也。

郭象認為凡有所損害生命者，即為不仁，而不仁於己，就是對人不仁，因此，
所謂推己及人之道，則在于顧全自己的生命。換句話說，有非仁非義者在，則
讓其自在，與己無關，可以完全不去管它，這便是「彼我同於自得」。〔註40〕
由此「彼我同於自得」之理，詮釋孔聖「仁義」之內涵，後人實無須訝異兩晉
士人「在官不任職，寄跡而已」（《晉書‧向秀傳》）的不嬰世務與棄義求全的為
政心態。有此玄理的護持，顛倒仁義之論，致使六朝被後世士人評判為「忠臣
無殉節者」（趙翼《陔餘叢考‧卷 17》），或許指責太過，但國難當前，卻漠然
無為，自以為達道。庾敳則是繼王衍之徒後的另一最佳例證，《世說新語‧賞譽》
注引《名士傳》：「敳雖居職任，未嘗以事自嬰，從容博暢，寄通而已。是時天
下多故，機事屢起，有為者，拔奇吐異，而禍福繼之。敳常漠然，故憂喜不至。」，
士人為全生保性，不僅無所作為，君國大事亦無關於己。究其因，則導源於玄
學家對仁義德目的扭曲與揚棄所致，因而形成「當仁而不仁」、「當為而不為」
的偏狹士風。

2. 從本末觀點上，論證儒道之崇卑

林麗真先生認為：付予「本」、「末」以哲學義涵，把「崇本息末」當作基
本原則標準出來，以詮釋《易》、《老》，並試圖貫通玄理中的「體用」、「有無」
等問題，進而解決學術史上的儒道之爭，王弼則是第一人。〔註41〕在王弼的思

〔註40〕 文見羅宗強先生所著之《玄學與魏晉士人心態》（文史哲出版社，1992.11，頁
239）。
〔註41〕 文見林麗真先生所著之《王弼》（東大圖書公司，1988.7，頁39）。

想中，確實是解決了學術史上的儒道之爭，但實際上，儒道學術地位與聖人境界的高低，在王弼的兩番妙答中（聖人體無論與聖人有情論），已分判了出來。其崇道尊老的情形，更是不掩的事實，其於《老子指略》亦已說明其意：「《老子》之書，幾乎可一言以蔽之。噫！崇本息末而已矣！」。前文亦已論及，道家思想是因反對儒家所標榜的仁義禮智而興起的學說，所謂「息末」，即是「去儒」（去除一切人為的教義）。因此，王弼巧妙的從本末、有無、體用、母子的觀點上，論證了儒道學說之崇卑，以道為本體，以儒為末有，故言「不捨本以逐末」（《老子》52 章注）。然李充則由此本末的觀點上，欲使儒術重回其道統的學術地位，因此，將老莊與孔教並比，以見其優劣與高下，其言：

> 夫極靈智之妙，總會通之和，莫尚乎聖人，革一代之弘制，垂千載
> 之遺風，則非聖人不立，然則聖人之在世，吐辭為訓辭，範事則為
> 物軌，運通則與時隆，理喪則與世弊矣。是以大為之論，以標其旨，
> 物必有宗，事必有主，寄責於聖人，而遺累乎陳跡也。故化之以絕
> 聖棄智，鎮之以無名之樸，聖教救其末，老莊明其本。（〈學箴〉《全
> 晉文・卷 53》）

在此，李充所定義的聖人，並非垂拱無為的人格形象，而是一個能「運通則與時隆，理喪則與世弊」與世俗共憂患悲喜的人物；亦是一個能「建大為之論，以標其旨」積極有為的人物。綜而言之，聖人是一個能會通本末之人物，而非偏執於本末一端，然老莊卻窒礙於本體論上，未能切實的從實有的現象去徹底的解決時難。這點亦突顯出道家虛無而消極的處世觀，深深影響了兩晉縱欲樂生、重我之利的自私心態。李充認為唯有聖教能救時末，而其救末之本，則在于仁義的實踐與禮樂的教化上，故曰：

> 非仁無以長物，非義無以齊恥，仁義故不可遠，去其害仁義者而已。
> 力行猶懼不逮，希企邈以遠矣。（〈學箴〉《全晉文・卷 53》）

儒教以公義為利，祛除個人的自私心態，故能以推己及人的恕道，以家國為己任，與天下百姓共飢共溺，切實的關懷民生，解決時難，這才是所謂的「通達之士」。葛洪《抱朴子・刺驕》更明白的糾正了時人之弊，其言：「夫古人所謂『通』『達』者，謂通於道德，達於仁義耳，豈謂通乎褻黷而達於淫邪哉？」。但在整個玄風籠罩下的兩晉，自以為是通達無累者，卻是口言寄跡，實為逐物縱欲的俗人，則比比皆是，導致朝政日下，終至付出亡國的代價。因此，李充亦如其他反玄論者，以此〈學箴〉發言批駁，以抑虛浮放蕩之士，希冀重振儒教，以救時弊。

第三節　經濟的反制

　　由於魏晉於政治上以九品中正制作爲選官用人的標準，因此，政治成了以等級定制的門閥政治型態。人類社會的不平等，除了充分的反應在政治體制外，與此政權相隨的財力支遣，亦說明了社會的不平等現象。對於這「不平等現象」的呈顯，在漢末封建體制的藩籬被瓦解之後，個體自覺了，人們從群體中解放了出來，因而首先要解決的問題便是人類社會不平等現象從何而來？爲了解決這一問題，高明的解釋學說應運而生，這便是何王與郭象的「任自然」學說。這一學說充分論證了階級制度的合理性，因而隨著等級的不同，其所擁有的社會待遇，諸如權力、職等、物資享受、教育、生活環境等，亦皆有所不同。是故，上階層的門閥世族，對於自己所擁有與生俱來的一切權力與享受都視爲當然；而下階層的庶族百姓則對於自己所擁有的貧賤與辛苦，亦無須有所「羨慕」，而當「安之若命」了（郭象《莊子‧逍遙遊注》）。此時，士大夫們對於自己貪婪與好色之性，已無顧忌的現形於外，此一現象，羅宗強先生清楚的分析道：

> 建安前後，敢於言利的思想相繼出現。如劉廙等人。但是個人欲望與群體利益的問題還沒有在理論上提出來。正始之後，這個問題提出來了。感情解放之後，並沒有走向任自然而一切無所繫念的自我，而是走向任自然而縱欲的自我。讓個人欲望無節制的發展，可以說，這就是漢末以來個性解放思潮的基本特點。〔註42〕

由於何王提倡「任自然」學說，反使士子們走向「任自然而縱欲的自我」而非「一切無所繫念的自我」；再者，經由郭象這一玄學大家順水推舟，無節制的斂財納賄之舉，在上層階級社會裡，儼然成爲一股風尚，競相爭豪。〔註43〕有鑑於此風的虛靡與荒誕，士人貪榮樂利，毫不掩飾於對貨幣的崇拜習氣，而上層社會亦無視於因政治的巧詐而形成經濟貧富懸殊的不平等現象，本在于強權所致。因此，始自正始時期，下達兩晉，嗜錢好利的士子充斥史冊，其間亦出現兩篇以「錢」爲論的文章，前有成公綏的〈錢神論〉，後有魯褒的〈錢神論〉。論究這兩篇譏諷時尚的文稿，其來有自，於此，本文確有必要推原於我國貨幣經濟的產生與發展狀況，方能瞭解正始玄風所引領而出的侈汰

〔註42〕文見羅宗強先生所著之《玄學與魏晉士人心態》（文史哲出版社，1992.11，頁280）。

〔註43〕據《宋書‧武帝紀》所載：「晉自中興以來，治綱大弛，權門兼併，強弱相凌，百姓流離，不能保其產業。」。

潮流與貧富懸殊的經濟問題。底下筆者則針對此一問題，列點論述，以探究
成、魯二人在經濟層面上，其批判的理由與內容重點。

一、貨幣經濟的產生與發展

　　人類為一群體活動者，是故人們立處於群體中，皆負有一定的責任與規
範，因此，必須分工以共同建造與完成國家所需之用，且分攤各項勞務。然
而百工所生產之物，皆為百姓彼此之所需，因而必須藉由交換，方能獲得彼
此的需求，此為「實物經濟社會」（自然經濟社會）的產生與狀況；但是，由
於人口的增加，城市、交通等日趨發達，人們對於物品在供需上亦相對的增
加，因而實物交換已不能適應社會的變遷與發展，更不能滿足大部份人的欲
望，此一現象在亞當斯密（Adam Smith）的《國富論》（原稱：An Inquiry the Nature
and Causes of the Wealth of Nations）中說道：

>　　分工一經完全實行，個人的勞動生產所能滿足的人類欲望祇是極小
>　　部份。他是以自己的勞動生產物的消費剩餘部份，與別人勞動生產
>　　物中的自己需要部份，相互交換，藉以滿足大部份的欲望。〔註44〕

正因實物交換的不便，「貨幣」的鑄造則產生了。我國始自戰國時期社會分工
與經濟的發展日顯繁榮，至秦統一全國貨幣後，貨幣作為易物的交換媒介，
亦奠定了其經濟效用，故進入西漢大一統時期，我國以貨幣作為傳媒且普及
化一事，已充分證明商業發展的繁榮情景，此時已進入所謂的「貨幣經濟社
會」。〔註45〕

　　但，論究「貨幣」本身，是不具有任何「商品性質」的資格，因而更無
所謂的「財富」概念與價值存于貨幣本身，此為我國鑄幣以流通貨物的原
意；且鑄幣之用，正因是為了因應商業發展之所需，故以「貨幣」作為各種
商品交換的媒介，以擴大貨物的流通，正如晁錯所言：「（貨幣）飢不可食，
寒不可衣」（〈論貴粟疏〉）；賈山曰：「錢者，亡用之器」（《本傳》）。但貨幣的
使用普及之後，其所擔負的經濟效用不僅依然具備，而其本身亦被賦予了「財

〔註44〕　文見 Adam Smith 所著之《國富論》（原稱：An Inquiry the Nature and Causes of
　　　　the Wealth of Nations），周憲文譯（台灣銀行經濟研究室編印，1965.12，頁 22）。
〔註45〕　宋敘五先生於其所著之《西漢貨幣史初稿》中言道：「並不是開始有了貨幣使
　　　　用的社會，就叫做『貨幣經濟社會』，而是到了貨幣已被普遍使用，一切財富
　　　　的轉移皆以貨幣為工具，使貨幣成為每一社會成員不可須臾離的東西，這種
　　　　社會才叫做『貨幣經濟社會』。」而「西漢社會，是中國跨進『貨幣經濟社會』
　　　　的第一步。」（仲信出版社，1967.7 版，頁 35～36）。

富」的價值，是爲財富的象徵與代表。有關此一貨幣的價值論問題歷來討論貨幣學者們主張有二：一爲金屬主義（Metallism）；一爲名稱主義（Nominalism），此據宋敘五先生《西漢貨幣史初稿》所云：

> （貨幣本質問題）可大別爲二：一爲金屬主義（Metallism）；一爲名稱主義（Nominalism）。所謂金屬主義，即以爲貨幣價值基於其本身所含的金屬幣材之價值。若所含金屬幣材價值高，則貨幣價值高，反之則低。名稱主義則與此相反，認爲貨幣之價值，與其所含幣材之價值並無直接聯繫。其所以有價值而能與其他商品相交換者，乃基於政治法令之規定。〔註46〕

在中國經濟史上，東漢以前如管子、晁錯、桑弘羊、賈山等都認爲貨幣只是財貨流通的傳媒，其價值與功用僅止於此而已，是所謂的名稱主義（Nominalism）。但以貨幣於社會實際運用情形看來，所謂的金屬主義（Metallism）卻遠遠的支配了我國的貨幣觀；〔註47〕也就是說「貨幣即財富」，擁有貨幣數量的多寡，其人所具有財富支配力亦與之正比。Adam Smith《國富論》即言道：

> （他的）財產或大或小，與其支配力的大小，精確成正比例；或與其所能購買或所能支配的其他人們的勞動量，換言之，與其他人們勞動的生產物，精確成正比例。〔註48〕

這一狀況，在兩漢時期已充分反應了出來，司馬遷《史記・貨殖列傳》言道：「凡編戶之民，富相什，則卑下之；伯，則畏憚之；千則役；萬則僕，物之理也。」，正因爲財富的積累全視於貨幣（金錢）的數量多寡，因此，不論士民皆趨之若鶩。針對此一現象《漢書・貢禹傳》亦有相同的言論：「民棄本逐末，耕者不能半。貧民雖賜之田，猶賤賣以賈；窮則起爲盜賊。何者？末利深而惑於錢也。是以姦邪不可禁，其源皆起於錢也。」，由於金錢所具有的魅力不可擋，人人皆希望獲得金錢以致富，因而辛苦無得的農業，人們不願從事，亦不甘於貧窮，故窮則鋌而走險，流亡他鄉；亦有棄農從商，賤價賣掉

〔註46〕 文見宋敘五先生所著之《西漢貨幣史初稿》（仲信出版社，1967.7 版，頁 119）。

〔註47〕 宋敘五先生認爲我國貨幣制度，許久以來都是在金屬主義（Metallism）的支配之下，與其幣材相連，因而始終無法將幣材與貨幣之媒介功用區分，也就是說「貨幣」所象徵所代表的正是「財富」這一意義。（同上註，頁 119～122）。

〔註48〕 文見 Adam Smith 所著之《國富論》（原稱：An Inquiry the Nature and Causes of the Wealth of Nations），周憲文譯（台灣銀行經濟研究室編印，1965.12，頁 31）。

原有的土地以為從商資本。〔註49〕有鑑於「天下熙熙，皆為利來；天下攘攘，皆為利往。」(《史記‧貨殖列傳》)的勢利現象，故我國經濟思想與政策，皆一致走向「賤商」、「抑商」以至於「反商」的路線。然而實際上，不論如何禁止反制，商人得勢，富比公侯，乘輕驅肥，紈褲綾羅，生活豪奢等，史蹟斑斑可證，晁錯《鹽鐵論‧國疾》則述：

> 常民文几畫案，几席緝紹，婢妾衣紈履絲，匹庶稗飯肉食。里有浴，黨有湯。康莊馳逐，窮巷蹋鞠。秉耒抱鍤躬耕身織者寡，聚腰斂容傅白黛青者眾。無而為有，貧而強夸。文表無裡，紈褲枲裝。生不養，死厚送，葬死殫家，遣女滿車，富者欲過，貧者欲及，富者空減，貧者稱貸。

此於兩漢時期由於貨幣經濟的發達而形成的景況，除了財富使得競相追逐，為利所迷惑了心智外，家庭倫理關係，其本質意義，已然式微，骨肉血親唯以金錢相繫或充其面子。然此一現象只是初期的貨幣經濟社會所呈顯而出的人情關係與世風。而此風繼續向下延燒至兩晉南北朝，其侈汰豪奢的生活，崇拜金錢的心理，實更甚於前朝。〔註50〕論究此一潮流與心理的產生，上文亦已述及；但可以下至兩晉時期，此一拜金主義、侈汰潮流足以蔚為時尚，其關鍵則在于兩晉「土地私有化」與「買賣自由化」，是更甚於兩漢時期，故而向前躍進一步了，因此，促進了商業的興盛與繁榮，同時也引發了貧富懸殊的經濟問題。

二、兩晉占田制的施行對侈汰潮流之影響

自井田制的破壞與廢除後，所謂：「溥天之下，莫非王土」(《詩經‧小雅‧北山》)的國有土地制則趨向私有制度的發展，而至西晉占田制的頒佈施行，大片土地的買賣與兼併則是前朝未有的，影響當代經濟甚巨。而西晉占田制的施行，據《晉書‧食貨志》所載，乃於晉武帝平吳之後，所頒佈施行的，

〔註49〕附見晁錯〈論貴粟疏〉一文。

〔註50〕魏晉南北朝雖說長期處於分裂局面，其貨幣制度，亦隨著戰爭的爆發與國土的分裂而混亂幣制，因此魏文帝時期則罷五銖錢，改以實物的布帛為市易的傳媒，但卻衍生出諸多弊端：「巧偽之民，競蘊濕穀以要利，制薄絹以充實。魏世制以嚴制，弗能禁也。」(《晉書‧孔琳之》)，故為了顧及市場經濟的效用及穩定，五銖錢於魏明帝時期接受司馬芝之議，又恢復此一長達七百餘年（戰國至魏晉）的金屬幣制，因此西晉士人拜金主義的風氣盛行，並非無由可考。

且分為官、民二制，此先由官員所占之田畝一項瞭解起：

> 其官品第一至第九，各以貴賤占田，品第一者占五十頃，第二品四
> 十五頃，第三品四十頃，第四品三十五頃，第五品三十頃，第六品
> 二十五頃，第七品二十頃，第八品十五頃，第九品占十頃。

由上可知，九品官員們依其品級，所占田數亦以五頃等差相次，然除了所占之畝數優厚外，不僅享有免稅、免役之權，亦可蔭其親屬，其制與辦法如下：

> 又各以品之高卑蔭其親屬，多者及九族，少者三世。宗室、國賓、
> 先賢之後及士人子孫亦如之。而又得蔭人以為衣食客及佃客，品第
> 六以上得衣食客三人，第七第八品二人，第九品……一人，其應有
> 佃客者，官品第一第二者佃客無過五十戶，第三品十戶，第四品七
> 戶，第五品五戶，第六品三戶，第七品二戶，第八品第九品一戶。（《晉
> 書・食貨志》）

由於政治上的特別待遇，世族們所庇蔭的親屬，亦同世族們享有相同的經濟特權，且政府亦奉送了佃客與衣食客為其服役耕種。因此，這些宛若樹狀結構的龐大蔭親制，都在國家財政收入與人力支配之外圍，故這些財政與人力來源，則完完全全的落在平民百姓身上，一切全由人民支付承擔。然究此社會經濟實況，這些高門貴族，並不因坐享此一特權而感到滿足，他們與民爭利，兼併農民土地，使人民淪為奴婢，成為販賣品、成為佃農的情形，卻是這個社會階級強化的產物，亦形成貧富兩極的經濟現象與問題。也由於富者更富，其支配的財力大大的提昇了，故在這自由化的社會經濟下，無奇不有的貪享、淫樂之招式傾囊而出，形成我國史上一股侈汰潮流，競相爭豪比富的情形。張仁青先生曾彙整出了一張統計表，〔註51〕僅擷取兩晉之士，其奢侈事跡，以資參考：

姓　名	（兩晉士人）奢靡事跡	附　註
武帝	荒淫無度，助長侈風。	晉書后妃傳
何曾	性奢豪，務在華侈。帷帳車服，窮極綺麗，廚膳滋味，過於王者。每燕見，不食太官所設，帝輒命取其食。蒸餅上不坼作十字不食。食日萬錢，猶曰無下箸處。	晉書本傳
何劭	驕奢簡貴，亦有父風。衣裝服翫，新故巨積。食必盡四方珍異，一日之供以錢二萬為限。時論以為太官御膳，無以加之。	晉書本傳
何遵	性奢汰。	晉書本傳

〔註51〕表見張仁青先生所著之《魏晉南北朝文學思想史》〈魏晉南北朝奢靡人物一覽表〉（文史哲出版社，1978.12，頁249～259）。

王濬	平吳之後，以勳高位重，不復素業自居，乃玉食錦服，縱奢侈以自逸。	晉書本傳
王濟	性豪奢，麗服玉食。時洛京地甚貴，濟買地爲馬埒，編錢滿之，時人謂之金溝。	晉書本傳
	武帝嘗降王武子家，武子供饌，悉用琉璃器，婢子百餘人，皆綾羅褲襬，以手擎飲食。蒸豚肥美，易於常味，帝怪而問之。答曰：『以人乳飲豚。』帝甚不平，食未畢，便去。王、石所未知作。	世說汰侈篇
羊琇	性奢豪，費用無復齊限，而屑炭和作獸形以溫酒，洛下貴戚咸競效之。	晉書外戚傳
王愷	愷既世族國戚，性復豪侈，用赤石脂泥壁。	晉書外戚傳
賈謐	負其驕寵，奢侈踰度，室宇崇僭，器服珍麗，歌僮舞女，選極一時。開閣延賓，海內輻湊，貴游豪戚及浮競之徒，莫不盡禮事之。	晉書本傳
賈模	貪冒聚斂，富擬王宮。	晉書本傳
石崇	崇資產累聚萬金，宅室輿馬，僭擬王者。庖膳必窮水陸之珍。後房百數，皆曳紈繡，珥金翠，而絲竹之藝，盡一世之選。築榭開沼，殫極人巧。與貴戚羊琇、王愷之徒，競相高以侈靡，而崇爲居最之首，琇等每愧羨以爲不及也。	世說汰侈篇注引續文章志
	石崇廁，常有十餘婢侍列，皆麗服藻飾，置甲煎粉、沈香汁之屬，又與新衣箸令出，客多羞不能如廁。王大將軍往，脫故衣，箸新衣，神色傲然。群婢相謂曰：『此客必能作賊。』	世說汰侈篇
	劉寔詣石崇，如廁，見有絳紗帳大床茵蓐甚麗，兩婢持錦香囊，寔反走，即謂崇曰：『向誤入卿室內。』崇曰：『是廁耳。』	世說汰侈注引語林
	石崇每要客宴集，常令美人行酒，客飲酒不盡者，使黃門交斬美人。王丞相與大將軍嘗共詣崇，丞相素不能飲，輒自勉強，至於沈醉。每至大將軍，固不飲，以觀其變。已斬三人，顏色如故，尚不肯飲。丞相讓之。大將軍曰：『自殺伊家人，何預卿事。』	世說汰侈篇
任愷	愷既失職，乃縱酒耽樂，極滋味以自奉養。初，何劭以公子奢侈，每食必盡四方珍饌，愷乃踰之，一食萬錢，猶云無可下箸處。	晉書本傳
夏侯湛	爲盛門，性頗豪侈，侯服玉食，窮滋極珍。	晉書本傳
司馬楙	善殖財貨，奢僭踰制。	晉書宗室傳
司馬冏	既輔政，大築第館，沈於酒色，驕恣日甚，海內失望。	晉書八王傳
何綏	自以濟世名貴，奢侈過度。	晉書本傳
劉琨	素奢豪，嗜聲色，雖暫自矯勵，而輒復縱逸。	晉書本傳
苟晞	出於孤微，位至上將，志頗盈滿，奴婢將千人，終日累夜不出戶庭，縱情肆欲。	晉書本傳
王敦	既得志，暴慢愈甚，四方貢獻多入己府。後閣婢妾數十人，荒恣於色，體爲之敝。	晉書本傳

陶侃	媵妾數十，家僮千餘，珍奇寶貨，富於天府。	晉書本傳
紀瞻	厚自奉養，立宅於烏衣巷，館宇崇麗，園池竹木，有足賞玩。	晉書本傳
謝安	於土山營墅，樓館林竹甚盛，每攜中外子姪往來游集，肴饌以屢費百金，世頗以此譏焉。	晉書本傳
司馬道子	嬖人趙牙爲道子開東第，築山穿池，列樹竹木，功用鉅萬。孝武帝責其修飾太過，非示天下以儉。又崇信浮屠之學，下不堪命。	晉書簡文三子傳
王國寶	貪縱聚斂，不知紀極，後房伎妾以百數，天下珍玩充滿其室。	晉書本傳
桓玄	入京師，大築城府，臺館山池莫不壯麗，豪奢縱欲，朝野失望。	晉書本傳
殷仲文	以佐命親貴，後自封崇，輿馬器服，窮極綺麗，後房伎妾數十，絲竹不絕音。性貪吝，多納貨賄，家累千金，常若不足。	晉書本傳
劉胤	位任轉高，矜豪日甚，縱酒耽樂，不恤政事，大殖貨。商販百萬。	晉書本傳
刁逵	隆安中，爲廣州刺史，兄弟子姪並不拘名行，以貨殖爲務，有田萬頃，奴婢數千人，於資稱是。	晉書本傳

由上表可知，上自武帝，下至刁逵，這批皇親國戚與公侯世家，皆以爭富較奢爲樂事，不僅「以人乳飲豚」、「食日萬錢，猶曰無下箸處」，甚而如廁之處，亦是「絳紗帳大床，茵縟甚麗，兩婢持錦香囊」，亦有以「赤石膏泥壁」、「買地爲馬埒，編錢滿之，時人謂之金溝」奢侈至極，以達荒誕之境，而百姓面臨此一「人禍」實甚於「天災」，傅咸曾如是說道：

> 穀帛難生，而用之不節，無緣不匱。故先王之化天下，食肉衣帛，
> 皆有其制。竊謂奢侈之費，甚於天災。（《晉書本傳》）

然考察兩晉的天災，從魏明帝太和二年（228）以來，下至晉武、惠、懷、愍諸帝，可說連年災疫頻傳，流亡夭折無數，亦由於農業隨著戰亂之故，稼穡不登，貧苦的百姓不僅無米可食，更由於飢荒發生時，一斛米索價萬錢，因而形成我國史上所謂「噉人賊」的產生。〔註52〕百姓處於災荒時期面臨人吃人，挨餓棄子的情形，較之於京都富豪之家坐享物資、揮霍無度的奢靡生活，可說天壤之別；可悲的是，百姓辛苦的代價，不僅溫飽難繼，更要擔負全國所有的財稅與徭役，以資上階層的官員享受，眞可謂：「奢侈之費，甚於天災。」有關此一稅制及農民占田的情形，傅玄曾如是披露道：

> 古以步百爲畝，今以二百四十步爲一畝，所覺過倍。近魏初課田，
> 不務多其頃畝，但務修其功力，故白田收至數十餘斛，水田收數十

斛。自頃以來，日增頃母之課，而田兵益甚，功不能修理，至畝數
斛以還，或不足償種，非與曩時異天地，橫遇災害也，其病正在于
務多頃而功不修耳。（《本傳》）

由於《晉書·食貨志》載：「男子占田七十畝，女子三十畝。其外丁男課田五
十畝，丁女二十畝，次丁男半之，女則不課。」，然承傅玄所言，有晉一朝所
施行的占田制，看似優惠人民，人民理當富足了，因為不僅田地多了，私有
了，可買賣了，且度數亦加倍了，由百步一畝，加大為二百四十步一畝；但
這卻非利多的消息與制度。因為不管人民所佔的土地達不達限定的畝數；亦
不論土地貧瘠瘠或是豐饒；抑或人力能否盡耕等問題，其負稅額度是不容減
價的，因為：

西晉的占田法是紙面上的、虛的東西。占田非由國家分配土地，而
是農民自己去佔有，能不能佔到，究竟佔了多少，西晉政府是不管
的。當時人李重曾有：「人之田宅既無定限」（《晉書·李重傳》），說
明了西晉占田法的虛假性。〔註53〕

占田法既為虛假性，當然就不具公平性，無論人民占田的實際情況，政府所
需徵收的田賦稅額：「凡民丁課田，夫五十畝，收租四斛。」（《初學記·寶器
部》注引《晉故事》），則需切實的繳納。因此，這樣的稅額是輕是重呢？傅
玄已說得明白：「自頃以來，日增頃母之課，而田兵益甚，功不能修理，至畝
數斛以還，或不足償種。」，可見農民縱使佔得足夠的田地，仍然無法耕植照
料每寸田地。依傅玄之意，其平均收成，不過「數斛」而已，然農民卻需繳
納「四斛」，計其稅額可說是偏高且重的，況且於西晉的稅制裡，另有「戶調」
一項，據《晉書·食貨志》所載：

丁男之戶，歲輸絹三匹，綿三斤，女及次丁男為戶者半輸。

依鄭學檬先生所考，認為西晉戶調令的修正，至遲於泰始四年，也就是說戶
調的稽徵，始自曹操時期已有之，但「戶調」之名及其課徵內容的定案與修
正，最遲於泰始四年頒佈實施。而此賦稅與魏時的戶調：「戶出絹二匹，綿二
斤。」（《魏志·武帝紀》注引《魏書》），其稅額則增加了一倍半之多，此時
的賦稅苛刻情形，亦可由傅玄於晉初所上疏的內容中，獲得進一步的理解：

舊兵持官牛者，官分得六分，士得四分；自持牛者，與官中分，施
行來久，重心安之。今一朝減持官牛者，官得八分，士得二分；持

> 私牛及無牛者，官得七分，士得三分，人失其所，必不歡樂。(《本
> 傳》)

從這一引文可知，曹魏時期施行屯田制時，兵農向政府租借牛隻以利於耕種，
而當時的稅額計算爲四六與五五分帳，農戶獲利尚屬合理，因而「眾心安之」；
但西晉時，其稅額以提高爲二八與三七分帳，整整增加了二成的稅額。故從
當時賦稅的情形看來，農民縱使佔有大片土地，亦具土地買賣權，但面對豪
強的賤價兼併，農民不僅無利可圖，反而仍負擔著繁重的賦稅，事實上，農
民並不會因爲土地所有權的轉移，而免其田賦。正因此一稅制的偏差，[註54]
致使社會貧富不均，形成富者更富，貧者愈貧的懸殊現象；又怎奈災疫發生
時，人民相食，餓殍滿野的慘狀充斥史冊呢？

　　有鑑於此一經濟結構，生處西晉時期的成公綏與魯褒二人，不禁要發文
譏諷一番，然而這番嘲諷，卻也切切實實的揭露出人在這樣的社會結構中，
其所需面對的不僅是政治上的不平等，更要面對隨著政治不平等所衍化而生
的經濟殊懸的事實。綜上爲經濟體制的溯源與探討，底下筆者將就這二篇〈錢
神論〉所揭露的內容作一分析。

三、成公綏與魯褒〈錢神論〉的批判

　　成、魯二篇〈錢神論〉大抵是寫於西晉一代，反應著整個西晉世族奢靡
的景象。首先就成公綏（231～273）之〈錢神論〉論起。由於散佚之故，今
只保留片段：

> 路中紛紛，行人悠悠，載馳載驅，唯錢是適，朱衣素帶，當途之士，
> 愛我家兄，皆無能已，執我之手，托分終始，不計優劣，不論能否，
> 賓客輻湊，門常如市。諺曰：「錢無耳！可暗使！」豈虛也哉？(《全
> 晉文・卷59》)

從上述殘篇斷簡之描寫景象看來，可下三點斷語：一是國家處於安定情勢，
方得以見到「路中紛紛，行人悠悠，載馳載驅」的街道景象；二是門閥政治
的形成與鞏固，故曰「執我（錢）之手，托分終始，不計（資質）優劣，不
論（才學）能否，賓客輻湊，門常如市」；三是商品貨殖交流頻繁，社會經貿
活絡，故造成「唯錢是求」、「錢無耳，可暗使」的功利社會與社會價值觀。
這三點評論，爲其後的魯褒〈錢神論〉所含攝成文。而魯褒此文，寫於何時？

〔註54〕參見鄧海波先生所編之《中國歷代賦稅思想及制度》（正中書局，1984，頁
391）。

於此有一論究的必要，據《晉書・隱逸傳・魯褒傳》載：

> 元康之後，綱紀大壞，褒傷時之貪鄙，乃隱姓名，而著〈錢神論〉
> 以刺之。

又據《晉書・惠帝紀》載：

> 及居大位，政出群下，綱紀大壞，貨賂公行，位勢之家，以貴陵物，
> 忠賢絕路，讒邪得志，更相薦舉，天下謂之互市焉。高平王沈作〈釋
> 時論〉，南陽魯褒作〈錢神論〉，盧江杜嵩作〈杜子春秋〉，皆疾時之
> 作也。

由上二則記載，確可得知魯褒此篇〈錢神論〉實爲「疾時之作」，而所疾之時，則爲惠帝元康時期（291～299）的社會狀況。另外，羅宗強先生更提出另一項有力的論證，其言：

> 〈錢神論〉中提到「洛中朱衣，當途之士，愛我家兄，皆無已已」，
> 東晉都建安，洛陽非復晉有，故〈錢神論〉之作，顯係南渡之前。

〔註55〕

而南渡前的西晉社會狀況，在魯褒這篇〈錢神論〉中，又呈顯出哪些事實面？魯褒巧藉司空公子與綦毋二個虛擬人物的問答過程，呈顯其批判的焦點與心中的不平。綦毋爲一飽讀詩書的儒生，但卻有志不遇，窮愁潦倒，故透過司空公子，以世俗的眼光認識自己只是一個刻舟求劍，不知權變，不知與世和光同塵，迎合時勢潮流的腐儒而已。因此，本文在司、綦二人的問答中，寄喻著二項重要訊息：一爲六經無用論，清談已過時；一爲錢能通神，世人趨慕不已。故底下則就此二點論述之。

（一）六經無用論，清談已過時

自漢末以來，儒家獨尊的地位，亦隨著有漢一朝的瓦解而瓦解，雖是如此，仍有專心潛研，被服儒教者，然此一時彼一時，六經於其學術及政治的主導作用不僅遭到質疑，更遭到時人荀粲視爲糟糠之物，《魏志・荀彧傳》注引《晉陽秋》云：

> 粲諸兄並以儒術論議，而粲獨好言道。常以爲子貢稱夫子之言性與
> 天道，不可得聞，然則六經雖存，固聖人之糠秕。

荀粲這番話，是否可視爲士人們普遍認知，或者只是荀粲個人的看法，尚是

〔註55〕文見羅宗強先生所著之《玄學與魏晉士人心態》（文史哲出版社，1992.11，頁285，注18）。

值得推敲的。但以門閥世族為中心，且建立而起的兩晉政權，選官用人，實際上是不必審度與策議其能力及知識的，一切亦唯譜牒是問（參見本章第一節）。因此，六經為糠秕，「賤經尚道」（晉書・應詹傳）的觀念，確是遍植於官僚體系中，故魯褒言：

> 公子曰：嘻！子年已長矣，徒手空行，將何之乎？先生曰：欲之貴
> 人。公子曰：學《詩》乎？曰：學矣！學《禮》乎？曰：學矣！學
> 《易》乎？曰：學矣！公子曰：《詩》不云乎：幣帛筐篚，以將其厚
> 意，然後忠臣嘉賓得盡其心；《禮》不云乎：隨時之義大矣哉！無視
> 子所以，觀子所由，豈隨世哉！雖曰已學，吾必謂之未也。〔註56〕

由於政權的更迭，社會價值觀亦隨之改變，飽讀詩書，積仁絜行的士子，已不受當代社會的尊崇，因此學得了六經，卻無門徑入仕，其原因則出在：「綱紀大壞，貨賂公行，位勢之家，以貴陵物，忠賢絕路，讒邪得志，更相薦舉，天下謂之互市焉。」（《晉書・惠帝紀》），故入仕之路則需先「訪人」，「訪人」則需「見面禮」，若無足夠的「見面禮」，縱是才學五車，亦是枉然。這便是魯褒藉由虛設的二個人物所傳遞而出的社會價值趨向，而這一趨向──金錢崇拜，已取代時人所熱衷的「清談」交際，故言：「以清談為筐篚，以機神為幣帛」的趨勢，竟在綦毋懂得權變，懂得迎合時人所好時，成了過時的玩意兒了，司空公子，不禁再加以調侃一番：

> 固哉！子之云也，既不知古，又不知今，當今之急，何用清談？時
> 易世變，古今異俗，富者榮貴，貧者賤辱，而子尚質，而子守實，
> 無異於遺劍刻船，膠柱調瑟。

正始以來「清談」已成為社會所向，人際交流的方式，士人對清談趨之若鶩的盛況，《晉書・儒林傳序》言道：「有晉始自中朝，迄於江左，莫不崇飾華競，祖述虛玄，擯闕里之典經，習正始之餘論，指禮法為流俗，目縱誕以清高，遂使憲章弛廢，名教頹毀。」，正始餘論風行草偃，故清談成為士子間的交際方式，引為相高的終南捷徑，而所談論的內容亦無關乎實際，純粹只是個娛樂玩意，於學亦以為談資而已。故趙翼《二十二史箚記・卷八・六朝清談之習》則言道：

> 其中未嘗無好學者，然所學亦正以供談資，向秀好老莊之學，嘗註

〔註56〕以下魯褒〈錢神論〉引文，皆見巫寶三主編之《中國經濟思想史資料選輯》之〈錢神論〉一節。（中國社會科學出版社，1992.5）。

> 解之,讀者超然心悟,郭象又從而廣之,儒墨之跡見鄙,道家之風
> 遂盛。

有鑑於此虛無縱樂風氣的興起,儒家亦相對的衰頹,乏人問津,整個社會的價值觀,由前朝經明行修的人格內在涵養,轉變爲外在的形態與言詞之欣賞,更進而放縱私欲,貪鄙無厭的行爲,都受到政治的包容與偏袒。此由嵇康〈難張遼叔自然好學論〉一文中,可知此一貪鄙斂財風尙之理論根據:「六經以抑引爲主,人性以縱欲爲歡,抑引則違其性,從欲則得自然。」在這聯盟政權下,爲政者與世族們共同擁有這片江山,故而追逐財富的功利心態,成爲兩晉士人間普遍而共同的價值觀。因此透過司空公子的言論,可知六經之學,以至於清談都在時代潮流中褪去,其本有的價值與影響,唯孔方兄金碧輝煌之光彩一枝獨秀,吸引著眾人目光,而這也是自由經貿下的必然現象。

(二)錢能通神,世人趨慕不已

「錢」所具有的神妙作用爲何?魯褒提出二點說明,一爲輕巧便利,不患耗折;一爲起死回生,使鬼推磨。以下則就此析解其意。

1. 輕巧便利,不患耗折

自貨幣定制後,一改以物易物的不便,亦使得金屬貨幣的流通面更形寬廣與長遠,故魯褒言道:

> 錢之爲體,有乾有坤。內則其方,外則其圓。其積如山,其流如川。
> 動靜有時,行藏有節。市井便易,不患耗折。難朽象壽,不匱象道,
> 故能長久,爲世神寶,親愛如兄,字曰孔方。

依魯褒所述,此錢乃爲「圓錢」(外圓內方),鑄自周景王時期,以銅爲其幣材:「伊我(圓錢)初生,周末時也,景王尹世,大鑄茲也。」由於圓錢的體型小,故在市場貿易上,有其高度的便利,較之以往的刀布等媒介更加輕巧,故晁錯〈論貴粟疏〉曰:「其爲物輕微易藏,在於把握,可以周海內,而亡飢寒之患。」;又因其幣材屬於金屬類,故不會因風吹雨淋,而遭到毀損。對此,宋敍五先生亦作了詳細的說明,其言:

> 圓形,所佔的位置最小;扁平,易於多數銅錢重疊;有孔,易於貫
> 串;方孔,使貫串後不易轉動,避免磨損。以上數種特點,對於攜
> 帶、計數、存放,都甚方便。〔註57〕

〔註57〕文見宋敍五先生所著之《西漢貨幣史初稿》(仲信出版社,1969.7,頁36)。

因其具有如此方便之作用，故魯褒言其：「難朽象壽」、「不匱象道」，因而更加重此錢的市場價值與地位，亦討得了商人的歡喜。目睹了當代拜金主義的盛行，「貪人見我，如病得醫」、「見我家兄，莫不驚視」的王戎、和嶠、庾敳等，皆貪婪聚斂不疲，寧願守財為奴，苛擾人民，亦不願多加撫卹，施恩於下。故魯褒便謂這「神寶」，取名為「孔方」，且尊稱為「兄」，以示眾人對「它」的敬愛與趨慕情懷。當然，自此「孔方兄」亦成了金錢的代名詞，而金錢的數量多寡亦決定著一個人的財富力量，有了財富，社會地位亦隨之陟升，這無疑是經貿自由化後所產生的社會價值觀與現象。

2. 起死回生，無處不利

「錢」究竟能否使人起死回生，使鬼推磨？魯褒是過言與誇大了？還是徹底的反應了整個西晉社會價值觀？這是值得探討的，欲究其實則需以史錄進行論證，方得以知曉，魯褒謂：

> 錢之所在，危可使安，死可使活。錢之所去，貴可使賤，生可使殺。
> 是故忿爭辯訟，非錢不勝；孤弱幽滯，非錢不拔；怨仇嫌恨，非錢不解；令問談笑，非錢不發。

透過魯褒這番陳述，不禁要問：錢的魔力，真是如此無遠弗屆，無所不能嗎？由以下《魏志‧夏侯玄傳》注引《魏略》的史證資料，便知分曉：

> 玄既遷，司馬景王代為護軍。護軍總統諸將，任主武官選舉。前後當此官者，不能止貨賄。故蔣濟為護軍時，有謠言「欲求牙門，當得千匹；百人督，五百匹」。宣王與濟善，聞以問濟，濟無以解之，因戲曰：「洛中市買，一錢不足則不行。」遂相對歡笑。

由這則記載看來，曹爽的這批執政成員收受賄賂，以「施予」官職，職缺成了待價而沽的商品，故至兩晉時期仍受此賄賂風氣的影響，買官求職為一仕進之路，就連當朝國君，亦以賣官為求財之路。《晉書‧劉毅傳》載：「桓靈賣官，錢入官庫，陛下（武帝）賣官，錢入私門」，而王沈〈釋時論〉亦披露道：「京邑翼翼，群士千億，奔集勢門，求官買職，童僕闚其車乘，閽寺相其服飾，親客陰參於靖室，疏賓徙倚於門側。」。探究此風氣的興起，可說始自何晏、鄧颺等大肆侵佔公有土地，下至山濤、王睦、武陔諸臣竊佔國土、受賄等案件（參見第三章第二節），所謂「不欲異於時」的貪污納賄士風，反成士人「應物而無累於物」、「應變順和」虛假作偽與私欲的放縱藉口。又據《晉書‧王戎傳》所載：

> 南郡太守劉肇賂王戎筒中細布五十端，爲司隸所糾，以知而未納，
> 得故不坐，然議者尤之。武帝謂朝臣曰：戎之爲行，豈懷私苟得，
> 正當不欲爲異耳。

所謂「不欲爲異」不正與山濤受賄時，爲自己受賄之實所找的藉口一致嗎？故由此「不欲爲異」、「不欲異於時」一語，作一審度，正始時期以後，貪污受賄之風成了不成文的規矩。故家財多的人，便可花錢消災，杜預深知此道，從其親身體驗中，說明了錢財與生死一線相牽的重要：「杜預在鎮，數餉遺洛中貴要，或問其故，預曰：吾但恐爲害，不求益也。」（《晉書・杜預》），救命則需賂以數餉，方可爲自己免去一場災害，但沒有錢財的平民百姓，當該如何呢？無怪乎！魯褒會如此譴責道：

> 洛中朱衣，當途之士，愛我家兄，皆無已已。執我之手，抱我終始。
> 不計優劣，不論年紀。賓客輻輳，門常如市。諺云：錢無耳，可闇
> 使。豈虛也哉？……錢能轉禍爲福，因敗爲成，危者得安，死者得
> 生。……今之成人者何必然，唯孔方而已。

由於我國貨幣經濟始自戰國時期確立後，隨著貨幣作用的擴大，貨幣拜物教現象在社會生活及人們思想中便更多地有所反應，因而〈錢神論〉的出現，並非偶然之事，而是我國古代貨幣經濟長期發展的產物。〔註 58〕故魯褒所述的貨幣拜物現象，並非義憤塡膺之詞，此於司馬遷《史記・貨殖列傳》中亦陳述道：「千金之子，不死於市」、「富相什而卑下之，伯則畏憚之，千則役，萬則僕。」、而東漢趙壹〈刺世疾邪賦〉亦謂：「文籍雖滿腹，一如一囊錢」，此等正傳述著魯褒所論及的社會價值觀之轉換，與功利主義時代的現象。因此士子無拘於道德藩籬，縱情於物欲的追逐，故「洛中朱衣，當途之士，愛我家兄，皆無已已」的情形，於史可考：

《晉書・杜預傳》：

> 時王濟解相馬，又甚愛之，而和嶠頗聚斂，預常稱「濟有馬癖，嶠
> 有錢癖」。

《晉書・王戎傳》：

> 廣收八方園田水碓，周遍天下，積實聚錢，不知紀極，自執牙籌，
> 畫夜計算，恆若不足。

以上這兩則是眾所皆知，其視錢如命，卻又貪婪無厭的兩大名士與清談家；

〔註 58〕參見蕭清先生所著之《中國古代貨幣史》（商務印書館，1992.10，頁 115）。

另外，史載以「德業知名」的清談家阮裕：「或問裕曰：子屢辭徵聘，而宰二郡何耶？裕曰：既不能躬耕自活，必有所資，故曲躬二郡，豈以聘能，私計故耳。」（《晉書·阮裕傳》），品格如阮裕者，尚且如此，而不及阮裕的士子，就不難想像「金錢」對一個人生存立世的重要與其所具有的強大魅力。因此，任職不過為了聚斂，蠶食百姓之目的則在于「不能躬耕自活」，故「必有所資」。諷刺一點的說，則是因自己的不才與無能，而需仰賴職官之便以貪污儲財，全為了日後生計打算，此一職場風氣，《晉書·劉波傳》則言：

> 告時乞職者，以家弊為辭；賑窮恤滯者，以公爵為施。古者為百姓立君，使之司牧；今者以百姓恤君，使之蠶食，至乃貪污者謂之清勤，慎法者謂之怯劣。

《晉書·范寧傳》亦言：

> 頃者，選舉惟以卹貧為先，雖制有六年，而富足便退。

為官者以蠶食貪污為務，待富足便退，鑑於此一職場風氣，在下的可憐百姓們，怎奈疲於奔命的生活呢？然不禁要問：「天何與焉？」，天對人民的資助是什麼？天所能給予人民的又是什麼？蒼天默默，亦不過是「四時行焉，百物生焉，錢不如天；窮達開塞，賑貧濟乏，天不如錢。」，人民所需求的是最實質的經濟援助，因食貨乃人民維持其基本生存的物資條件，但剝削的政治環境，優厚與供養著上層階級，卻窮困暴虐了無可依恃的老百姓。於此，實難以否決「錢無耳，可闇使」、「君長者，豐衍而有餘，臣僕者窮竭而不足」的經濟現象與現實生活的殘酷。

第四節　社會的反制

　　西晉之世，隨著八王之亂與五胡亂華而告結，中土自此分裂為南北對峙的局面，時勢維難，百姓流離困頓，而在燒殺擄掠的戰爭中，百官落荒而逃，攜資苟且江南，卻不見力圖振作與重建家園的憤慨之心；然痛徹心扉的禮法之士們，紛紛將此國難歸罪於玄學，故更加激起這波反玄聲浪，運用整個社會輿論的力量，各擾其忿。雖說這些士人的言論，未成體系；但卻也警示出玄學對世俗所造成的弊害。故在東晉建立之初，反玄思想則表現在一片亡國的檢討聲中。

　　因何這些禮法之士們會將亡國之罪歸咎於玄學，且引為禍首？首先，我們必須了解東晉偏安江東的原因，方能深入於反玄論者的思想核心。其次，

我們必須歸納時人對西晉亡國的檢討要點，而由此各個點線，所延展而成的社會面來探究，以知葛洪《抱朴子》與干寶《晉紀》對虛靡放蕩的世俗風氣，所提出的總檢討與批判情形。

一、東晉偏安心態的形成

　　關於東晉偏安心態的形成，筆者擬由內外兩項因素進行說明：第一，外緣因素的影響——佛道思想的衝擊；第二，內在因素的影響——王導「鎮之以靜」的主政方針及其清談之愛好。

（一）佛道思想的衝擊

　　首先就佛教思想的衝擊面說起。學者們認爲佛教大抵於漢世時，便已傳入中國，〔註59〕歷經漢魏、魏晉禪代的紛亂局勢，下至晉亡國所帶來的顛連之苦難，佛僧適時的擬配外書（《老子》、《莊子》及儒家經典），爲生解之例，援引老莊「有」「無」的思想，以除會佛經之「空」、「有」之義，因之，佛教思想便如此的結合了玄學，〔註60〕在中土落地生根，大行其道。另一方面，兩晉的義學高僧，往往是清談中人，與名士高門共相唱和，故視其風姿、言論、交遊等，無不習染著當時的時代風氣，在此高僧與門閥世族則成了玄佛的交流對象與散播者，無形中加速流行「視天下人，帝王亦死，貧富貴賤，如人夢耳。自思維世間，譬如人夢。」（《佛般泥洹經》）、「一切所有，皆悉無常，無尊無卑，誰常安者？」（《放光經》卷18《住二空品》）的虛無思想。湯一介先生於《郭象與魏晉玄學》的論述中，對此一社會根源與發展，作了如下的分析：

　　　　自魏晉以來，中國的門閥世族作爲一個統治集團的勢力不斷發展，至元康之際可以說已發展到頂點，而八王之亂、西北少數民族入主中原，司馬氏晉王朝被迫南渡，加速了門閥世族的衰落過程。這個統治集團到了這時對自己的命運和社會的前途既無辦法，又無自信，更加關注的是自身的生死解脫問題，所以東晉以後，佛教和道教也就更加流行。

〔註59〕佛教傳入中國之年代辯證，詳參侯外廬先生所主編之《中國思想通史》（第三卷、魏晉南北朝思想）（人民出版社，1957.5，頁 405～406），或章權才先生所著之《魏晉南北朝隋唐經學史》（廣東人民出版社，1996.8，頁 194～198）。

〔註60〕《梁書·高僧傳》：「竺法雅，……時依門徒，並世典有功，未善佛理，雅乃與康法朗等，以經中事數擬配外書，爲生解之例，謂之格義。」

由上湯一介先生的分析看來，門閥世族身爲一統治集團，卻於國難當前，唯思身家安全，因此面對這樣無常的人間世，我們得以體會藉由宗教力量尋找精神依靠的心理需求。但這樣的精神依靠卻不能祛除人們的諸種執著，以回歸寧靜無執的人生境界，反而以「縱欲樂生」的狂放心態尋求精神的慰藉與超脫。因而佛教的傳入，並未給這個流離的時代，提供一條反省與重建人生的康莊大道，反而在玄學所造成的虛無浮靡的人生觀上，愈加其消極程度，愈加棄世無爲，愈加貪生縱樂。

另外關係著東晉偏安心態的形成，則爲道教方士修行中的「養生之術」。論此晉世養生理論，乃源自於嵇康「養生論」。〔註61〕而這「約情以養生」〔註62〕的導養之術，牟宗三先生則以爲：「至於落在自然生命上，通過修煉之功夫，而至長生、成仙，則是順道家而來之『道教』，已落於第二義。當然此第二義亦必通於第一義。然原始道家卻並不自此第二義著眼。」，〔註63〕按牟宗先生之意，嵇康之養生方法，已非如原始道家般的，存重個體精神的逍遙自足，而是又外加一層人爲且刻意的服食煉丹以求長生之神仙術，故落於第二義的道教範圍。當然這種祈慕神仙，訪求山中方士，學習導養、煉丹之舉，阮籍亦如是。〔註64〕嵇阮此風，扇於海內，至過江，「養生論」依舊是清談時之重要課題，只是「約情以養生」的導養方式，已成了「肆情以樂生」〔註65〕之生理與官能的養生方式（見下文「性關係的開放」），而大肆鼓吹此一「肆情以樂生」之學說者，則爲晉人所僞作之《列子》。〔註66〕其〈楊朱〉一文，提出二點：其一「肆之而已，勿壅勿閼」，鼓吹官能、肉體應極盡其享樂一事，所謂「恣耳之所欲聽，恣目之所欲視，恣鼻之所欲向，恣口之所欲言，恣體之所欲安，恣意之所欲行」；其二

〔註61〕《晉書‧嵇康傳》：「常修養性服食之事，彈琴詠詩，自足於懷。以爲神仙稟之自然，非積學所得，至於導養得理，則安期、彭祖之倫可及，乃著〈養生論〉。」。

〔註62〕詳見吳冠宏先生所著之《魏晉玄論與士風新探——以「情」爲綰合及詮釋進路》（台大86年博士論文，頁158～164）。

〔註63〕文見牟宗三先生所著之《才性與玄理》（台灣學生書局，1993.2，頁208）。

〔註64〕《晉書‧阮籍傳》：「嘗於蘇門山遇孫登，與商略終古及栖神導氣之術……遂歸著〈大人先生傳〉。」。

〔註65〕詳見吳冠宏先生所著之《魏晉玄論與士風新探——以「情」爲綰合及詮釋進路》（台大86年博士論文，頁166～171）。

〔註66〕有關《列子》之眞僞與成書年代之辯證，可參考任繼愈先生主編之《中國哲學發展史》（人民出版社，1988.4，頁260～265）；或許抗生等著之《魏晉玄學史》（1989.7，頁399～403）。

「且趣當生，奚遑死後」，認為人生之意義與價值，只在于享受快樂。依此學說的發展，一切只求當下的滿足，追逐肉體的快樂，其所以如此，或者即由在一切快樂中，肉體快樂是最容易得到的，〔註67〕故，任繼愈先生認為：「此乃西晉中葉謝鯤、王澄等放蕩派的理論型態。」，因為「《列子》的人生觀與謝鯤等人的行爲完全合拍，《列子》說的正是他們做的。」〔註68〕

　　由上可見，佛道思想對兩晉士人之放逸縱樂的人生觀，有其催化作用。西晉的滅亡，固然有其政治上的疢疾，但思想的侵染及其引發的肆情之風，更是重要的關鍵點。而這玄佛道三教合流，對本已式微的儒學來說，無異是雪上加霜，衝擊力量更是強大，而道德規範亦是沈之甕底，本由玄風所致的「虛靡無為」的人生觀，至惠帝之世後，則成了「縱樂肆欲」的人生觀，因而東晉偏安之態勢，實已分明。

　　（二）王導「鎮之以靜」的主政方針與清談之愛好：

　　於內在因素的影響上面，「王導」這個人是最有利於我們對東晉偏安心態的了解。然分析王導，需由兩方面說起：一是「鎮之以靜」的執政主張；二是熱衷清談及其影響力。在政治面上，所謂「王與馬共天下」（《晉書‧王敦傳》），表明了東晉元帝的政權是靠著王氏的輔佐而來，因此，元帝的政權，並未隨著登基而大權在握。對外，北方深陷蠻夷之手，強大的五胡時時威脅著粗定的南方；對內，王敦、蘇峻、桓溫等豪強覬覦君權，而大批南下與江東士族急需安撫、協調與籠絡（見本傳）。故王導以宰輔之任，為穩定政權，更以老莊無為清靜的為政守則，引為國策，所謂：「鎮之以靜，群情自安」（《晉書‧王導傳》）、「導阿衡三世，經綸夷險，政務寬恕，事從簡易，故垂遺愛之譽也。」（《世說新語‧政事》注引徐廣《歷紀》）。雖說王導之策，有其穩定江東的積極作用，〔註69〕卻是無益於社會風氣的改善與救治亡國之弊，反而存在著更放縱更虛靡的社會風氣與偏安的苟且心態，因為整個西晉政治的習氣並未因亡國的教訓而有所消減。又因王導崇尚老莊、務清簡之政，更加坐大世族的權利，名士風流愈行盛熾，這便牽涉到王導在東晉政壇上的影響力，

〔註67〕語見馮友蘭先生所著之《中國哲學史》（藍燈出版社，1989.10，頁623）。

〔註68〕語見任繼愈先生主編之《中國哲學發展史》（人民出版社，1988.4，頁264）。

〔註69〕孔繁先生於《魏晉玄談》中認為王導、謝安等倡導玄言清談是為了穩定這種安定的局面，因此有著積極的意義。（遼寧教育出版社，1992.6，頁156～157）。但此種唯務清談，不拘細目，且自為清談領袖的為政措施，並無益於社會風氣的改善。

據《世說新語‧文學》載：

> 殷中軍爲庾公長史，下都，王丞相爲之集，桓公、王長史、王藍田，
> 謝鎮西並在。丞相自起解帳帶麈尾，語殷曰：身今日當與君共談析
> 理。既共清言，遂達三更。

由上資料看來，王導自身不僅是清談中人，更是清談領袖，徹夜玄言，除了
趨慕正始之音，其若嵇、阮傲然嘯詠（《世說新語‧言語》）〔註70〕的竹林談
風亦爲其所重，舊云王導過江左止道聲無哀樂、養生、言盡意，三理而已（《世
說新語‧文學》）。〔註71〕因此，藉由王導的政壇影響力，清談之盛遠過前朝，
當然政治事物就非士人關注的焦點與興趣所在了，既是如此，北伐雪恥，匡
救失土的大志，竟然成爲士族的忌諱。《晉書‧王恭傳》載道：「初，都督以
『北』爲號者，累有不祥，故桓沖、王坦之，刁彝之徒不受鎮北之號，恭讓
表軍號，以超受爲辭，而實惡其名，於是改號前將軍。」，由此「鎮北之號」
的辭受態度上，便已說明了將帥的偏安心態與對率軍北伐的畏懼。

綜上內外因素的影響，東晉偏安局面的形成，與王導崇尚老莊之治所再
次引發清談盛況；及佛教結合玄學後，愈使虛浮縱樂的人生觀，更達極致，
皆有其直接關係。而門閥世族爲繼續鞏固與擁有其本有的政經特權，而「爰
容逃難，求食而已」（《晉書‧庾亮傳》），這樣圖求身全而放棄匡復失土的心
態，亦是容易瞭解的。但這樣的「圖全」的偏安心態，始終未能讓這個政權
獲得長治久安之道；而這樣「崇尚清談」、「不拘細目」（《晉書‧庾亮傳》）的
社會，卻走向了虛無縱樂一途，《世說新語‧任誕》可爲註解：「張季鷹縱任
不拘，時人號爲江東步兵，或謂之曰：卿乃可縱適一時，獨不爲身後名邪？
答曰：使我有身後名，不如即時一桮酒。」、「畢茂世云：一手持蟹螯，一手
持酒桮，拍浮酒池中，便足了一生。」，透過張翰、畢卓二人之人生取徑的傳
達，實由玄佛風氣影響下所產生的虛無主義者，終其一生，不過是紙醉金迷，
徒然一世罷了。

〔註70〕《世說新語‧言語》：「周僕射（周顗）雍容好儀形，詣王公（王導）。初下車，
隱數人，王公含笑看之。既坐，傲然嘯詠。王公曰：『卿欲希嵇、阮邪？』答
曰：『何敢近捨明公，遠希嵇、阮。』孔繁先生認爲名士們坐定後而「傲然
嘯詠」，這是以竹林談風形容名士清談，因爲竹林名士嵇康、阮籍、阮咸等均
深通樂理，而以長嘯代言。因此，這樣的清談方式由周與王導的對談中，可
知嵇、阮依舊是東晉士人趨慕仿效的對象。（同上註）。

〔註71〕《世說新語‧文學》：「舊云：王丞相過江左，止道〈聲無哀樂論〉、〈養生〉、
〈言盡意〉，三理而已。然宛轉關生，無所不入。」

二、頹風之總檢討──葛洪〈疾謬〉〈刺驕〉與干寶《晉紀總論》

由下東晉時人對於亡國後所發出的檢討聲浪，實可證明崇尚虛玄之理，所引發於各層面的連鎖效應：

姓　名	亡國之總檢討	出　處
應詹	元康以來，賤經尚道，以玄虛宏放爲夷達，以儒術清儉爲鄙俗，永嘉之弊，未必不由此也。今雖有儒官，教養未備，非所以長育人材，納之物軌也。宜修辟雍，崇明教義，先令國子受訓，然後皇儲親臨釋奠，則普天尚德，率土知方也。	晉書本傳
庾亮	然世之喪道，有自來矣。悠悠六合，皆私其姻，人皆有私，則天下無公矣。……向使西京七族、東京六姓皆非姻族，各以平進，縱不悉全，絕不盡敗。今之盡敗，更由姻昵。	晉書本傳
陶侃	常人語曰：大禹聖者，乃惜寸陰，至於眾人，當惜分陰，豈可逸遊荒醉，生無益於時，死無聞於後，是自棄也。又曰：老莊浮華，非先王之法言，不可行也。君子當正其衣冠，攝其威儀，何有亂頭養望自謂宏達耶！	晉書本傳
王導	自魏氏以來，迄於太康之際，公卿世族，豪侈相高，政教凌遲，不遵法度，群公卿士，皆屬於安息，遂使姦人乘釁，有虧至道。	晉書本傳
卞壺	壺曰：諸君以道德恢弘，風流相尚，執鄙吝者，非壺而誰？時貴遊子弟多慕王澄、謝鯤爲達，[註72] 壺厲色於朝曰：悖禮傷教，罪莫斯甚！中朝傾覆，實由於此。	晉書本傳
熊遠	有德而無力者退，修望而有助者進；稱職以違俗見譏，資虛以從容見貴。是故公道虧，私塗日開，強弱相陵，冤枉不理。今當官者以理事爲俗吏，奉法爲苛刻，盡禮爲諂諛，從容爲高妙，放蕩爲達士，驕蹇爲簡雅，……是以萬機未整，風俗僞薄，皆此之由。	晉書本傳
陳郡	郡與王導書：中華所以傾弊，四海所以土崩者，正以取才失所，先白望而後實事，浮競驅馳，互相貢薦，諫者先顯，言輕者後敘，遂相波扇，乃至凌遲。加有老莊之俗傾惑朝廷，養望者爲弘雅，政事者爲俗人，王職不恤，法物遂喪。郡又議曰：諸僚屬乘昔西台養望餘弊，小心恭肅，更以爲俗，偃蹇倨慢，以爲優雅。至今朝士縱誕，臨事遊行，漸弊不革，以至傾國。	晉書本傳
庾翼	王夷甫先朝風流士也。然吾薄其立名非眞，而始終莫取。……正當抑揚名教，以靜亂源，而乃高談莊老，說空終日，雖云談道，實長華競。及其末年人望猶存，思安懼亂，寄命推務。	晉書‧殷浩傳注引翼貽浩書
江惇	每以爲君子立行，應依禮而動，雖隱顯殊途未有不傍禮教者也。若乃放達不羈，以肆縱爲貴者，非但動違禮法，亦道之所棄也。乃著《通道崇檢論》（已亡佚），世咸稱之。	晉書本傳

[註72] 據《晉書‧光逸傳》所載：謝鯤、阮放、畢卓、羊曼、桓彝、阮孚、胡毋輔之、光逸等八人，經常散髮裸裎，閉室酣飲，累日不捨晝夜。

范甯	夫人性無涯，奢侈由勢。今兼併之士亦多不贍，非力不足以厚身，非祿不足以富家，是得之有由，而用之無節，蒱酒永日，馳騖卒年，一宴之饌，費過千金，麗服之美，不可貲算，盛狗馬之飾，營鄭衛之音，南畝廢而不墾，講誦闕而無聞，凡庸競馳，傲誕成俗。	晉書本傳
王羲之	王羲之謂曰：夏禹勤王，手足胼胝；文王旰食，日不暇給。今四郊多壘，宜思自效，而虛談廢務，浮文妨要，恐非當今所宜。（謝）安曰：秦任商鞅，二世而亡，豈清談致患邪？	晉書本傳
虞預	預雅好經史，憎疾玄虛，其論阮籍裸袒，比之伊川被髮，所以胡虜遍於中國，以爲過衰周之時。又曰：窮奢竭費謂之忠義，省煩從簡呼爲薄俗，轉相放效，流而不反，雖有常防，莫肯遵修。	晉書本傳
桓溫	桓溫北伐過淮泗：使神州陸沈，百年丘墟，王夷甫諸人，不得不任其責。	世說新語‧輕詆
戴逵	性高潔，常以禮度自處，深以放達爲非道，乃著論〈放達爲非道論〉以矯之。	晉書本傳

由上士人對於亡國的反省，所檢討而出的國政之失，可歸結於四點：第一，士人熱中清談玄虛，不務政事，遂以亡國；第二，兼併土地，奢侈無度，罔顧民生經濟；第三，悖禮傷教，以致道德沈淪；第四，門閥政治，以致選舉失實，朝政日下。由上四點所形成的一個社會現象，其面貌如何？葛洪《抱朴子》〈疾謬〉、〈刺驕〉與干寶《晉紀》〈總論〉都做出了總結，故底下我們不妨由道德層面來探究兩晉的社會現象，擬由性關係的開放與士德淪喪兩項，試申論之：

（一）性關係的開放

分析兩晉性關係的開放情形，此一「性」義，可由兩方面作解：「性別」爲其第一義；「性慾」爲其第二義。首先就性別上說解。兩晉男女，尤其在女性這一方面，已由漢世對女性的束縛中解牢，因此，當代的女性在情感方面，大膽而主動的表現對異性的欣賞與追求，婦女們不僅挾道欣賞妙有姿容的潘岳。〔註73〕甚至高門的賈充之女，見一韓壽，便「恆懷存想，發於吟詠，後婢往壽家，具述如此，並言女光麗」（《世說新語‧惑溺》）；另外賈充後妻郭氏因其「酷妒」，不僅殺了乳母，連自己的孩兒也一併送了命。〔註74〕這樣的

〔註73〕 《世說新語‧容止》：「潘岳妙有姿容，好神情。少時挾彈出洛陽道，婦人遇者，莫不連手共縈之。左太沖絕醜，亦復效岳遊遨，於是群嫗齊共亂唾之，委頓而返。」。

〔註74〕 《世說新語‧惑溺》：「賈公閭後妻郭氏酷妒，有男兒名黎明，生載周，充自外還，乳母抱兒在中庭，而見充自喜踊，充就乳母手中嗚之。郭遙望見，謂充愛乳母，即殺之。兒悲思啼泣，不飲它乳，遂死。郭後終無子。」。

事件於其他朝代中，是不多見的，且郭氏之舉，則犯了「七出條例」，〔註75〕理當休妻自省的。故干寶對此一社會現象，大感婦行的敗壞，其言：

> 先時而昏，任情而動，故皆不恥淫逸之禍，不拘妒忌之惡，有逆於舅姑，有反易剛柔，有殺戮妾媵，有黷亂上下，父兄弗之罪，天下莫之非也又況責之聞四教於古，修貞順於今，以輔佐君子者哉！禮法刑政，於此大壞。（《晉紀・總論》）

漢代班昭《女誡・婦行》謂曰：「女有四行，一曰婦德，二曰婦言，三曰婦容，四曰婦功。夫云婦德不必才名絕異也；婦言不必辯口利辭也；婦容不必顏色美麗；婦功，不必功巧過人也。」，倘若以此檢視兩晉婦女，婦德、婦言、婦容三項，是最不合乎標準的，因為才名絕異如謝道韞（亦是辯口利辭〔註76〕）、左棻、鍾夫人等十二位晉代女性作家，〔註77〕在傳統的婦德規範中，是不被嘉許，但酷妒、任情，如賈充之妻女，則該遭受社會道德的譴責。雖說干寶以一男性為尊的角度，痛批了兩晉婦行的不檢，但對於放縱「性慾」，公然戲弄群妾的男性，史家亦披露他們的醜穢之行，如「相與為散髮裸身之飲，對弄婢妾」的貴遊子弟、「終日累夜不出戶庭，縱情肆欲」的苟晞、「後閣婢妾數十人，荒恣於色，體為之敝」的王敦（見本章第三節兩晉士人奢靡事跡一覽表）、「於眾中欲通其（紀瞻）妾，露醜穢」的周顗等。在這些史筆含蓄的描繪下，士人騁其性慾的盛況，實與道教以「房中術」作為「養生之法」的修煉一事有關，據葉德輝先生所輯錄之《素女經》所載：「天地有開闔，陽陰有施化，人法陽陰，隨四時，今欲不交接，神氣不宣布，陽陰閉隔，何以自補？煉氣數行，以自助也。玉莖不動則辟死其舍，所以常行以當導引也。能動而不施者，所謂還精，還精補益，生道乃著。」，以此「房中術」作為修養生命的方式，無疑是為士人生理官能的荒淫找一堂而皇之的藉口罷了。故羅宗強先生言曰：「道教以房中術作為養生術，這種觀念流入上層社會，與縱欲

〔註75〕《大戴禮記・本命》：「婦有七出：不順父母，去；無子，去；淫，去；妒，去；有惡疾，去；多言，去；竊盜，去。不順父母，為其逆德也；無子，無其絕世也；淫，為其亂族也；妒，為其亂家也；有惡疾，不可與共粢盛也；竊盜，為其反義也。」。

〔註76〕《晉書・列女傳》：「凝之弟獻之嘗與賓客談議，詞理將屈，道韞遣婢，白獻之曰：欲為小郎解危，乃施青綾布幛蔽之，伸獻之前議，客不能屈。」，《世說新語・賢媛》亦稱其：「神情散朗，有林下風氣」。

〔註77〕詳參徐傳武先生〈左棻在古代婦女文學史上的地位〉一文。（《中國書目季刊》，第13卷第3期，頁67～72）。

任情的風尚結合，給縱欲提供了理論根據，或者說，爲縱欲提供一種藉口。這就使縱使欲成爲可以公然行之於前的一種正當行爲。」〔註78〕誠然，縱欲於晉末已成爲一公然行爲，假養生之名，橫行其性慾，這樣的社會風氣，全無道德可言，因而葛洪《抱朴子·疾謬》如是揭露道：

> 入他堂室，觀人婦女，指玷修短，評論美醜……或有不通主人，便
> 共突前，嚴飾未辦，不復窺聽，犯門折關，逾垝穿隙，有似抄劫之
> 至也。其或妾媵藏避不及，至搜索隱僻，就而引曳。

細究此一任情挑性的行爲，實是阮籍首開其例，史載阮籍見鄰家婦有美色，當壚酤酒，醉後，便眠其婦側的行徑，〔註79〕更是「風譽扇於海內」（《世說新語·任誕》注引《晉陽秋》），成了八達等貴遊子弟的仿效對象。故晉世兩性關係在「情慾」的發洩上，是更加荒唐而無度的，除了《列子·楊朱》放逸的人生論成爲其縱欲的理論根據外，結合道教養生術的提倡，房中樂事，不再是生理的需求或傳宗接代上的要事，而是肉體的刺激及官能的沈湎，道德觀付諸闕如，社會自然走向頹廢作樂之路，此非彬彬君子所得以漠視而無譴責之聲音。

（二）士德淪喪

兩晉是一個重「美」，不重「德」的時代，與漢世、魏朝所偏重於才於德的選舉觀，皆有不同。其講究的只是美姿美儀的士人，爲的不是政治的需要，而是視覺、聽覺上的品藻與欣賞，屠隆鴻《苞節錄·卷1》言道：「晉重門第，好容止。崔、盧、王、謝弟子生髮未燥，已拜列侯；身未離褓褓，而已被冠帶。膚清神明，玉色令言，縉紳公言之朝端，吏部至以此臧否。士大夫手持粉白，口習清言，綽約嫣然，動相誇許。」然此風氣的形成，當源自於具有「美姿儀」卻又「動靜粉白不去手，行步顧影」（《世說新語·容止》注引《魏略》）的清談宗祖何晏，故兩晉皆對嵇康、王衍、庾亮、潘岳、衛玠等（參見《世說新語·容止》）人之美貌、言行、風度皆爲之傾心醉倒，成爲一代社會風氣與愛美的心理；亦由於士人愛美，不拘德行，唯任情慾的發洩，《世說新語·任誕》載周顗調戲紀瞻愛妾，露其醜穢，卻又無怍色一事（參見上文），然當朝國君卻始終未加責罰，反而「特原之」。〔註80〕此已顯示出士德敗壞的

〔註78〕 文見羅宗強先生所著之《玄學與魏晉士人心態》（文史哲出版社，1992.11，頁250）。

〔註79〕 《世說新語·任誕》：「阮公鄰家婦有美色，當壚酤酒。阮與王安豐常從婦飲酒，阮醉，便眠其婦側。」

〔註80〕 《世說新語·任誕》注引鄧粲《晉紀》：「……瞻有愛妾，能爲新聲。顯於眾

程度與國君對士人的放任態度。此外，亦爲戴逵、葛洪、干寶等儒士所深加撻伐的，則是縱酒裸袒的「八達」行徑，〔註81〕《抱朴子・刺驕》申斥道：

> 世人聞戴叔鸞阮嗣宗傲俗自放，見謂大度，而不量其材力非傲生之匹而慕學之，或亂項科頭，或裸袒蹲夷，或濯腳於稠眾，或溲便於人前，或停客而獨飲，或行酒而止所親，此蓋左衽之所爲，非諸夏之快事也。

八達深以「放任爲達」，故葛洪極力的矯正其錯誤的看法，且認爲是沒有文化道德的野蠻人行爲，因爲：「夫古人所謂『通』『達』者，謂通於道德，達於仁義耳，豈謂通乎藝黷而達於淫邪哉？」，這樣的批判在戴逵〈放達爲非道論〉中亦言之切切：「達其旨，故不惑其跡。若元康之人，可謂好遁跡而不求其本，故有捐本徇末之弊，舍實逐聲之行，是猶美西施而學其矉眉，慕有道而折其巾角，所以爲慕者，非其所以爲美，徒貴似而已矣。……故鄉愿似中和，所以亂德；放者似達，所以亂道。……元康之爲放，無德而折巾者也。」（《晉書・戴逵傳》）。當然八達的行徑之所以如此，他們找到了很好的藉口，那就是趨慕竹林名士的風流：「魏末阮籍嗜酒荒放，露頭散髮，裸袒箕踞。及後貴游子弟阮瞻、王澄、謝鯤、胡毋輔之之徒，皆祖述於籍，謂得大道之本，故去巾幘，脫衣服，露醜惡，同禽獸。甚者名之爲『通』，次者名之爲『達』也。」（《世說新語・德行》注引王隱《晉書》），故依相仿效其裸袒箕踞、縱酒昏酣、耍露醜穢的形跡，而後世亦然。葛洪乃不殫其言，屢次申難之，《抱朴子・疾謬》：

> 世故濟有，禮教漸頹，故讓莫崇，傲慢成俗，儔類飲會，或蹲或踞，暑夏之月，露首袒體，盛務唯在摴蒱彈棋，所論極於聲色之閒，舉足不離綺襦紈褲之側，游步不去勢利酒客之門，不聞清談講道之言，專以醜辭嘲弄爲先，以如此者爲高遠，以不爾者爲騃野。……蓬髮亂鬢，橫挾不帶，或褻衣以接人，或裸袒而箕踞。朋友之集，類味之游，莫切切進德，闇闇修業，攻過弼違，講道精義。……賓則入門而呼奴，主則望客而喚狗，其或不爾，不成親至而棄之，不與爲黨，及好會，則狐蹲牛飲，爭食競割，搎撥淼摺，無復廉恥，以同

中欲通其妾，露其醜穢，顏無怍色。有司奏免顯官，詔特原之。」。
〔註81〕有關八達事蹟，詳參薩孟武先生所著之《中國社會政治史》，薩先生已列表說明之。（三民書局，1986.2，頁191～193）。

> 此者爲泰，以不爾者爲劣，終日無及義之言，徹夜無規箴之益，誣
> 引老莊，貴於率任，大行不顧細禮，至人不拘檢括，嘯傲縱逸謂之
> 體道，嗚呼惜乎，豈不哀哉！

從整部《世說新語‧任誕》中，確可證明葛洪所言並非疾恨的情緒言論，〔註82〕而是有其事實根據的。因此，士行不檢傅玄認爲始於魏文帝一朝，故多批判之（參見第三章第二節）；魏晉之際士行不檢由何晏、阮籍繼續此風，裴頠〔註83〕〈崇有論〉亦深矯之；鑑於西晉亡國，戴逵、葛洪與干寶對此士德的頹放行爲，更加痛惡，或歸罪於阮籍，如干寶：「故觀阮籍之行，而覺禮樂崩弛之所由」（《晉紀‧總論》）；或歸罪於八達，如戴逵與葛洪，因禮法政教的崩弛，相對的也造成社會道德的衰落，處於這樣政權底下，面對這樣放蕩不羈的世族，憂戚的儒士又豈能任憑此風的增長漫延，而無苛責呢？

　　綜上所述，玄學玄風之所以成爲東晉士人引爲亡國的禍首，並非過當的言論與無端之罪責，因其對整個大時代，無論在政治、學術、經濟，以至於社會各層面上，似如骨牌效應般的一發不可收拾，故激起東晉一股反玄的聲浪。但由於佛教藉由玄學的傳播與結合，更根深蒂固的成爲一代之學，在紛亂的世俗中，再次吸引了大批名士的投效。因而，本已放浪形骸，口言寄跡的虛無主義者，在王導、謝安等政治領袖的提倡與放任下，愈形貪享耽樂、不務政事。西晉亡國之弊，亦始終未獲得高層的匡正，戴逵、葛洪、干寶的批判與糾舉，則是深感痛心與無奈的。

〔註82〕葛洪《抱朴子‧自序》言道：「洪之爲人也……而騃野，性鈍口訥，形貌醜陋，而終不辯自矜飾也。」，雖說葛洪這樣的形貌與言談，皆非時俗所喜愛而器重的對象，但審其言論，考諸史冊，皆斑斑可證，而非情緒疾恨之語。

〔註83〕《晉書‧裴頠傳》：「時俗放蕩，不尊儒術，何晏阮籍素有高名于世，口談浮虛，不遵禮法，尸祿耽寵，仕不事事。」。

第五章 結 論

　　每一個朝代的結束，必然由其內外積弊的爆發而亡國；而每一個朝代的開始，亦必然出現一股檢討與反省的聲浪。故於有魏之初，則有曹操、劉廙、桓範、杜恕、曹叡等名法思想與政策的產生，主要目的皆表現在政治體制的改善與綜核名實的選才方法上。因而中國的第一部人物專書——劉劭《人物志》與針對人才問題提出辯證的方法論——才性四本論，皆應運而生，以此方作為評判人物的參考標準，來抑制沽名釣譽、浮華交遊的投機份子。

　　然而在這樣一個名族勢盛的曹魏之世，規格嚴整的名法之治，是否最符合時人之需求？是否足以重建失序的體制？因此，正始名士何晏、王弼，提出「貴無」之學，便是針對漢魏之際的流弊，所產生的另一派學說，主張老莊清靜無為之政及自然之化，史稱「玄學」；而透過辯證析理以獲得勝解的談論方式，史稱「清談」。另於玄學體系中，與何、王相次開發的竹林名士嵇康、阮籍，更因時代之故，在「貴無」理論上，以「賤有」的學理和任誕不羈的行為，徹底的揚棄名教之治的價值與作用。因此，在這樣一片純任自然之性與虛無的氣氛中，名士風流成了一代之價值標準，[註1] 故士人皆對正始、竹林名士之風流形跡，趨之若鶩，依相仿效。流靡所及，士人不務政事而空說終日、罔顧道德、縱酒肆欲，其奢淫靡爛的生活則施垮了財經，導致西晉的亡國，中土一分而二。

　　至此，我們清晰的聽見了一道聲音，一道來自於玄學思潮中的反溯聲浪，

〔註1〕 牟宗三先生《中國哲學十九講》：「『名士』在當時尤其至東晉時為然，是個價值標準，有資格作名士的人，才算是當時的貴族，也才能作為和當時的貴族交往與通婚的對象。」（台灣學生書局，1993.8，頁228）。

它所產生的衝擊力量有多深遠？在思潮中又反思了何種層面呢？綜上本文的討論，實可由兩方面定論其意義與價值的，一為反玄思想的分期與理論特色；一為反玄思想的歷史評價，茲嘗試論之以作為結論。

一、反玄思想的分期與理論特色

整個反玄思想，在時間的斷限上與理論的區分上，可分作四期：反玄思想的開端，始於魏晉之際的傅玄，是為開創期；西晉元康之世的裴頠與歐陽建，在玄理論上奠定了基礎，故為奠基期；王沈、成公綏、魯褒、范甯、王坦之、李充、戴逵，鑑於西晉末世，玄學所引發的政治、經濟、學術、社會各層面的弊端，進而導致亡國，此為反玄聲浪最為熾烈的一期，是為熾盛期；至東晉，在學術上，玄佛道三教合流，更開清談與縱欲之風；在政治上，「鎮之以靜」的老莊思想，成為主政方針，因而愈加放縱世族在政治與經濟上的特權，諸種弊端，於葛洪、干寶的論述中，皆作了總檢討，宏觀了玄學對整個時代的影響，是為流衍期。由於時期的不同，其理論自然呈現出不同的特色；但整合他們的論著，皆存在著「反玄虛」、「尊孔重教」的共同指標。底下則就這四期的理論特色作一歸納與說明：

（一）反玄思想之開創期

傅玄為魏晉禪代之際的人物，由於政治立場的不同，故對曹魏之治多所糾舉，更與曹爽、何晏深結宿怨，在此黨同伐異的政爭中，《傅子》一書的問世有其現實的政治意圖，而傅玄對何晏等人的批判，也充分顯示出個人的主觀性，但若檢視整個兩晉之世，何晏、王弼所開創的貴無玄學與通宵達旦的清談風氣，我們就很難否定或質疑傅玄的批判之辭。因此，傅玄之反玄意義，主要表現在政爭的黨派分際上，立足於一個儒學家族的立場，堅守禮教之治，思為社會建立其宏模遠規，反對曹爽集團所標持的貴無思想與清談風氣的流行，故極力的予以抵制，成為反玄思潮中的主幹。

（二）反玄思想之奠基期

西晉惠帝元康時期，出現兩篇與主流學說相反的學術論著——裴頠〈崇有論〉與歐陽建〈言盡意論〉。這是反玄思想中，唯一兩篇能在學術理論上，針對玄理的中心要旨「貴無」，及其方法論「言不盡意論」進行辯證的文章，其意義顯得格外重要，同時也為反玄思想建立了學說。因此，裴頠〈崇有論〉與歐陽建〈言盡意論〉之反玄意義，主要表現在學理的論證上，肯定實有的

現象界與聖人立言設教的功用與價值，因而破除何、王所倡導的無為之政與自然之化的神秘色彩，導正士人「貴無賤有」、「得意忘言」的虛玄觀念，以重建士人對儒家學說的信仰與推崇。

（三）反玄思想之熾盛期

這一時期主要表現在西晉亡國的檢討與反省上，故而引發了一股反玄潮流。早於西晉末年時，魯褒〈錢神論〉、王沈〈釋時論〉即由經濟與政治兩層面上進行批判，以關懷民生疾苦的角度，諷刺豪奢淫逸的士風，與不學無術的門閥。衣冠南渡後，出現更加嚴厲的譴責之聲，其中孫盛〈老聃非大賢論〉將何晏所推崇為聖人的老子，降級至中賢之位，而推尊孔子與六經之學術地位與對社會教化的貢獻；李充〈學箴〉則持以儒家道統本位的思想，反駁老子絕仁棄義的偏見；王坦之〈廢莊論〉更提出「尊孔廢莊」說，以為莊生作而風俗頹；范甯〈罪王弼何晏論〉將何、王並比於桀紂，論其波蕩後生之罪深過暴政獨夫，可見批判之嚴厲與痛責之聲。然我們亦不能片面的認為孫、李、王、范入主出奴的主觀性，因為這並非純粹學派的紛爭而已，而是具有其社會、經濟、政治、學術上的根源性。

（四）反玄思想之流衍期

此一時期的反玄思想，主要是歸結了玄學在兩晉政治與社會等層面上，所造成的弊端與積習，葛洪《抱朴子》〈刺驕〉、〈疾謬〉與干寶《晉紀・總論》皆立足於儒教立場，持以強烈的道德意識，對於空說終日而政務不理的清談之習與縱欲嗜酒而荒誕不經的士行，予以痛責與撻伐；同時亦對當時門閥政治排抵寒素，盡取貴冑，姻黨相扇的情形，表示深度的不滿。實因兩晉的選舉標準，已非「才」、「德」足以較勁，在門閥世族的掌權下，九品中正的選舉制度已成了「譜牒選舉制」，呈現出「公有公門，卿有卿門」、「上品無寒門，下品無勢族」之階級分明的政治型態，因此，整個社會的層級亦因之分化，形成貴賤兩分的不平等現象。

二、反玄思想的歷史評價

歷來研究魏晉一代的學說，皆以玄學為其主要探討對象，因此，玄學家爛然映發於思想史上，故對於非主流學說來講，其歷史光芒便相對的顯得微弱而不彰；雖是如此，我們亦不應輕忽這塊在急流中矗立的礁石——反玄思想。綜觀反玄思想，其評價可由兩方面論說：

（一）哲學史地位的評價

由裴頠與歐陽建所建立而起的哲學依據，無可諱言的，它是相當薄弱的。因為在本體論的探討上，裴頠對於王弼「有」、「無」的思維意義，始終存在著誤解，牟宗三先生評論道：「裴頠之『無』只是一個邏輯概念之『非有』。此決非道家所言之無也。兩不相應，則無由對治。然彼雖不能觸及道家立言之旨趣，而其『崇有』之理路卻可開一接觸存在問題而重『客觀性』之哲學。此在思想上亦甚有價值。」，〔註 2〕誠然，裴、王學說可說是來自兩條不同的思維路線，一由本體的「無」來論說，一由存在的「有」來論說，自是互不相應的。但，若就其批判時俗放蕩，悖禮忘宜，祖尚浮虛一點而言，其價值意義自當不可偏廢，詹雅能先生言道：「我們若撇開在理論上他與道家不能相應之處，那他在對當時虛無風氣的評斥，可謂是極盡了全力。而且他肯定客觀的存在，由這個存在客觀地去瞭解『有』，進而『崇有』，……，若依此而進，合理地解決名教禮制的危機，建立正常的法制規範，自當可以成就一番外王事功。」。〔註 3〕故裴頠〈崇有論〉之價值表現在對儒家名教的重建上，肯定客觀存在的實有意義，去除貴無理論所帶動的玄虛風潮。

而在玄學的方法論上，歐陽建對於「言」、「意」關係的探討，亦無法瓦解王弼「言不盡意」、「得意忘言」的堅實理論。仔細探究王弼〈言不盡意論〉，我們實在不能說他否定語言在表意上的功用，《周易略例‧明象》：「夫象者，出意者也。言者，明象者也。盡意莫若象，盡象莫若言。言生於象，故可尋言以觀象，象生於意，故可尋象以觀意。」，故袁行霈先生〈魏晉玄學中的言意之辨與中國古代文藝理論〉解釋道：「王弼所說的忘象、忘言，意思是不要執著於象和言，並不是完全拋棄它們。唐邢璹注曰：『棄執而後得之』是符合王弼原意的。如果完全拋棄象和言，他自己何必著書立言呢？」。〔註 4〕很明顯的，歐陽建對於王弼言意理論，是存有誤解的（但對於荀粲、嵇康之「廢言」論，進而「揚棄六經」一事，則是適時的發揮其理論意義的）。而其誤解原因，牟宗三先生如是定論之：「名言、盡、以及所盡之意、理或物，皆屬於『可道世界』也。亦即屬於『外延真理』也。凡『外延真理』皆為名言所可盡。而名言亦是外延之名言。盡者恰當相應之謂，指實而有效。歐陽建的〈言

〔註 2〕文見牟宗三先生所著之《才性與玄理》（台灣學生書局，1993.2，頁 369）。

〔註 3〕文見詹雅能先生所著之《裴頠崇有論研究》（國立台灣師範大學 77 年度碩士論文，頁 80）。

〔註 4〕本文收錄於《魏晉思想》（里仁書局，1984.1，頁 5）。

盡意論〉所指的『盡』是外延的『盡』。」〔註5〕可見歐陽建與裴頠一樣，其思維角度，皆由形而下的實有層面來探討與立論，因而對制玄學形而上的哲學體系，自然成爲弱勢的一方。但我們亦不可因其學理論證的不足，而抹殺其學術價值，或貶抑於玄理之下，這都是有欠公平的。

（二）時代意義的評價

始自傅玄以來，以至裴頠、歐陽建立足於形下的現象世界，肯定名教意義，糾舉時代風氣的敗壞後，有鑑於西晉的腐敗與亡國的痛思，繼之而起的成公綏、魯褒、王沈、王坦之、孫盛、范甯、李充、葛洪、干寶、戴逵等，則由各層面的論述爲反玄思想在時代的意義與價值上衝撞出另一道聲音，因此，其時代意義，可由三點作出評價。

1. 糾虛無的時代風氣

所謂冰凍三尺，非一日之寒，傅玄將兩晉虛無風氣的開啓與流行，歸罪於魏文帝慕漢孝文帝施以黃老之治開始，因此，父子相成，下至魏明帝時，便大張旗鼓的爲後世子孫建宮築闕，帝王奢侈之風於焉漫衍。然上行下效，曹爽輔政，何晏、王弼除了在學理上大唱道家貴無思想，耽樂清談，竹林七賢則愈放蕩其跡，以求意足之精神世界。此一縱跡達冥的曠放，不過造就了一個個貪鄙荒淫的官員，於政治，則居官無官官之事，以宅心事外爲雅遠，卻又貪婪無厭，形跡可鄙；於經濟，雖施行占田制，似有優惠百姓之意，然事實上，世族不僅享有一切免稅、免役特權，更得以蔭蔽子弟，且時有侵佔良田、強取豪奪之事，屢見史傳，國家龐大的財政負擔因之落於百姓之身。因此，面對這樣危亡苦難的時代，門閥政客膽怯如雞，唯思自全、財貨之計，誰來糾舉、匡正時風？故反玄思想者的共同憤慨，便針對這點而來，其可貴處，在于對於群體社會所付出的關心，清議時政，匡持士風，以抑虛浮放蕩之習爲己務。

2. 堅守儒教本位思想

儒學在漢末成爲繁瑣的章句訓詁後，失其學術意義與價值，又漢末士人假經明行修之名，譁眾取寵，致使儒學走向末流，故有何、王正始玄學的出現，援道入儒，然其用意並不在於正清儒學，而是假儒學之典，發揚道家貴無學說。然荀粲、嵇康、阮籍則更直接的揚棄儒教與經典，以老莊爲其模則，孔教至此

〔註 5〕文見牟宗三先生所著之《才性與玄理》（台灣學生書局，1993.2，頁252）。

一蹶不振。但此一反玄論者不僅力圖正清儒學，更獨善其身，不受時代習氣所染，史載傅玄：「惟未舉清遠有禮之臣，以敦風節，未退虛鄙，以懲不恪，臣是以猶敢有言」；裴頠：「每授一職，未嘗不殷勤固讓」；江惇：「孝友淳粹，高節邁俗。性好學。」；成公綏：「博涉經傳，性寡欲，不營資產，家貧歲飢，常晏如也。」；魯褒：「好學多聞，以貧素自立」；王沈：「少有俊才，出於寒素，不能隨時浮沈。」；戴逵：「性高潔，常以禮度自處。」；孫盛：「篤學不倦，自少至老，手不釋卷。」；范甯：「在縣興學，潔己修禮」；葛洪：「少好學，家貧，躬自伐薪以貿紙筆，夜輒寫書誦習，遂以儒學知名。……為人木訥，不好榮利，閉門卻掃，未嘗交遊。」。〔註6〕因此，在這樣大環境的影響下，得以共守儒學，恪遵禮教，以振興孔學為目的者，實是難能可貴之士。

3. 建立務實有為的政府

關於傅玄《傅子》一書，王沈〔註7〕評曰：「言富理濟，經綸政體，存重儒教，足以塞楊墨之流遁，齊孫孟於往代。」（見傅玄本傳），此相較於玄風帶動下所產生「位高勢重，不以物務自嬰」（裴頠〈崇有論〉）、「俱宅心事外」（樂廣傳）、「進仕者以苟得為貴而鄙居正，當官者以望空為高」（愍帝紀）……，無所作為的政治態度，實非兼綜儒法之術的傅玄所樂見到的晉世朝政。然而西晉一朝則在這樣無能的政府領導下，倉皇逃難，王導為穩定江東勢力，更加崇尚老莊清靜之政，崇尚寬簡，不拘細目，造成士人偏安江南的苟且心態。另外，玄佛空無義理合流，名士與僧徒廣交談辯，一晌貪歡，亡國悲痛，僅止新亭對泣的清風與明月。因此，裴頠等人，無不痛批撻伐老莊、何王與嵇阮，因為士人了無責任承擔的勇氣與魄力，乃導源於「無為之政」的提倡。士人放蕩不羈，「通乎褻瀆而達於淫邪」（葛洪《抱朴子·刺驕》）的醜態，亦歸咎於「任自然」的學說，致使士子走向「任自然而縱欲的自我」（羅宗強語）。故裴頠等人皆一致認為，唯有去除這些迷惑人心的虛無思想，重建儒學教化的社會，以端正社會不良風氣，選拔才德兼修的士人，才能建立國富民安、倫理有序的大有為政府。

綜上評論，反玄思想不僅具有其「糾偏補弊」與「尊孔重教」的時代意義外，更有意在這樣只講個人主義的思想下，開創出一條足以經綸政體，且

〔註6〕以上引文皆各見本傳。

〔註7〕此王沈（處道）為西晉初年太原晉陽人（晉書列傳第九）；而非西晉末年寫作〈釋時論〉之王沈（彥伯）（晉書列傳第六十二）。

杜絕玄佛虛無風氣的儒法之治；但，這一塊塊矗立學海的礁石，在門閥世族的掌控與排擠下，無不難申其志，甚有鬱鬱不得志者。〔註8〕然而在整個魏晉學術的領域上，對於這些堅守儒教本位思想，力求一番作爲的士人，其學說，除了傅玄《傅子》、裴頠〈崇有論〉、歐陽建〈言盡意論〉、范甯〈罪王弼何晏論〉、魯褒〈錢神論〉、葛洪〈刺驕〉、〈疾謬〉等篇較受重視與研究外，其餘諸人之學說，則始終未能彰顯。因此，本文立此評論，其目的在于肯定反玄之學術與時代之意義，同時呈現出魏晉於玄學思潮外，另有一道聲音存在著，是針對玄學弊端而吶喊出來的；也許其學術體系未見完備，但就其歷史意義這點上審視，其謹守儒家立場，正本清源，爲社會付出的關懷與努力，可謂一股清泉，而其學說，亦當於儒學史上有其獨占鼇頭的一頁。

〔註8〕如《晉書・王沈》：「少有才俊，出於寒素，不能與時浮沈，爲時豪所抑，仕郡文學掾，鬱鬱不得志。」；又《晉書・范甯》：「簡文帝爲相，將辟之，爲桓溫所諷，遂寢不行。故終溫之世，兄弟無在列爲者。」。

參考書目及期刊論文

（一）

1. 《四書讀本──論語》，宋、朱熹集注，蔣伯潛廣解，啟明書局印行。
2. 《四書讀本──孟子》，宋、朱熹集注，蔣伯潛廣解，啟明書局印行。
3. 《大戴禮記解詁》，清、王聘珍撰，漢京文化公司，1987.10。
4. 《周易老子王弼集注校釋》，民、樓宇烈校釋，華正書局，1983.9。

（二）

1. 《漢書》，東漢、班固，鼎文書局印行，1995.6。
2. 《後漢書》，劉宋、范曄，鼎文書局印行，1995.6。
3. 《三國志》，晉、陳壽，鼎文書局印行，1995.6。
4. 《晉書》，唐、房玄齡等，鼎文書局印行，1995.6。
5. 《文獻通考》，元、馬端臨，新興書局發行，未詳。

（三）

1. 《管子》，唐、房玄齡注，上海古籍出版社，1993.11。
2. 《荀子集解》，清、王先謙撰，藝文印書館，1988.6。
3. 《莊子集釋》，清、郭慶藩編，王孝魚整理，萬卷樓發行，1993.2。
4. 《日知錄》，清、顧炎武，中華書局，未詳。
5. 《老子探義》，民、王淮注釋，台灣商務印書館，1980.12。
6. 《商君書箋正》，民、簡書箋正，廣文書局，1975.4。
7. 《晏子春秋》，民、吳則虞，鼎文書局，1977.3。
8. 《韓非子釋評》，民、朱守亮著，五南圖書公司，1992.9。

9. 《諸子集成》（顏氏家訓、抱朴子、潛夫論），中華書局編，中華書局。

10. 《世說新語箋疏》，民、余嘉錫撰，華正書局，1993.10。

（四）

1. 《西漢會要》，宋、徐天麟撰，世界書局印行，1981.3。

2. 《全上古三代秦漢三國六朝文》，清、嚴可均輯，世界書局印行，1969.8。

3. 《三國會要》，清、楊晨撰，世界書局印行，1975.3。

4. 《兩晉南北朝文彙》，民、巴壺天、高明等編，中華叢書編審委員會，1960.8。

（五）

1. 《漢末人倫鑒識之總理則——劉劭人物志研究》，江師建俊著，文史哲出版社，1983.3。

2. 《傅玄評傳》，魏明安、趙以武著，南京大學出版社，1996.3。

3. 《王弼》，林麗真著，東大圖書公司，1988.7。

4. 《嵇康》，曾春海著，輔仁大學出版社，1994.8。

5. 《歷代名人年譜》，王雲五主編，台灣商務印書館，1978.9。

6. 《中國歷代大事編年》，張習孔，田玨主編，北京出版社，1991.3。

7. 《三晉一百名人評傳》，李慶元、孫安邦主編，山西人民出版社，1992.5。

8. 《中國思想通史》，侯外盧主編，北京人民出版社，1957.5。

9. 《中國學術思想史論叢》，錢穆著，東大圖書公司，1977。

10. 《中國哲學史》，北京大學哲學系中國哲學史教研室編寫，北京大學出版社，1980.3。

11. 《中國哲學發展史》，任繼愈主編，人民出版社，1988.4。

12. 《中國哲學通史》，楊憲邦主編，中國人民出版社，1988.12。

13. 《中國哲學史稿》，孫叔平著，上海人民出版社，1990.9。

14. 《中國哲學大綱》，張岱年著，藍燈文化事業公司，1992.4。

15. 《中國思想發展史》，何兆武等著，明文書局，1993.1。

16. 《中國儒學》，謝祥皓、劉宗賢著，四川人民出版社，1993.5。

17. 《中國哲學十九講》，牟宗三著，台灣學生書局，1993.8。

18. 《中國哲學史》，任繼愈主編，人民出版社，1994.4。

19. 《中國古代哲學的邏輯發展》，馮契著，1993.3。

20. 《中國哲學史資料選輯》，中國社會科學院哲學研究所中國哲學史研究室編，中華書局，1981.4。

21. 《中國哲學史教學資料選輯》，北京大學哲學系中國哲學史教研室選注，中華書局，1981.4。

22. 《才性與玄理》，牟宗三著，台灣學生書局，1993.2。

23. 《魏晉三大思潮論稿》，田文棠著，陝西人民出版社，1988.12。

24. 《魏晉玄學史》，許抗生等著，陝西師範大學出版社，1989.7。

25. 《何晏王弼玄學新探》，余敦康著，齊魯書社，1991.7。

26. 《魏晉玄學探微》，趙書廉著，河南人民出版社，1992.12。

27. 《魏晉清談述論》，周紹賢著，台灣商務印書館，1972。

28. 《魏晉玄談》，孔繁著，遼寧教育出版社，1992.6。

29. 《魏晉玄學與六朝文學》，陳順智著，武漢大學出版社，1993.7。

30. 《崩潰與重建中的困惑──魏晉風度研究》，馬良懷著，中國社會科學出版社，1993.4。

31. 《魏晉思想甲乙編》，魯迅等著，里仁書局，1995.8。

32. 《三國兩晉玄佛道簡論》，許抗生著，齊魯書社，1991.12。

33. 《魏晉南北朝隋唐經學史》，章權才著，廣東人民出版社，1996.8。

34. 《陳寅恪史學論文選集》，陳寅恪著，上海古籍出版社，1992.7。

35. 《中國封建社會史論》，侯外廬著，人民出版社，1979.2。

36. 《魏晉南北朝史》，王仲犖著，上海人民出版社，1979.12。

37. 《魏晉南北朝史》，傅樂成主編、鄒紀萬著，長橋出版社，1979.3。

38. 《魏晉南北朝史論拾遺》，唐長孺著，出版社未詳，1982.11。

39. 《兩晉南北朝史稿》，陳長琦著，河南大學出版社，1992.1。

40. 《讀史札記》，呂思勉著，木鐸出版社，1983.9。

41. 《燕園論學集》，湯用彤著，北京大學出版社，1984.4。

42. 《魏晉南北朝隋唐史三論》，唐長孺著，武漢大學出版社，1992.12。

43. 《魏晉南北朝史論稿》，萬繩楠著，雲龍出版社，1994.12。

44. 《魏晉南北朝文化史》，萬繩楠著，黃山出版社，1994.12。

45. 《魏晉南北朝文學思想史》，張仁青著，文史哲出版社，1978.12。

46. 《中國知識階層史論》（古代篇），余英時著，聯經出版社，1980.8。

47. 《兩晉南北朝士族政治研究》，毛漢光著，中國學術著作贊助委員會，1966.7。

48. 《中國社會政治史》，薩孟武著，三民書局，1983.9。

49. 《儒家政論衍義》，薩孟武著，東大圖書公司，1982.6。

50. 《中國政治思想史》，薩孟武著，三民書局，1987.3。

51. 《中國政治思想史》，蕭公權著，聯經出版社，1991。

52. 《中國政治思想史》，張金鑑著，三民書局，1989.1。

53. 《中國經濟史研究》，鄭合成編著，古亭書屋印行，1960.8。

54. 《中國經濟史研究》，全漢昇著，新亞研究所出版，1976.3。

55. 《經濟思想論集》，錢公博著，台灣學生書局，1973.10。

56. 《中國上古經濟思想史》，唐慶增著，古亭書屋印行，1975.3。

57. 《六朝經濟史》，許輝主編，江蘇古籍出版社，1993.7。

58. 《中國古代貨幣思想史》，蕭清著，台灣商務印書館，1992.10。

59. 《西漢貨幣史初稿》，宋敘五著，弘文館出仲信出版，1969.7。

60. 《中國經濟思想資料選輯》，巫三寶主編，中國社會科學出版社，1992.5。

61. 《國富論》，Adam smith 著，周憲文譯，台灣銀行經濟研究室編印，1965.12。

62. 《論重商主義以前的經濟思想》，馬克思·恩格斯著，文物出版社，1990.6。

63. 《中國歷代賦稅思想及其制度》，鄧海波編著，正中書局，1984.4。

64. 《中國賦役制度史》，鄭學檬主編，廈門大學出版社，1994.8。

65. 《中國俸祿制度史》，黃惠賢、陳鋒主編，武漢大學出版社，1996.10。

66. 《中國財政制度史》，陳秀菱著，正中書局，1973。

67. 《中國歷代選官制度》，陳茂同著，華東師範大學出版社，1994.7。

68. 《中國制度史》，呂思勉著，丹青圖書公司，1985.5。

69. 《魏晉南北朝政治制度》，沈任遠著，台灣商務印書館，1971.10。

70. 《魏晉南北朝政治制度研究》，陳琳國著，文津出版社，1994.3。

71. 《文官制度論叢》，邱創煥著，中華民國國家發展策進會，1993.3。

72. 《均田制研究》，堀敏一著，弘文館出版社，1986.9。

73. 《秦漢魏晉南北朝土地制度研究》，高敏著，中州古籍出版社，1986.12。

74. 《中國土地制度史》，林甘泉等著，文津出版社，1997.10。

75. 《中國法律思想史》，楊鶴皋著，漢興書局，1993.10。

76. 《中國法制史》，張晉藩著，五南圖書公司，1992.9。

77. 《中國法律與法治思想》，王潔卿著，三民書局，1982.10。

78. 《兩漢魏晉法制簡說》，張建國著，大象出版社，1997.4。

79. 《刑法總則之理論與實用》，高仰止著，五南圖書公司，1986.8。

80. 《論人類不平等的起源和基礎》，盧梭著、李常山譯，唐山出版社，1986.10。

81. 《心理學》，張世臣等主編，北京師範學院出版社，1991.5。

82. 《王符潛夫論所反映之東漢情勢》，劉文起著，文史哲出版社，1995.12。

83. 《中古士族現象研究》，陳明著，文津出版社，1994.3。

84. 《編戶齊民》，杜正勝著，聯經出版社，1980.3。

85. 《人性論》，鄧公玄著，中國文化大學出版，1981.10。

（六）

1. 《魏晉玄論與士風新探——以情爲縕和及詮釋進路》，吳冠宏，86年度台灣大學中文研究所博士論文。

2. 《裴頠崇有論研究》，詹雅能，77年度台灣師範大學國文研究所碩士論文。

3. 《西晉之理想士人論》，陳美朱，84年度成功大學中文研究所碩士論文。

4. 《從綜核名實到崇本息末——漢魏思想之轉折與重構》，王秀如，83年度成功大學中文研究所碩士論文。

5. 〈山公啓事〉，江師建俊，《慶祝莆田黃天成先生七秩誕辰論文集》，頁231～258。

6. 〈魏晉反玄思想析論〉，莊耀郎，《國文學報》，第24期，1995.6，頁143～181。

7. 〈傅玄傅咸父子的經濟學說〉，韓復智，《國立編譯館館刊》，第1卷第5期，1997.9，頁135～149。

8. 〈裴頠的玄學思想〉，余敦康，《中國哲學史》，1987.6，頁83～91。

9. 〈名教危機與魏晉士風的演變〉，余英時，《食貨月刊》，第9卷第8期，頁247～268。

10. 〈魏晉官僚大族的重實之風及當時政治中的實用主義〉，景蜀慧，《中國文化月刊》，179期，1994.9，頁83～103。

11. 〈劉勰文心雕龍與桓範世要論〉，呂武志，《中國文化月刊》，第210期，1997.9，頁51～67。

12. 〈劉勰文心雕龍與傅玄七謨序、連珠序〉，呂武志，《中國文化月刊》，第213期，1997.12，頁15～32。

13. 〈魏晉玄學的社會意義——黨性〉，侯外廬，《新建設》，第3卷第2期，1950，頁27～29。

14. 〈山濤論〉，徐高阮，《中央研究院歷史語言研究所》，41卷，1967.3，頁87～125。

15. 〈魏晉清談的實質和影響〉，任繼愈，《歷史教學》，第10期，1956，頁9～11。

16. 〈中國傳統制衡觀念與知識階層的政治心態〉，葛荃，《史學籍刊》，第3期，1992.8，頁1～6。

17. 〈漢末魏晉時期老莊學說對儒家禮法思想的衝擊〉，詹哲裕，《復興崗學報》，第 57 期，1996.6，頁 107～140。

18. 〈魏晉之際的變法派及其敵對者〉，盧建榮，《食貨月刊》，第 10 卷第 7 期，1980.10，頁 271～292。

19. 〈論魏末政爭中的黨派分際〉，劉顯叔，《史學彙刊》，第 9 期，頁 17～46。

20. 〈東漢魏晉的清流士大夫與儒學大族〉，劉顯叔，《勞貞一先生七秩榮慶論文集》（簡牘學報第五期），頁 213～244。

21. 〈魏晉門第勢力轉移與治亂之關係〉，鄺利安，《史學彙刊》，第 8 期，頁 37～66。

22. 〈魏晉之際關於名實、才性的辯論〉，馮友蘭，《中國哲學史》，第 4 期，1983.9，頁 3～1。

23. 〈漢末、曹魏時期的名實之爭〉，歐陽小桃，《江西社會科學》，第 6 期，1992，頁 119～124。

24. 〈魏晉四本才性之辯述略〉，田文棠、劉學智，《陝西師大學報》，第 3 期，1989，頁 20～24。

25. 〈王弼與歐陽建的言意之辨研究〉，白恩姬，《鵝湖》，第 18 卷第 7 期，1993.1，頁 35～43。

26. 〈論魏晉時代知識份子的思想分化及其社會根源〉，范寧，《歷史研究》，第 4 期，1955，頁 113～131。

27. 〈魏晉玄學中的社會政治思想和它的政治背景〉，湯用彤、任繼愈，《歷史研究》，第 3 期，1954，頁 63～94。

28. 〈葛洪──山林中的社會批評者〉，盧建榮，《食貨月刊》，第 9 卷第 9 期，1979.12，頁 339～364。

29. 〈左棻在古代婦女文學史上的地位〉，徐傳武，《中國書目季刊》，第 13 卷第 3 期，1996.12，頁 67～72。